本書獲國家古籍整理出版專項經費資助

敦煌蒙書校釋與研究

主編　金瀅坤　副主編　盛會蓮

楊滿山詠孝經壹拾捌章卷

高静雅　著

文物出版社

图书在版编目（CIP）数据

敦煌蒙書校釋與研究．楊滿山咏孝經壹拾捌章卷 /
金瀅坤主編；高静雅著 . -- 北京：文物出版社，2025.
5. -- ISBN 978-7-5010-8511-8

Ⅰ. G629.299

中國國家版本館 CIP 數據核字第 2024RD1859 號

敦煌蒙書校釋與研究·楊滿山咏孝經壹拾捌章卷

主　　編：金瀅坤
著　　者：高静雅

責任編輯：劉永海
封面設計：李曉蘭
責任印製：王　芳

出版發行：文物出版社
社　　址：北京市東城區東直門内北小街 2 號樓
郵　　編：100007
網　　址：http://www.wenwu.com
郵　　箱：wenwu1957@126.com
經　　銷：新華書店
印　　刷：寶蕾元仁浩（天津）印刷有限公司
開　　本：710mm×1000mm　1/16
印　　張：16　插頁：1
版　　次：2025 年 5 月第 1 版
印　　次：2025 年 5 月第 1 次印刷
書　　號：ISBN 978-7-5010-8511-8
定　　價：78.00 圓

本書編纂委員會

目　録

上編　校釋篇

下編　研究篇

總　論

金瀅坤

　　隋唐大一統國家建立後，爲了維護中央集權，限制地方士族的權力，廢除了九品中正制，用科舉制取代了察舉制，以改變貴族官僚政治。"以文取士"的科舉取士制度極大促進了學校教育的普及和童蒙教育的發展。然而，長期以來學界對隋唐童蒙教育的大發展没有給予足够重視。直到二十世紀敦煌文書的發現，大量蒙書和學郎題記面世，隨着相關研究逐漸深入，隋唐教育史研究纔被重新重視，同時也促進了對童蒙文化、社會大衆文化以及敦煌學、中古史的深入研究。因此，我們有必要對這批敦煌蒙書進行校釋與研究，從中汲取中國優秀傳統文化并加以借鑒，改善當前適合少年兒童閱讀的優秀傳統蒙書不足的局面。

　　自二十世紀初以來，王國維、周一良、王重民、向達、潘重規、陳祚龍和入矢義高、小川貫弌、福井康順、那波利貞等國内外學者對敦煌蒙書的早期研究做出了重要貢獻。近年來，王三慶、鄭阿財、朱鳳玉、張涌泉、李正宇、姜伯勤、金瀅坤、周鳳五、伊藤美重子、張麗娜等學者在敦煌蒙書整理和研究方面取得很大成就[一]，推動了敦煌蒙書的研究；特别是鄭阿財、朱鳳玉《敦煌蒙書研究》一書，搭建了敦煌蒙書研究的理論框架與方法，爲進一步的

　　〔一〕　關於敦煌蒙書及童蒙文化的研究，鄭阿財、王金娥、林華秋等已經做了詳細概述，此處不再討論。詳見鄭阿財：《敦煌蒙書研究的回顧與前瞻》，《敦煌吐魯番研究》第七卷，中華書局，二〇〇四年，第二五四～二七五頁；王金娥：《敦煌訓蒙文獻研究述論》，《敦煌學輯刊》二〇一二年第二期，第一五三～一六四頁；林華秋：《敦煌吐魯番童蒙研究目録》，金瀅坤主編：《童蒙文化研究》第一卷，人民出版社，二〇一六年，第三三三～三五九頁。

研究工作打下了很好的基礎〔一〕；張涌泉主編《敦煌經部文獻合集·小學類字書之屬》一書已基本上對識字類、知識類蒙書完成了校釋〔二〕，爲敦煌蒙書校釋提供了很好的範例。兹就敦煌蒙書進行整理、校釋和研究所涉及的"蒙書"概念、學術和現實價值，以及研究的内容、方法等諸多相關問題進行全面的闡述和説明。

一　敦煌蒙書概念及其與家訓、類書的關係

關於敦煌蒙書的概念問題，學界争論較大，或稱"蒙書"，或"訓蒙書"，或童蒙讀物，或教材，或課本，主要原因是學者的學科視角、判定標準的不同。以下就敦煌"蒙書"的概念，以及"蒙書"的時代特點與演變展開討論。

（一）敦煌蒙書概念

以下將就學界對敦煌蒙書概念的認識和發展演變進行梳理，結合相關史實對"蒙書"概念的形成與演變進行探討，進而歸納"蒙書"的概念和歷史特點，并提出敦煌蒙書的評判標準，對敦煌文獻中的蒙書進行認定。

1."蒙書"概念争論

有關中國古代兒童啓蒙教育階段所使用的課本、讀物，無論在歷史上，還是當下學界研究，始終没有形成一個固定名詞，不同時代有不同稱法。民國學者喜用"兒童讀物"稱之。如一九三六年，翁衍楨發表的《古代兒童讀物概觀》一文，專門探討了"訓蒙課本"，認爲"漢代課蒙，除讀經書外，以識字爲重要之課程，漢代小學昌明，著作亦最多，以理測之，如《三蒼》《凡將》《訓纂》《元尚》等篇，皆爲當時之兒童讀物，傳至今者……其中，《千字文》《三字經》《百家姓》三書，雖至今日，僻處窮鄉之村塾中，猶用爲啓蒙之書者，亦可見其采用之廣，而傳習之久矣。經書本爲歷代學者，萃力肄習之書，不詳具論，今但就各種家訓、學規中有關討論兒童讀物之文字者引録

〔一〕　鄭阿財、朱鳳玉：《敦煌蒙書研究》，甘肅教育出版社，二〇〇二年。

〔二〕　張涌泉主編：《敦煌經部文獻合集》第八册《小學類字書之屬》，中華書局，二〇〇八年。

如次"〔一〕。從其羅列的"兒童讀物"來看，包括"十年誦讀書目"，大致分爲諸如《千字文》《三字經》等字書類，《顏氏家訓》《學範》等家訓、學規類，《童蒙訓》《論小學》等學習方法類，《小學》《四書》等經學類，《古文》《古詩》等範文類，《各家歌訣》類，雖然枚舉書目不多，但分類很廣，涵蓋了兒童誦讀的各類書目。是年，鄭振鐸《中國兒童讀物的分析》一文也使用了"兒童讀物"的概念〔二〕，大概分爲《千字文》《三字經》等識字類，《小學》等學則、家訓類，《蒙求》《名物蒙求》《歷代蒙求》等蒙求類，《神童詩》《千家詩》等詩文類，《日記故事》等故事類，均爲歷代專門爲兒童所作之書籍，并未包含《孝經》《四書》等經學類。後來，瞿菊農亦沿用了"兒童讀物"的概念，他在《中國古代蒙學教材》一文中講到："所謂的蒙養教材，主要是在這類'蒙學'裏進行教學時使用的。私人設學和私家延師教學童蒙的，多采用這部分教材。亦有采用'經書'，如《孝經》和《論語》。"〔三〕

　　一九四〇年，常鏡海發表《中國私塾蒙童所用課本之研究（上、下篇）》，將古代私塾中教授兒童的書目分爲"通用之蒙童課本"和"選用之蒙童課本"兩類。"通用之蒙童課本"列舉了十六種書目，可分爲：其一《千字文》《百家姓》《三字經》《雜字》《字課圖説》《萬事不求人》等識字字書；其二《名賢集》《朱子治家格言》等德行類；其三《神童詩》《千家詩》《龍文鞭影》等詩文類；其四《孝經》、朱子《小學》等經書〔四〕。除《孝經》外，此類均是專爲兒童而作的所謂"課本"。"選用之蒙童課本"列舉了《教兒經》《女兒經》《小學韻語》《蒙求》等三十種古代兒童常用的所謂"課本"書目，其書目較"通用之蒙童課本"更爲少見，範圍更廣，但無本質差別，可以理解

〔一〕　翁衍楨：《古代兒童讀物概觀》，《圖書館學季刊》第十卷第一期，一九三六年，第九一頁。

〔二〕　鄭振鐸：《中國兒童讀物的分析》，《文學》第七卷第一號，一九三六年，第四八~六〇頁。

〔三〕　瞿菊農：《中國古代蒙學教材》，《北京師範大學學報（社會科學版）》一九六一年第四期，第四五~五六頁。

〔四〕　常鏡海：《中國私塾童蒙所用課本之研究（上、下篇）》，《新東方》一九四〇年第一卷第八、九期，第七四~八九、一〇三~一一四頁。

爲現代小學生的教輔資料，即擴展讀物。

民國時期，唯有胡懷琛在《蒙書考》一文中使用了"蒙書"概念〔一〕，將中國古代兒童所讀書籍分四卷進行叙録、考證，總共涉及蒙書達一百七十八種，作者分別對其收藏、著録和内容進行了叙録和考訂。可以看得出，胡懷琛對"蒙書"的收録甚爲廣泛，主要是對"三百千"及《急就篇》《蒙求》等古代流行甚廣蒙書的歷代注疏、改寫、改編、別體本進行重點叙録和介紹，同時也收録《干禄字書》《字學舉隅》《點勘記》等童蒙教育比較少用的書籍，還收録了《釋氏蒙求》《梵語千字文序》《鏉梵語千字文序》等佛家蒙書，并收録《植物學歌略》《動物學歌略》《中法三字經》《華英合編三字經》等新編新學及跨文化的蒙書。可見胡懷琛的"蒙書"概念十分廣泛，既包含了傳統意義的"三百千"類等專門爲兒童編撰的書籍，也包括《干禄字書》等非專門爲兒童編撰，但可以用於兒童教育的書籍，説明"蒙書"概念具有時代性、社會性，依據時代和文化的不同，在不斷變化中。新學中的"歌略體"，就是對古代蒙書改造和創新的一個體現。祇可惜由於時代動蕩，學者顧及"蒙書"研究者甚少。一九六二年，張志公出版了《傳統語文教育初探：附蒙學書目稿》一書，雖然没有明確討論"蒙書"的概念〔二〕，但該書後附録《蒙學書目稿》，就使用了"蒙書"概念，所收録的書，則被視爲"蒙書"。一九九二年修訂的《傳統語文教育教材論：暨蒙學書目和書影》〔三〕，將附録改爲《蒙學書目和書影》，二〇一三年又在中華書局修訂重印〔四〕。新近徐梓《傳統蒙學與傳統文化》中使用了"蒙學教材"的概念，認爲"蒙學以及作爲核心内容的蒙學教材，是傳統文化的重要組成部分"〔五〕。徐梓《傳統蒙學研究的歷史和現狀》

〔一〕 胡寄塵：《蒙書考》，《震旦雜志》一九四一年第一期，第三二～五八頁。

〔二〕 張志公：《傳統語文教育初探：附蒙學書目稿》，上海教育出版社，一九六二年。

〔三〕 張志公：《傳統語文教育教材論：暨蒙學書目和書影》，上海教育出版社，一九九二年。

〔四〕 張志公：《傳統語文教育教材論：暨蒙學書目和書影》，中華書局，二〇一三年，第九頁。

〔五〕 徐梓：《傳統蒙學與蒙書研究》，中國社會科學出版社，二〇一七年，第一頁。

又使用了"蒙學讀物"的概念[一]，"又稱爲蒙書、蒙養書、古代兒童讀物、蒙學教材、啓蒙教材、童蒙課本、語文教育教材等"[二]。不過，這兩篇文章後來都收入其《傳統蒙學與蒙書研究》，該書名使用了"蒙書"概念，反映了學界對"蒙書"概念不斷認知的過程。

探討"蒙書"之概念，須弄清"童蒙"的含義。《周易·蒙卦》云："《蒙》：亨。匪我求童蒙，童蒙求我。初筮告，再三瀆，瀆則不告。利貞。"[三]《春秋左氏傳》卷一二"孔穎達正義"："蒙謂闇昧也，幼童於事多闇昧，是以謂之童蒙焉。"[四]可見所謂"童蒙"，指對兒童啓蒙、發蒙、開蒙之義。"蒙書"取義"童蒙"之書，即兒童啓蒙教育所使用之書。周丕顯《敦煌"童蒙""家訓"寫本之考察》云："'蒙書'，爲蒙學之書，爲我國古代識字啓蒙讀物。"[五]鄭阿財在《敦煌蒙書析論》一文中明確提出了"蒙書"的概念：

> 古人因取其意而稱小學教育階段爲蒙養階段，稱此階段所用之教材爲"蒙養書"，或"小兒書"。漢代啓蒙教育以識字爲主，其主要教材爲"字書"，因此有稱蒙書爲"字書"者。唐·李翰《蒙求》盛行，影響深遠，致有統稱童蒙用書爲"蒙求"者。唯以此類蒙養教材，主要爲蒙學教學所用之書，亦即爲啓蒙而輔之書，故一般多省稱作"蒙書"[六]。

此後，敦煌文獻中有關兒童讀物、教材等多被學者稱爲"蒙書"，可以説

　〔一〕　徐梓：《傳統蒙學與蒙書研究》，第六頁。

　〔二〕　徐梓：《中華蒙學讀物通論》，中華書局，二〇一四年，第二頁。

　〔三〕　（三國·魏）王弼、韓康伯注，（唐）孔穎達正義：《周易正義》，李學勤主編：《十三經注疏》，北京大學出版社，二〇〇〇年，第四〇八頁。

　〔四〕　（晉）杜預注，（唐）孔穎達等正義，十三經注疏委員會整理：《春秋左傳正義》，李學勤主編：《十三經注疏》，北京大學出版社，二〇〇〇年，第四〇八頁。

　〔五〕　周丕顯：《敦煌"童蒙""家訓"寫本之考察》，《敦煌學輯刊》一九九三年第一期，第一六頁。

　〔六〕　鄭阿財：《敦煌蒙書析論》，漢學研究中心編：《第二屆敦煌學國際研討會論文集》，漢學研究中心，一九九一年，第二一二頁。

鄭氏著開啓了"敦煌蒙書"專題性研究的先例。其後，鄭阿財與朱鳳玉合著《敦煌蒙書研究》〔一〕，及朱鳳玉《蒙書的界定與〈三字經〉作者問題——兼論〈三字經〉在日本的發展》一文，基本上堅持了這一觀點〔二〕。

　　至於學者將李翰《蒙求》作爲"蒙書"起源的重要依據，蓋因童蒙教育重在啓蒙，有知識教育需求的緣故。李翰《蒙求》直接影響了"蒙求體"衆多蒙書的產生，諸如《十七史蒙求》《左氏蒙求》《本朝蒙求》《純正蒙求》等，但不足以涵蓋"蒙書"的概念。唐代馮伉《諭蒙書》中最早將"蒙書"二字連用。《新唐書·馮伉傳》載：貞元中馮伉爲醴泉令，"縣多寙猾，數犯法，伉爲著《諭蒙書》十四篇，大抵勸之務農、進學而教以忠孝。鄉鄉授之，使轉相教督"〔三〕。按："諭"在此作教導、教誨之義。《淮南子·修務訓》云："此教訓之所諭也。"高誘注："諭，導也。"〔四〕"諭蒙書"蓋爲"教誨啓蒙""教誨發蒙"之書，這與兒童的"蒙書"之含義并無太大區別。馮伉《諭蒙書》的主要內容爲勸農、進學，"教以忠孝"，屬於針對社會大衆的教育，其中進學、忠孝與童蒙教育的內容一致，相對於傳統"蒙書"而言，其受衆面更大。考慮到該書衹有十四篇，篇幅短小也符合蒙書的特點，故曰"諭蒙書"。"諭蒙書"與"童蒙書"即"蒙書"含義已經很接近了。據此雖不好明確判定《諭蒙書》就是最早的"蒙書"概念的來源，但已包含"蒙書"之義。與此相類似的還有晋代束晳《發蒙記》，《隋書·經籍志二》將其歸入小學類字書，"載物產之异"，主要記載名物、奇异物產〔五〕。此"發蒙"，爲童蒙之義，"記"，爲敘事文體，顯然，《發蒙記》也是明言爲兒童啓蒙之書，與"蒙書"的概念已經很接近了。

　　直接將"蒙書"明確作爲書名者，是在宋代。宋太宗時，种（chóng 姓）

〔一〕　鄭阿財、朱鳳玉：《敦煌蒙書研究》，第一頁。

〔二〕　朱鳳玉：《蒙書的界定與〈三字經〉作者問題——兼論〈三字經〉在日本的發展》，金瀅坤主編：《童蒙文化研究》第五卷，人民出版社，二〇二〇年，第七五~九八頁。

〔三〕　（宋）歐陽修等撰：《新唐書》卷一六一《馮伉傳》，中華書局，一九七五年，第四九八三頁。

〔四〕　何寧撰：《淮南子集釋·修務訓》，中華書局，一九九九年，第一三三一頁。

〔五〕　（唐）魏徵等撰：《隋書》卷三三《經籍志二》，中華書局，一九七三年，第九八三頁。

放與母隱於終南山豹林谷，"結茅爲廬，博通經史，士大夫多從之學，得束脩以養，著《蒙書》十卷，人多傳之"〔一〕。可見种放著《蒙書》十卷，是傳授門人的講稿，從其卷數來看，可能不是專爲童蒙而作，但將其視爲教育兒童的教材與讀物可能性很大。宋代"蒙書"指代"童蒙之書"的概念大概早已成爲時人的共識。《玉海·紹興御書孝經》中稱高宗《御書真草孝經》爲"童蒙書""童蒙之書"〔二〕。此事，清代錢唐倪濤《六藝之一録》載：宋高宗以《御書真草孝經》賜秦檜，紹興九年（一一三九），秦檜請刻之金石。高宗曰："世人以十八章'童蒙書'，不知聖人精微之學，皆出乎此。"〔三〕顯然，宋人經常將《孝經》當作童蒙教材，故有"童蒙之書"之稱，以致忘記了《孝經》是儒家"精微之學"。顯然，"蒙書""童蒙之書"不僅僅專指《孝經》，而是"童蒙"所讀、所學之書的統稱。唐代童蒙學習經學，就"先念《孝經》《論語》"〔四〕。又元代陸文圭《古今文孝經集注序》載："君曰世以《孝經》爲'童蒙小學之書'，不知其兼大人之學……余曰：《孝經》爲'童蒙之書'未害也，張禹傳《論語》，杜欽明《五經》，童蒙之弗如。"〔五〕元人也是把《孝經》作爲"童蒙之書"，以此類推，宋元童蒙所讀之書，即可稱爲蒙書。

不過，很多時候冠以"童蒙"之名的書，未必是蒙書。如權德輿十五歲"爲文數百篇"，編爲《童蒙集》十卷，爲權德輿在童蒙時期所作之書，故名〔六〕，并非其所使用的蒙書。又宋代張載有《正蒙書》，宋代晁公武《郡齋讀

〔一〕（宋）曾鞏撰，王瑞來校證：《隆平集校證》卷一三《侍從·种放》，中華書局，二〇一二年，第三八四頁。

〔二〕（宋）王應麟撰：《玉海》卷四一《藝文》，江蘇古籍出版社、上海書店，一九八七年，第七八〇頁。

〔三〕（清）倪濤撰：《六藝之一録》卷三一三上《歷朝書譜三上·帝王后妃三·宋》，《影印文淵閣四庫全書》第八三六册，台灣商務印書館，一九八六年影印本，第六〇三頁。

〔四〕項楚：《敦煌變文選注·舜子變》，中華書局，二〇〇六年，第三三五頁。

〔五〕（元）陸文圭撰：《墻東類稿》卷五《序·古今文孝經集注序》，《影印文淵閣四庫全書》第一一九四册，第五七四頁。

〔六〕（後晉）劉昫等撰：《舊唐書》卷一四八《權德輿傳》，中華書局，一九七五年，第四〇〇二頁。

書志》卷十將其歸入"儒家類"，認爲是其弟子蘇昞整理先生張載解説有關"陰陽變化之端，仁義道德之理，死生性命之分，治亂國家之經"的十七篇文章而成，奠定了氣一元論哲學，頗爲深奥，故不能作爲兒童的啓蒙讀物〔一〕。《宋史·藝文志六》載："鄒順《廣蒙書》十卷、劉漸《群書系蒙》三卷。"〔二〕歸入"事類"部，雖不能判定其爲蒙書，但有明顯開蒙、啓蒙之義，也説明"蒙書"之詞在宋代已經很常見。

　　宋代"童蒙之書"也可稱爲"小兒書"或"教子書"。宋代王暐《道山清話》云："予頃時於陝府道間舍，於逆旅因步行田間，有村學究教授二三小兒，聞與之語言，皆無倫次。忽見案間，有小兒書卷，其背乃蔡襄寫《洛神賦》，已截爲兩段。"〔三〕顯然，這是以"小兒書卷"指代童蒙所讀之書。如宋韓駒《次韵蘇文饒待舟書事》云："會有綾衾趨漢署，不須錦纜繫吳檣；青箱教子書千卷，白髮思親天一方。"〔四〕元代以後"小兒書""教子書"更爲常見，元宰相耶律楚材《思親二首》云："鬢邊尚結辟兵髮，篋内猶存教子書；幼稚已能學土梗，老兄猶未憶鱸魚。"〔五〕又明代夏原吉《題樂善堂二首》云："甕裏況存招客酒，床頭仍貯教兒書；閒來持此消長日，何用區區較毁譽。"〔六〕可見宋元以後"小兒書""教兒書"，均指代"童蒙之書"，即教兒童所讀之書，"教子書"中的主體亦爲小兒書，讀者以"小兒""童蒙"爲主體，以其所讀之書爲"小兒書""蒙書"，呈現類化概念，後來逐漸被學者所采納。

　　〔一〕（宋）晁公武撰，孫猛校證：《郡齋讀書志》卷十《儒家類》，上海古籍出版社，一九九〇年，第四五一頁。

　　〔二〕（元）脱脱等撰：《宋史》卷二〇七《藝文志六》，中華書局，一九七七年，第五二九四頁。

　　〔三〕（宋）王暐撰：《道山清話》，《影印文淵閣四庫全書》第一〇三七册，第六六〇頁。

　　〔四〕（宋）韓駒撰：《陵陽集》卷三《近體詩·次韵蘇文饒待舟書事》，《影印文淵閣四庫全書》第一一三三册，第七九一頁。

　　〔五〕（元）耶律楚材撰，謝方點校：《湛然居士集》卷六《思親二首》，中華書局，一九八六年，第一三二頁。

　　〔六〕（明）夏原吉撰：《忠靖集》卷五《七言律詩》，《影印文淵閣四庫全書》第一二四〇册，第五二五頁。

　　明確"蒙書"概念起源之後，必須對"蒙書"包含的内容及其動態的歷史變化有所認識。中國古代"蒙書"的概念與童蒙教育發展演變有很大關係。民國時期余嘉錫在《内閣大庫本碎金跋》中認爲，魏晋南北朝以前學校教育不興，唐代從"小學"分化出了字書、蒙求、格言三類：字書類，以《千字文》爲代表；"蒙求"類，以《蒙求》爲代表，屬對類事爲特點；"格言"以《太公家教》爲源頭，包括《神童詩》《增廣賢文》等發展最爲廣泛；三者各有發展，分出旁支〔一〕。此説看似很有道理，但并不符合中國古代童蒙教育發展的實際情況，結論太過簡單，在一定程度上可以解釋黄正建提出的"蒙書"在正史和書目分類時，被歸入不同門類的問題〔二〕。

　　與余嘉錫看法相似的爲瞿菊農，其《中國古代蒙學教材》云："就現有歷史資料和現存的蒙養教材看，傳統的蒙養教材的發展，可以分爲三個階段。從周秦到唐末是一個階段，從北宋到清中葉是第二個階段，從清中期以後到新學校和新教科書的出現是第三個階段。"〔三〕他認爲古代的蒙養教材"首先是宣揚灌輸封建的倫常道德，培養封建倫常的思想意識"。此外，還要求："一是要能掌握一定的文字工具，這就是識字；其次是掌握一定的自然知識、生活知識和歷史知識；再次是作深造進修的準備或準備應考。這幾項要求在各種蒙養教材中都分別得到反映。實際上識字是學習基礎，一些教材主要是識字課本或字書。識字當然有内容，其内容仍是封建倫理道德和一般基礎知識。"〔四〕瞿菊農主張識字課本、知識字書與余氏所説的"字書"類、"蒙求"類，大致相同；認爲封建蒙養教材的第三個要求是"作深造進修的準備或準備應考"，已經注意到科舉考試對"蒙書"的影響。

〔一〕　余嘉錫：《余嘉錫論學雜著》，中華書局，一九六三年，第六〇〇～六〇六頁。

〔二〕　黄正建：《蒙書與童蒙書——敦煌寫本蒙書研究芻議》，《敦煌研究》二〇二〇年第一期，第九三～九四頁。

〔三〕　瞿菊農：《中國古代蒙學教材》，《北京師範大學學報（社會科學版）》一九六一年第四期，第四五頁。

〔四〕　瞿菊農：《中國古代蒙學教材》，《北京師範大學學報（社會科學版）》一九六一年第四期，第四五～四六頁。

　　隨後，張志公從教材角度審視了古代兒童教育所使用的教材。其新版《傳統語文教育教材論》認爲：先秦兩漢重視兒童識字教育、句讀訓練，主要有《弟子職》和《急就篇》。魏晉隋唐時期，主要集中在識字教育（《千字文》）、封建思想教育的蒙書（《太公家教》）、掌故故事蒙書（《兔園策》《蒙求》）。宋元蒙學體系，又促生了新的蒙書，衹是發展和補充較小，没有很大變化，并將其分爲：其一，識字教育方面，在《千字文》基礎上，形成了以“三百千”爲主的識字教材，與“雜字”教育并行。其二，封建思想教育方面，用《三字經》深入識字教育中，用理學思想編撰了《小學》等新的教材，用《弟子職》等作爲訓誡讀物。其三，在《蒙求》的基礎上擴展了一批歷史知識和各學科知識教育的教材。其四，重視初步閱讀教材——出現了《千家詩》《書言故事》等詩歌與散文讀本，已涉及情感之養成及美學之陶冶範疇。其五，在初步識字和初步閱讀教育之上，產生了一套讀寫訓練的方法和教材——屬對，程式化的作文訓練，專業初學教材用的文章選注和評點本〔一〕。雖然，張志公没有對“蒙書”概念進行闡釋，但從其對中國古代蒙書類型劃分及説明，表明他對蒙書已經有比較清晰的認識，爲我們探討“敦煌蒙書”的概念和分類提供了基本認識和啓發。由於張先生主要從事中小學教材編撰研究，對中國古代蒙書發展變化過程這一核心問題概括得十分到位，對我們進一步概括“蒙書”的概念十分有幫助。以下就張志公的觀點，結合余嘉錫、瞿菊農、鄭阿財和朱鳳玉諸位先生的主張，擬對“蒙書”的概念再做定義。

　　關於敦煌的“蒙書”概念，學界一直不是很明確。早在一九一三年，王國維在《唐寫本〈太公家教〉跋》《唐寫本〈兔園策府〉殘卷跋》中〔二〕，雖然没有提及“蒙書”的概念，但開啓了敦煌蒙書研究之先河。一九四二年日本學者那波利貞《唐鈔本雜抄考—唐代庶民教育史研究—》則爲對敦煌蒙書進

　　〔一〕　張志公：《傳統語文教育教材論：暨蒙學書目和書影》，第九頁。
　　〔二〕　王國維：《唐寫本〈太公家教〉跋》《唐寫本〈兔園策府〉殘卷跋》，王國維：《觀堂集林》，中華書局，一九五九年，第一〇一二～一〇一五頁。

行深入研究之始〔一〕。

　　隨着學界對敦煌蒙書整理、研究的不斷深入，需要進一步對敦煌蒙書加以鑑別、歸類，故對"蒙書"概念的探討就提上日程〔二〕。汪泛舟在一九八八年發表《敦煌的童蒙讀物》一文，使用了"童蒙讀物"的概念，依據敦煌文書的兩百多件"兒童讀物"的内容和性質、重點，將其分爲兩類。一識字類：《字書》《新集時用要字壹千二百言》等；二教育類：《太公家教》《百行章》等；三應用類：《吉凶書儀》等，共計三十六種。顯然，汪泛舟從"童蒙讀物"角度來分類有點寬泛，故將《姓望書》《郡望姓氏書》《吉凶書儀》《書儀鏡》《新定書儀鏡》《大唐新定吉凶書儀》《新集諸家九族尊卑書儀》《新集吉凶書儀二卷》《漢藏對譯〈佛學字書〉》《大寶積經難字》《大般若經難字》《涅槃經難字》《字寶》等不太適合兒童誦讀的書目也納入了"童蒙讀物"範圍之内〔三〕。

　　鄭阿財教授是最早對敦煌蒙書進行專題性、整體性研究的學者，在一九九一年發表的《敦煌蒙書析論》中，明確提出了"蒙書"的概念，分爲

　　〔一〕［日］那波利貞：《唐鈔本雜抄考—唐代庶民教育史研究—》，《支那學》第十期，一九四二年；［日］那波利貞：《唐代社會文化史研究》第二編，創文社，一九七四年，第一九七～二六七頁。

　　〔二〕"總論"中所涉及敦煌蒙書的編號及其内容衆多，主要見於近年來上海古籍出版社等出版社整理的各類大型敦煌文獻，若非特殊情況，爲節省篇幅，不再一一注明卷號。相關參引文獻均出自如下敦煌文獻：中國社會科學院歷史研究所、中國敦煌吐魯番學會敦煌古文獻編輯委員會、英國國家圖書館、倫敦大學亞非學院編：《英藏敦煌文獻》（以下簡稱"《英藏》"）第一～一四卷，四川人民出版社，一九九〇～一九九五年；上海古籍出版社、法國國家圖書館編：《法藏敦煌西域文獻》（以下簡稱"《法藏》"）第一～三四册，上海古籍出版社，一九九四～二〇〇五年；俄羅斯科學院東方研究所聖彼得堡分所、俄羅斯科學出版社東方文學部、上海古籍出版社編：《俄藏敦煌文獻》（以下簡稱"《俄藏》"）第一～一七册，上海古籍出版社、俄羅斯科學出版社東方文學部，一九九二～二〇〇一年；中國國家圖書館編：《國家圖書館藏敦煌遺書》第一～一四六册，北京圖書館出版社，二〇〇五～二〇一二年；武田科學振興財團杏雨書屋、［日］吉川忠夫編：《敦煌秘笈》第一～九册，はまや印刷株式會社，二〇〇九～二〇一三年，等等。

　　〔三〕汪泛舟：《敦煌的童蒙讀物》，《文史知識》一九八八年第八期，第一〇四～一〇七頁。

識字類、思想類與知識類三大類，其下又分若干小類，收録了二十六種敦煌蒙書，凡二百二十九件抄本〔一〕。次年，日本學者東野治之在《訓蒙書》中，以學仕郎、學生抄寫使用的讀物作爲認定“訓蒙書”的標準，認定《古文尚書》《毛詩》《孝經》《論語》《論語集解》《殘卜筮書》《秦婦吟》《咏孝經》《孔子項託》《鷰子賦》《子虛賦・滄浪賦》《貳師泉賦・漁父歌》《李陵與蘇武書》《王梵志詩集》《敦煌廿咏》《金剛般若波羅蜜經》等二十六種，共四十七件抄本。顯然，東野治之以學士郎即兒童身份作爲判定“訓蒙書”的標準，似乎很難準確定義“訓蒙書”的範圍和概念，將《鷰子賦》《子虛賦・滄浪賦》《貳師泉賦・漁父歌》《李陵與蘇武書》《敦煌廿咏》《金剛般若波羅蜜經》等都認定爲“訓蒙書”，似乎太過寬泛〔二〕。因此，鄭阿財教授認爲：“對蒙書的判定，似宜先采廣泛收録，再細定標準加以擇別區分。其主要依據應就寫本内容、性質與功能分析；再據寫卷原有序文，以窺知其編撰目標與動機；從寫本實際流傳與抄寫情況、抄者身份等，綜合推論較爲穩當。”〔三〕

　　基於上述原則，鄭阿財、朱鳳玉在《敦煌蒙書研究》一書中，分三大類叙録了敦煌蒙書二十五種，凡二百五十件抄本。其一識字類：《千字文》《新合六字千文》《開蒙要訓》《百家姓》《俗務要名林》《雜集時用要字》《碎金》《白家碎金》《上大夫》，凡九種；其二知識類：《雜抄》《孔子備問書》《古賢集》《蒙求》《兔園策府》《九九乘法歌》，凡六種；其三德行類：《新集文詞九經鈔》《文詞教林》《百行章》《太公家教》《武王家教》《辯才家教》《崔氏夫人訓女文》《新集嚴父教》《王梵志詩》一卷本，凡十種。自該書問世以來，備受學界關注，目前是學界公認的“敦煌蒙書”收録最全、認可度最高的觀點〔四〕。

　　“蒙書”是個動態和歷史性的概念，因時代的不同，研究者的視角和立

　　〔一〕　鄭阿財：《敦煌蒙書析論》，《第二屆敦煌學國際研討會論文集》，第二一二頁。
　　〔二〕　［日］池田温編：《講座敦煌5・敦煌漢文文獻》，東大出版社，一九九二年，第四〇三～四〇七頁。
　　〔三〕　鄭阿財：《敦煌蒙書研究的回顧與前瞻》，《敦煌吐魯番研究》第七卷，中華書局，二〇〇四年，第二五四～二七五頁。
　　〔四〕　鄭阿財、朱鳳玉：《敦煌蒙書研究》，第二～八頁。

場不同，容易出現盲人摸象的問題。因此，黃正建《蒙書與童蒙書——敦煌寫本蒙書研究芻議》一文，通過對東野治之《訓蒙書》、鄭阿財《敦煌蒙書研究》、張新朋《敦煌寫本〈開蒙要訓〉研究》、金瀅坤《唐代敦煌寺學與童蒙教育》等有關"蒙書""童蒙的讀物""童蒙的課本"的看法進行檢討，提出了一些質疑性看法[一]。這在很大程度上反映了學界和社會大衆對"蒙書""兒童讀物"和"兒童課本"的困惑，有必要對此進行探討，以明確本套叢書選定敦煌"蒙書"的標準和依據，使得學界對"蒙書"概念更加明晰。

2.蒙書的定義

"蒙書"界定應該有狹義和廣義之分。狹義蒙書，主要指中國古代專門爲兒童啓蒙教育而編撰的教材和讀物。廣義蒙書，指古代公私之學用於啓蒙或開蒙教育的書，以"童蒙教育"爲中心，也包含對青少年、少數成人的開蒙教育所使用的教材和讀物。廣義的蒙書不僅包括狹義的蒙書，而且包括諸如《俗務要名林》《碎金》等字書、《武王家教》《辯才家教》等"家教"讀物。從作者編撰意圖來看，這些書并非專門爲童蒙教育而作，但因其内容適當、篇幅短小，比較適合童蒙教育，而常被世人作爲童蒙教育的教材使用，故將其視爲廣義蒙書。需要説明的是，字書、家教等之所以被稱爲"蒙書"，是因其常被作爲教育童蒙的教材，而《孝經》《論語》雖可作爲童蒙教材，但并非蒙書。即便是《孝經》有"童蒙小學之書""童蒙之書"之名，也不是廣義"蒙書"。因爲《孝經》《論語》自成書以來就作爲儒家最核心的經典，也是隋唐以來科舉考試最基礎的内容，雖作爲童蒙教材使用，但并非專爲兒童而做，雖主要供少年、成人學習之用，也未改變其爲儒家經典的性質。

蒙書與童蒙教材、童蒙讀物的關係既有交互之處，又有差別。所謂童蒙教材，指兒童啓蒙教育中的教學用書，也稱課本，即指用作兒童啓蒙教育課本的字書、蒙書、家訓及儒家經典、史書、文集、類書等。所謂童蒙讀物，指童蒙教材之外，爲擴大知識量、提高寫作能力而供兒童閱讀的各種書

〔一〕　黃正建:《蒙書與童蒙書——敦煌寫本蒙書研究芻議》,《敦煌研究》二〇二〇年第一期，第九四頁。

籍，文體不限，原則上講童蒙教材是最基礎的學習和閱讀的内容，童蒙讀物是擴展内容。其實，《語對》《籯金》《兔園策府》和一卷本《王梵志詩》等蒙書，編撰的目的并非專門爲童蒙教育而做，但因其内容比較適合兒童閱讀，符合童蒙教育的需求，而被世人逐漸作爲常用童蒙讀物，或改編成適合兒童閱讀、學習、寫作詩文的讀物，也就變成了蒙書。最爲典型的《略出籯金》，就是在《籯金》基礎上删減而來，作爲兒童啓蒙教育讀物，也可視爲蒙書。

3.蒙書的特點

僅憑“蒙書”的概念從七萬餘件敦煌文獻中辨別“蒙書”是十分困難的事，我們必須充分考慮“蒙書”的特點，可以從其基礎性、啓蒙性、學科性、階段性、階層性和時代性入手。

其一，基礎性與學科性。蒙書的基礎性或稱開蒙性，主要是指教育的入門、啓蒙之特性，爲兒童的啓蒙、發蒙、開蒙、諭蒙服務。蒙書的基礎性因專業、學科内容不同而有很大差異，不同學科的蒙書存在着明顯的學科差異。隨着時代發展，不同歷史階段學科發展有很大差異，蒙書就出現了學科性。蒙書的基礎性是由其學科内容決定的，是指某個學科領域最爲基礎的知識、理論和學習方法等。比如字書類蒙書，史游《急就篇》最能體現基礎性特點，其内容一爲“人名”，介紹姓氏文化；二爲“名物”，枚舉衣食、器物、鳥獸、音樂、宫室、疾病等；三爲典章制度，介紹禮法、典故、職官等。雖然其内容涉及了不同學科，但對於兒童識字和增長知識來講，均爲最基礎的知識。《千字文》在《急就篇》基礎上有所發展，内容更爲豐富，增加了天文、人物、典章、制度、勸學、處世、道德方面的内容，對偶押韵，邏輯嚴密，説教明顯，但均爲相關學科的基礎性内容。在兒童接受識字教育的同時，會對其進行習字教育，敦煌文獻中發現的《上大夫》，僅有“上大夫，丘乙己，化三千，七十士，尔小生，八九子”等十八個字，筆畫簡單，比較適合初學者練習漢字的筆畫，掌握書法的基本技巧。隨着唐代科舉重詩賦的影響，童蒙教育對屬對、屬文教育加强，於是出現了《文場秀句》按事類對麗詞進行分類注解的蒙書，爲兒童學習屬對提供最基礎、最簡單詞彙，以及相關典故，用於訓練兒童屬對的基本知識和技巧、方法等。大概在十歲以後，童蒙屬對訓練之後〔一〕，就需要屬文訓練。於是就出現了敦煌本失名《策府》之類的屬文類蒙書，多在三百字左右，基本采用四六句駢文，前後對偶、押韻，并具備對策的基本結構，爲童蒙學習對策的範文。與《策府》相似的是杜嗣先《兔園策府》，爲其受蔣王惲之命，模仿科舉對策而編撰的範文，既然是範文，自然是爲子弟準備學習對策參考使用，在中晚唐五代被鄉校、俚儒作爲教兒童的蒙書，廣泛使用。《兔園策府》相對《千字文》而言，其内容雖然更爲廣泛，難度更大，用詞、用典更爲講究，且有明確的作文結構和技巧，針對的主要對象是十歲至十五歲的大齡兒童，且有一定的識字、屬對基礎。但就屬文即作文而言，仍爲初級階段，爲最基礎、基本的入門性質的，“鄉校俚儒教田夫牧子之所誦”的蒙書，而被世人嘲笑淺薄〔二〕。此外，敦煌文獻中發現的《九九乘法口訣》《立成算經》均爲中國古代算術學科領域的最基礎、入門階段蒙書。明清以後，更是嚮專科類發展，出現了《天文歌略》《地理歌略》《植物學歌略》以及《農用雜字》《士農工商買賣雜字》等專業性非常强的入門、開蒙類書籍，本質都可以視作蒙書。

　　其二，階段性。狹義的“蒙書”主要編撰對象爲兒童，在兒童不同年齡段的教育，所用的蒙書也有很大不同。若按照《禮記》的規定，兒童六歲始“教之數與方名”，十五歲成童〔三〕，此後歷代王朝太學、國子監、州縣學、府學等中央和地方官學的入學年齡基本上限定在十四歲以上，即以成童爲界限，所以筆者大致以此作爲兒童的劃分標準。六至十五歲，按照現在中國的學制，主要爲小學、初中階段，也包含了幼兒園大班，相當於今天的兒童和年齡較

　　〔一〕　宋仁宗至和元年（一〇五四）制定《京兆府小學規》云：“第二等，每日念書約一百字，學書十行，吟詩一絶，對屬一聯，念賦二韵，記故事二件。”（見私人拓片）唐代雖然没有記載私學中進行對屬訓練的記載，但《文場秀句》《語對》等“屬對”類蒙書發現足以説明唐代童蒙屬對教育的問題。

　　〔二〕　（宋）歐陽修撰：《新五代史》卷五五《劉岳傳》，中華書局，一九七四年，第六三二頁。又見（五代）孫光憲撰：《北夢瑣言》卷一九《詼諧所累》，中華書局，二〇〇二年，第三四九～三五〇頁。

　　〔三〕　（唐）杜佑撰，王文錦等點校：《通典》卷五六《禮典十六·沿革十六》，中華書局，一九八八年，第一五七一頁。

小的少年，是一個人接受教育的最重要的時期。結合現代幼兒園、小學和初中教育的內容，這個時段的教材、讀物難易程度相差非常大，在中國古代也是一樣。考慮到隋唐以前的童蒙教育主要以識字教育和經學教育爲主，蒙書主要是字書，兒童教育層級性不是很明顯，本書不予討論。以唐代童蒙教育爲例，存在階段性，李恕《戒子拾遺》中制定了對子弟的培養方案，"男子六歲教之方名，七歲讀《論語》《孝經》，八歲誦《爾雅》《離騷》，十歲出就師傅，居宿於外，十一專習兩經"〔一〕。具體來講，幼兒在六歲便接受算數、時令、方位（空間）和名物等最基本的日常生活、生產知識的教育，主要學習《千字文》《開蒙要訓》《雜抄》《孔子備問書》等識字類和知識類蒙書，七歲讀《論語》《孝經》，八至九歲誦"兼通學藝"的《爾雅》《離騷》〔二〕，就開始經學啓蒙教育。同時，應該學習《太公家教》《武王家教》等家教和《百行章》等道德類蒙書，進行道德行爲規範教育，爲外出拜師求學打基礎、學規矩。十歲外出拜師學習《蒙求》等知識類蒙書，《語對》《文場秀句》等屬對類蒙書，《事林》等故事類蒙書，爲將來從事專經（明經），抑或屬文（進士）等舉業打基礎。至十一歲"專習兩經"，其實就是指爲參加明經科考試做準備。考慮到李恕撰寫此書在開元以前，進士科尚不興盛，故用"專習兩經"指代舉業。隨着開元以後，進士科與明經科代表的文學與經學逐漸分野，童蒙教育在十一二歲的時候也相應出現了專經和屬文的分化。於是在十一至十五歲階段的兒童主要閱讀《新集文詞九經抄》《文詞教林》《楊滿山咏孝經壹拾捌章》等經典摘編和歌咏類蒙書，既可以幫助專經者分類記憶、理解經書精粹，同時可以爲屬文者提供典故和寫作語料支持。而《事林》《事森》等故事類蒙書，可以豐富兒童的歷史知識，對明經科、進士科對策和屬文都有幫助。至於《策府》《兔園策府》和李嶠《雜咏》等均爲屬文類蒙書，應該爲意欲從事舉業的快要成童者提供屬文的範文。

〔一〕（宋）劉清之撰，吳敏霞等注譯：《戒子通錄》卷三，三秦出版社，二〇〇六年，第五八六頁。

〔二〕 參見高明士：《隋唐貢舉制度》表四《唐代貢舉科目兼習學藝表》，文津出版社，一九九九年，第二八三頁。

其三，階層性。中國古代社會結構發生了很大變化，不同的社會階層對子弟教育所需蒙書有很大差別。以《千字文》爲例，由於南朝是士族社會，此書乃周興嗣受梁武帝之命編撰，周興嗣出身并不顯貴，善屬文，"其文甚美"。《千字文》格局高昂，雖然也涉及天地、節令、農業生產、名物、典故、制度等字書常見内容，但其文詞典雅、引經據典、次韵嚴格，多涉禮法、人倫、道德、勸學、勵志、孝悌、睦鄰、修身、言行、舉止、處世、應對、選舉，以及賢良將相、豐功偉績等内容，旨在讓子弟在學習的過程中，不僅要識字、掌握各種知識，而且要立鴻鵠之志，見賢思齊，勵志報國，光大門庭。相對《千字文》是一部文辭華美、非常經典的字書而言，《俗務要名林》主要是爲庶民階層編撰的蒙書，其内容主要是有關生產生活中常用的名物以及倫理關係等，以備日常生產、生活中的實際之需，相對實用，但仍不失基礎、開蒙之性質。又《百行章》作者爲唐初宰相杜正倫，屬於高門士族，兄弟三人在隋朝秀才及第，衣冠天下。其兄正藏著《文章體式》，時人號爲"文軌"〔一〕。杜正倫"善屬文，深明釋典"，以"舉行能之人"見用〔二〕，曾以中書侍郎兼太子左庶子，以侍從贊相太子，蓋在此期間，有感而發做此書。從其《百行章·序》所言，杜正倫主要依據《論語》《孝經》的"忠孝"思想、倫理道德，及修身、齊家、治國的學術觀點，"錄要真之言，合爲《百行章》一卷"，分八十六章對子弟的所謂"百行"進行分章規範、約束，不求高位虛名，旨在盡節立孝、廣學仕君、踐行經典，格局甚高，積極嚮上，頗有世家大族對社會、君王和家庭的擔當精神與責任。與《武王家教》《辯才家教》偏向庶族俗人，内容較爲現實、關注治家，且勸誡的多爲諸種不當、不雅行爲舉止，形成了鮮明差別。但《武王家教》《辯才家教》的出現比較符合中晚唐士族走向衰落，没落士族和庶族階層面對現實，積極編撰新時代的符合社會中下層民衆需要的家教類德行蒙書這一情況。此類情況不再枚舉。

其四，時代性。中國古代童蒙教育受國家、政體、家庭、地域、文化、

〔一〕《隋書》卷七六《杜正玄傳附正藏傳》，第一七四八頁。

〔二〕《舊唐書》卷七〇《杜正倫傳》，第二五四一頁。

政治、民族等諸多因素的影響，體現的是國家意志、統治階層的觀念，與學校教育制度、選舉制度、文化思想等變遷緊密相連，導致所謂的“小兒書”“蒙書”的内容、主旨和名目等都在不斷變化，具有明顯的時代性特點。因此，“蒙書”的概念，必須將中國童蒙教育與中國古代歷史發展變化相結合，分不同歷史時期具體概括其主要特徵，而不是以僵化的標準籠統套用。一九三七年，李廉方《中國古代的小學教育》一文高度概括了中國古代的小學教育史，將中國古代小學教育分爲三代以前、選舉時代、科舉時代三個階段，按時代特點對小學教育的教材種類進行過概括[一]。兹分先秦、秦漢南北朝、隋唐五代、宋元以後四個時段，進行概述。

一是，先秦時期，識字、書計之學。先秦時期是“分封建制”的時代，夏商周中央王朝和諸侯國建立了庠序等學校教育機構，諸王和公卿子弟可以接受官學教育，其中也包括了童蒙教育。春秋以來，“學在官府”的格局被打破，私人講學興起，但童蒙教育以識字、書記之學爲主，故保留下來的童蒙讀物《史籀》等也大體屬於識字類字書。由於先秦時期没有統一的文字、文化、制度，故很難出現流行的、統一的“蒙書”。

二是，秦漢南北朝時期，識字教育大發展。秦漢時期，中國建立大一統的中央王朝，秦實行統一文字、文化的政策，頒行《蒼頡》《爰歷》《博學》三部字書，可以説極大促進了童蒙識字教育的發展。該時期《急就篇》《千字文》代表了中國古代識字蒙書的最高水平，涌現了諸如《開蒙要訓》《小學篇》《始學》《啓蒙記》《篆書千字文》《演千字文》《要字苑》《正名》等衆多字書，出現了《女史篇》《勸學》《真言鑒誡》等勸誡類蒙書[二]。其原因是察舉制度的實行，選官主要憑藉的是門第，而不是才學，雖然當時官學和家學、個人講學等私學教育也較前朝有很大發展，但童蒙教育總體局限於士家大族子弟，在識字教育之外，童蒙教育的内容主要是《孝經》《論語》以及“五經”相關的經學教育，也是受察舉制度選舉重“明經”“德行”標準的影響。

〔一〕 收入郭戈編：《李廉方教育文存》，人民教育出版社，二〇〇六年，第四三二~四四九頁。

〔二〕 參見《隋書》卷三二《經籍志一》，第九四二~九四三頁。

　　三是，隋唐五代時期"蒙書"的多樣化發展。張志公將魏晋隋唐放在一起，認爲唐代蒙書的貢獻主要集中在封建思想教育的蒙書（《太公家教》）、掌故故事蒙書（《兔園策》《蒙求》）兩個方面〔一〕。顯然，魏晋與隋唐是常見的歷史分期法，但就童蒙教育而言，兩個時期存在很大差異。其主要因素，是隋唐帝國終結了魏晋南北朝時期的士族政治，兩個時代有質的差別，唐代科舉考試制度的盛行直接導致教育的下移，極大促進了唐代童蒙教育的發展，蒙書編撰得到了前所未有的發展。科舉制度改變了察舉時代以識字爲主的"字書"蒙書的編撰局面，增加了知識、道德、文學類蒙書。（一）拓展識字類蒙書，趨嚮專業化、多樣化。將《千字文》進行改編、注釋和翻譯，出現了《六字千字文》《千字文注》和翻譯類蒙書《蕃漢千字文》等。又發展出了《俗務要名林》《雜集時用要字》等雜字類字書，以及《碎金》《白家碎金》等俗字類字書。（二）開創知識類蒙書。雖然此前《開蒙要訓》等字書，也包含了豐富知識，但不是以普及知識爲主。唐代李翰《蒙求》開創了以典故、人物故事屬對類事，將勵志與歷史教育相結合的一種專門的綜合知識教育的"蒙書"，被後世不斷發揚，成爲"蒙求體"，在古代中國和東亞影響極大。余嘉錫、張志公和鄭阿財等先生均將其視作"知識"類蒙書之始〔二〕，此類蒙書在敦煌文獻中還有《古賢集》《雜抄》《孔子備問書》等等。知識類蒙書的産生與科舉考試詩賦、對策考試注重用典，以及大量設置歷史、博學等制舉和常舉科目有很大關係〔三〕。（三）開創了德行類蒙書。唐代受魏晋以來《顏氏家訓》等家訓、家教興盛的影響〔四〕，出現了針對兒童的《太公家教》《武王家教》《辯

　　〔一〕　參閱張志公：《傳統語文教育初探：附蒙學書目稿》，上海教育出版社，一九六二年，第五頁。

　　〔二〕　參閱余嘉錫：《余嘉錫論學雜著》，第六〇五～六〇六頁；張志公：《傳統語文教育初探：附蒙學書目稿》，第五二～五九頁；鄭阿財、朱鳳玉：《敦煌蒙書研究》，第二二七頁。

　　〔三〕　金瀅坤：《中國科舉制度通史·隋唐五代卷》，上海人民出版社，二〇一五年，第四六九～四七五頁。

　　〔四〕　金瀅坤：《唐代家訓、家法、家風與童蒙教育考察》，《浙江師範大學學報（社會科學版）》二〇二〇年第一期，第一四頁。

才家教》《新集嚴父教》和《崔氏訓女文》等家教類蒙書，同時出現了《百行章》《文詞教林》《新集文詞九經抄》等訓誡、格言類蒙書，以及《王梵志詩》等勸世詩類，也就是瞿菊農所説的"封建倫理道德"和張志公所言"封建思想教育"〔一〕。（四）開創文學類蒙書。瞿菊農〔二〕、張志公認爲的童蒙屬文教育是在宋代〔三〕，顯然不妥。文學是唐代選官、品評人物的重要標準，也是唐代"以文取士"的具體體現，本書借用"屬文"之詞，指代童蒙的"屬文""屬對"等進行作文訓練，稱之爲"文學"類蒙書。屬文類，主要指爲滿足童蒙學習屬文需求而編纂的供童蒙閲讀、習作的範文。詩賦讀本有《李嶠雜咏注》及《燕子賦》《楊滿山咏孝經壹拾捌章》，策文有《兔園策府》等，爲瞿菊農所説的"作深造進修的準備或準備應考"。還有《事森》《事林》等故事類蒙書，宋代發展爲散文體的故事書《書言故事》。唐代開創了童蒙"屬對"類蒙書的先例，敦煌文獻中發現的《文場秀句》《語對》《略出籑金》等屬對類蒙書，爲學界瞭解唐代訓練兒童學習詩賦之前的"屬對"情況提供了有力證據。（五）豐富了書算類蒙書。如唐代出現《上大夫》《牛羊千口》《上士由山水》等習字類蒙書，多内容簡短，筆畫簡單，方便幼童使用，極大豐富了兒童書法教育。

四是，宋元以後，隨着官學中小學、社學教育的普及以及家塾等日漸興盛，童蒙教育深入社會底層。蒙書較唐代有了更大發展，并日漸分化出新的門類。（一）識字字書類蒙書，逐漸形成了以"三、百、千"爲主的識字教材，出現了《三字經》《千字文》《百家姓》的各種注本和改寫本、別本，數量達數百種，并分化出了衆多農工商各類之"雜字"，社會化掃盲功能突出。（二）知識類蒙書更加細化，隨學科發展而不斷增加。在新增《十七史蒙求》《左氏蒙求》《本朝蒙求》等諸種"蒙求體"蒙書的基礎上，出現了《史學提要》《小四書》《史韵》《簡略四子書》等歷史知識和《名物蒙求》《植物

〔一〕 參閲張志公：《傳統語文教育初探：附蒙學書目稿》，第五頁。

〔二〕 瞿菊農：《中國古代蒙學教材》，《北京師範大學學報（社會科學版）》一九六一年第四期，第四五～四六頁。

〔三〕 參閲張志公：《傳統語文教育初探：附蒙學書目稿》，第一〇〇～一〇一頁。

學歌略》《動物學歌略》等各學科知識類蒙書。（三）德行類蒙書教育理學傾嚮明顯。隨着宋元理學、王陽明心學先後崛起，道德行爲教育也相應發生了變化。宋代以後新編的《三字經》《小學》《童蒙須知》等蒙書把理學思想灌輸到童蒙教材中，出現了《弟子職》等大量具有理學、心學内容的訓誡讀物。（四）文學類蒙書更爲豐富。出現了《千家詩》《神童詩》《唐詩三百首》《書言故事》等大量詩歌、散文與有關的屬文類蒙書。《對類》《聲律啓蒙》《笠翁對韵》等屬對類蒙書得到快速發展，供童蒙程式化作文訓練，或簡單習文之用，以備舉業。（五）書算類蒙書，向專業、專科蒙書發展。如《釋氏蒙求》《梵語千字文序》《鎪梵語千字文序》《五杉練若新學備用》等佛教蒙書，《新學三字經》《植物學歌略》《動物學歌略》《文字蒙求》《歷代名醫蒙求》《藥性蒙求》《風雅蒙求》等專科、專學蒙書。

4.敦煌蒙書的認定

敦煌蒙書的認定是個非常複雜的過程，需要考慮多種因素。本叢書對於敦煌蒙書的認定主要依據前文主張的廣義"蒙書"概念，充分考慮唐五代蒙書的基礎性、學科性、階段性、階級性和時代性等特點，并結合敦煌文獻的特殊性，對相關文書進行認定。針對敦煌文獻中的對象文書（相關文書），將從以下九點標準進行認定。

其一，對已有明確記載爲蒙書者，直接收入叢書名目。如《千字文》《開蒙要訓》《蒙求》《兔園策府》《李嶠雜咏注》《上大夫》等。相關敦煌文書的書名、序、跋和正文中，已經明確交待其爲教示童蒙而編撰，作爲課本、讀物使用的具有開蒙性質的基礎性書目，或可以推斷出爲蒙書者，即可視爲蒙書，如《太公家教》《新集嚴父教》《新集文詞九經抄》《文詞教林》等。對象文書雖無學郎題記，但唐宋以來世人明確將其作爲蒙書，或書志目録、志書、史籍記載其爲蒙書，并具備蒙書的基礎性和開蒙性質者，可認定爲蒙書，如《文場秀句》等。

其二，相關文書明確有學生、學郎抄寫題記，可證明其爲學郎書寫的作業、課本，且比較多見，即在敦煌文獻中保存，由不同學郎抄寫三件以上者，且具備蒙書基礎性的特點者，可視作蒙書，如《百行章》等。

其三，相關文書與若干文書同抄在一起，判定對象僅爲其中的一篇文書，而其他同抄文書中有明確爲蒙書，或有學郎題記者，且具備蒙書的基礎性等特點者，又時代大體相當者，可作爲認定標準之一。

其四，考察相關文書是否具備蒙書基礎性特點，即内容具備篇幅短小、淺顯易懂等基礎性、啓蒙性的特點，且字數在三千左右者，考慮到蒙書的階段性，接近成童的大齡童子學習能力較强，諸如《事林》《語對》等故事類、《語對》《略出簒金》等屬對類、《李嶠雜咏注》等屬文類蒙書，其字數可以放寬到五千字左右，可作爲參照條件之一。

其五，考察相關文書内容，是否有與已經明確的同類蒙書内容相近、編撰體例相似者，且具備基礎性等蒙書特點，可作爲參考條件之一。

其六，比照中古蒙書的編撰特點，以四言短句居多，具有押韻對偶、事類簡單等特點者，且具備相關不同學科性質蒙書特點，可以作爲參考條件之一。

其七，比照中古蒙書的編撰特點，多摘編經典、名言警句、俗語諺語等，具有事類編撰特點者，且具備相關不同學科性質蒙書特點，可以作爲參考條件之一。

其八，比照中古蒙書的編撰特點，以事類編排，以麗詞對偶，并摘編經典語句、名言對其解釋，明顯作爲兒童"屬辭比事"之用，進行詞語、典故屬對訓練，熟練掌握音韻押韻，爲作詩習文訓練做準備者，可以作爲參考條件之一。

其九，比照蒙書多具訓誡、説教、勸學的特點，即啓蒙教育特點明顯者，可以作爲參考條件之一。

基於敦煌蒙書的特殊性，很多蒙書没有明確記載其性質，且後世典籍中没有收録，故需要在廣義"蒙書"概念基礎上，充分考慮蒙書基礎性的特點，集合蒙書學科性、階段性、階層性和時代性等特點，依據上述第三至九條認定標準，逐一比對核實。若敦煌文書的判定對象符合其中三項者，即可認定爲蒙書。每部蒙書詳細認定情況請參見具體分卷蒙書的相關研究。當然，需要指出的是，敦煌蒙書并非特指敦煌地區的文人所做，而是指敦煌文獻中發現的蒙書。

（二）敦煌“家教”類蒙書與家訓、類書的關係

在界定敦煌“蒙書”之後，我們有必要討論一下敦煌文獻中的“家訓”“類書”與敦煌“蒙書”的關係，以便決定《敦煌蒙書校釋與研究》對“類書”“家訓”中的“蒙書”進行篩選。

1.敦煌“家教”類蒙書與家訓的關係

敦煌文獻中的《太公家教》《武王家教》《新集嚴父教》《辯才家教》，爲大家所公認的四部“家教”類蒙書〔一〕，兹就“家教”与“家訓”兩者之間的關係展開討論。余嘉錫在《內閣大庫本碎金跋》中將《太公家教》歸入“格言類”〔二〕，張志公《傳統語文教育教材論》受其影響，亦將《太公家教》歸入其“封建思想教育的蒙書”之“格言諺語”類〔三〕。改革開放以後，周丕顯《敦煌“童蒙”“家訓”寫本之考察》把《太公家教》歸入“家訓”，認爲是“‘家訓’‘家教’‘家箴’之類著作，是我國歷史上家長用於訓誡、教育子弟及後代的倫理、規勸文字”〔四〕。汪泛舟《敦煌的童蒙讀物》將敦煌“家教”歸入“童蒙讀物”之“教育類”〔五〕，鄭阿財《敦煌蒙書析論》將其歸入“思想類”之“家訓類”〔六〕。後來，鄭阿財、朱鳳玉合著的《敦煌蒙書研究》將其并入“德行類蒙書”之“家訓類蒙書”〔七〕。從學界對《太公家教》等“家教”的認識來

〔一〕　鄭志明：《敦煌寫本家教類的庶民教育》，《第二屆敦煌學國際研討會論文集》，第一二五～一四四頁。

〔二〕　余嘉錫：《內閣大庫本碎金跋》，余嘉錫：《余嘉錫論學雜著》，中華書局，一九六三年，第六〇〇～六〇六頁。

〔三〕　張志公：《傳統語文教育教材論：暨蒙學書目和書影》，中華書局，二〇一三年，第四八～五一頁。

〔四〕　周丕顯：《敦煌“童蒙”“家訓”寫本之考察》，《敦煌學輯刊》一九九三年第一期，第二一～二三頁。

〔五〕　汪泛舟：《敦煌的童蒙讀物》，《文史知識》一九八八年第八期，第一〇四～一〇七頁。

〔六〕　鄭阿財：《敦煌蒙書析論》，收入《第二屆敦煌學國際研討會論文集》，漢學研究中心，一九九一年，第二二六～二二七頁。

〔七〕　鄭阿財、朱鳳玉：《敦煌蒙書研究》，第二八七～四四五頁。

看，一種將其看作"家訓類"蒙書，一種是看作"格言類""小學"類蒙書。雖然各自理由看似都很充足，但仍值得進一步探討。

有關家訓的研究，學界已有不少研究成果〔一〕，關於家訓和現代家庭教育、童蒙教育，以及傳統文化關係等方面的研究也很多〔二〕。筆者認爲"家訓是中國傳統文化的精髓和特質，通常由家族中學養和威信較高者，總結祖上成功經驗和教訓，汲取主流價值觀念，爲子弟制定的生活起居、爲人處事、入仕爲官等行爲準則、經驗教訓，以訓誡子弟"〔三〕。因此，家訓主要針對家庭、家族內部，具有一定的封閉性，與"家教"有所不同。徐少錦、陳延斌《中國家訓史》對兩者有個簡單區別："家訓與在家教導門生與子弟的家教這兩個範疇之間既有聯繫又有區別，主要是指父祖對子孫、家長對家人、族長對族人的直接訓示、親自教誨，也包括兄長對弟妹的勸勉，夫妻之間的囑託。"〔四〕似乎對家訓和家教兩者之間的區別説得還不是很清晰。

"家教"一詞與現代教育學相對應的名詞應該就是"家庭教育"。根據王鴻俊《家庭教育》指出："家庭教育，本有廣狹二意；狹義之家庭教育，係指子女入學以前之教育，又名之曰'學前教育'，其意即謂子女入學以前時期之

〔一〕 如汪維玲、王定祥：《中國家訓智慧》，漢欣文化，一九九二年；徐梓：《中國文化通志・家範志》，上海人民出版社，一九九八年；王長金：《傳統家訓思想通論》，吉林人民出版社，二〇〇六年；朱明勳：《中國家訓史論稿》，巴蜀書社，二〇〇八年；林春梅：《宋代家禮家訓的研究》，花木蘭文化出版社，二〇一〇年；徐少錦、陳延斌：《中國家訓史》，人民出版社，二〇一一年；劉欣：《宋代家訓與社會整合研究》，雲南大學出版社，二〇一五年；等等。

〔二〕 如牛志平：《"家訓"與中國傳統家庭教育》，《海南師範大學學報（社會科學版）》二〇一二年第五期，第七九～八六頁；趙小華：《論唐代家訓文化及其文學意義——以初盛唐士大夫爲中心的考察》，《貴州社會科學》二〇一〇年第七期，第一〇七～一一三頁；劉劍康：《論中國家訓的起源——兼論儒學與傳統家訓的關係》，《求索》二〇〇〇年第二期，第一〇七～一一二頁；陳志勇：《唐宋家訓發展演變模式探析》，《福建師範大學學報（哲學社會科學版）》二〇〇七年第三期，第一五九～一六三頁；等等。

〔三〕 金瀅坤：《論古代家訓與中國人品格的養成》，《廈門大學學報（哲學社會科學版）》二〇一八年第二期，第二五～三三頁。

〔四〕 徐少錦、陳延斌：《中國家訓史》，人民出版社，二〇一一年，第一頁。

教育，應由家庭負責，子女既入學之後，似可將教育責任，完全委之於學校矣。廣義之家庭教育，係指家庭對於子女，一切直接或間接有意或無意之種種精神上身體上之教育也。"〔一〕"家庭教育"主要針對的是家庭中父母對子女的教育，以及言行和精神的影響。

結合古代"家訓"概念和現代"家庭教育"概念來看，"家訓"和"家教"主要有以下幾點區別：

第一，內涵不同。家訓，可以包括家範、家法、家訓、家教、家規、家書、家誡、箴言、族規、莊規、宗約、祠約等等，名目衆多，概念更爲廣泛。家教，嚴格地講，是家訓的一種，更注重家庭，弱化家族，屬於被包含的關係。

第二，內容不同。家訓往往着眼於宗族內部，偏重於處理宗族內部關係和自治，以及社會處世之道、禮儀應對。家教更偏重於子弟文化知識、德行和禮儀的教育，以及教育子弟的方法等等。

第三，範圍不同。家訓往往涉及整個家族上下幾代人，是適用於中國古代宗族社會的需求。家教相對而言，偏重於單個家庭內部對子弟的具體教育行爲。

第四，性質不同。家教更傾向於童蒙教育，重在關注子弟幼小時期的教育，而家訓傾向全時段的訓誡，是終生的，故以社會化教育爲主。家教往往可以作爲蒙書使用，家訓祇有少數篇幅短小且適合童蒙教育者，纔可以作爲蒙書使用。

因此，敦煌文獻中《太公家教》等四部"家教"的發現，作爲現存中國歷史上最早的一批"家教"，對研究"家教"與"家訓"的關係非常有學術價值，特別是對區別"家訓"與"蒙書"的關係有着特殊意義。依據徐少錦、陳延斌的看法："家訓屬於家庭或家族內部的教育，與社會教育、學校教育相比，雖然有許多共同性，但在教育的主體與客體、教育的內容與方法方面，

〔一〕　參閱王鴻俊：《家庭教育》，教育部社會教育司，一九四〇年，第一～二頁；趙忠心：《家庭教育學——教育子女的科學與藝術》，人民教育出版社，二〇〇〇年，第五頁。

則有不少特殊性。比如，家書、家規、遺訓等祇指向家庭或家族的成員，不同於一般的童蒙讀物之適用全社會兒童。"〔一〕依據 "家訓" 與 "童蒙讀物" 的重要區別，就是 "適用全社會兒童"，那麽 "家訓" 重視家族、家庭内部，"蒙書" 就是社會性更强，不局限於家庭、家族内部。其實，敦煌文獻中的四部家教就集中反映了這一特點。

唐代士族的形成与維繫，不僅僅是世代保持高官厚禄，"而實以家學及禮法等標異於其他諸姓"〔二〕，士家大族 "既在其門風之優美，不同於凡庶，而優美之門風實基與學業之因襲"〔三〕。因此，唐代大士族之家普遍重視學業、品德、家學、家風〔四〕，用以教育子弟，確保門第不衰，重視家訓、家法和家風建設。

家訓的興盛是在隋唐之際，以隋開皇中顏之推所作《顏氏家訓》最具代表性。進入唐代之後，士家大族編撰家訓的風氣很盛，唐初王方慶爲書聖王羲之之後，曾爲武周宰相，作《王氏訓誡》《友悌錄》以訓誡子弟。中唐皇甫七纂作《家範》數千言，被梁肅稱贊爲 "名者公器"〔五〕。以家法嚴明著稱者，爲河東柳氏柳子温家族，其曾孫玭作《戒子孫》《家訓》最爲知名。還有針對女性的宋若莘等作《女論語》、敦煌文獻中的《崔氏夫人訓女文》等女訓。

隨着中晚唐士族的衰落，家訓的形式又有所轉變，出現了《太公家教》《武王家教》《辯才家教》《新集嚴父教》四部 "家教"，借助古代先賢之名編撰家教，模糊姓氏，并不限於一家一姓，而是面嚮天下百姓。敦煌文書中發現的《辯才家教》《新集嚴父教》都屬於此類。這些家教的産生伴隨着唐五代士族的衰落、文化教育的下移，家訓也成爲尋常百姓家庭的需要，從而使《顏氏家訓》等某一姓氏的 "家訓"，轉向《新集嚴父教》等迎合大衆百姓的

〔一〕 徐少錦、陳延斌：《中國家訓史》，第一頁。

〔二〕 陳寅恪：《唐代政治史述論稿》中篇《政治革命及黨派分野》，上海古籍出版社，一九九七年，第六九頁。

〔三〕 陳寅恪：《唐代政治史述論稿》中篇《政治革命及黨派分野》，第七一頁。

〔四〕 錢穆：《略論魏晉南北朝學術文化與當時門第之關係》，《新亞學報》第五卷第二期，一九六三年，第二三~七八頁。

〔五〕 （唐）梁肅撰，胡大浚、張春雯校點整理：《梁肅文集》卷二《送皇甫七赴廣州序》，甘肅人民出版社，二〇〇〇年，第六四頁。

“家訓”〔一〕。

　　“家教”不冠姓氏，更突出童蒙教育的特點，最終走向社會；“家訓”多冠名姓氏，強調重家族内部的意義。因此，家訓重在家族内部關係的治理。如《顔氏家訓》中設立《教子》《兄弟》《後娶》三篇，對應父子、兄弟、夫婦三種關係。司馬光的《家範》詳細地討論了祖、父、母、子、女、孫、伯叔父、侄、兄、弟、姑姊妹、夫、妻、舅甥、舅姑、婦、妾、乳母等十八種家族成員的行爲規範〔二〕。“家教”趨向社會，故發展爲“格言類”蒙書，余嘉錫認爲“格言”類蒙書以《太公家教》爲源頭，後世有《童蒙須知》《格言聯璧》等蒙書。從這種意義講，家教與家訓存在一定的差别，兩者代表不同的發展方嚮。

　　唐代四部“家教”又有各自差異，可以反映唐代“家教”的多樣性。兹分别加以説明：

　　其一，《太公家教》。《太公家教》的編撰目的，在其序和跋中有所交待。《太公家教·序》明確講編書的目的是“助誘童兒，流傳萬代”，面嚮社會大衆，與“家訓”訓誡功能主要面嚮家族并冠以姓氏有很大差别，正好説明其“蒙書”的特徵。其跋云：“唯貪此書一卷，不用黄金千車，集之數韵，未辨疵瑕，本不呈於君子，意欲教於童兒。”明確交代編書的目的，并没有強調教示自家子弟。結合《太公家教》編撰體例，將前人格言警句、諺語俗語，改寫爲四言爲主，兼及五言、六言的句式，前後對偶、押韵，從孝悌、應對、師友、言行、勸學、處世等諸多層面進行勸教，主要是德行和勸學内容，開創了德行類，即格言類蒙書的先例。不過，該書多次提到“教子之法”“養子之法”“育女之法”等語，説明作者的着眼點是家長教育兒女，與現代家庭教育比較相近，此蓋題名“家教”的原因所在。該書在唐代流傳甚廣，宋元時期仍在作爲蒙書使用，并遠播日本。

　　〔一〕　詳見金瀅坤：《唐代家訓、家法、家風與童蒙教育考察》，《浙江師範大學學報（社會科學版）》二〇二〇年第一期，第一三～二一頁。

　　〔二〕　王美華：《中古家訓的社會價值分析》，《古籍整理研究學刊》二〇〇六年第一期，第六一頁。

其二，《武王家教》。《武王家教》常常抄寫在《太公家教》之後，甚至不署其名，以致被後人當作《太公家教》的一部分。但該書編撰體例和内容與《太公家教》差距甚大，爲後人仿效《太公家教》之作，係借名周武王，題爲《武王家教》的一部"家教"。《武王家教》以"武王問太公"的問答體體例，回答了十惡至十狂等十三類問題，主要用四言俗語，對答應該去除的七十一種不良、不雅行爲舉止，使用了"數字冠名事類"的分類編撰方式，這是唐代問答體兼"數字冠名"的典範[一]。考慮到《武王家教》最後兩問爲"欲成益己如之何""欲教子孫如之何"，即如何教示子孫，且是"益己"之教，對答内容多與《太公家教》有關，説明兩者性質很近。其最後一段有"男教學問，擬待明君；女教針縫，不犯七出"；"憐子始知父慈，身勞方知人苦"；末尾一句爲"此情可藏於金櫃也"，意爲可作爲教示子弟的典範。該書基本上以父教爲主，教示子弟莫爲諸種不當行爲舉止，多與對外應對、處世有關，雖冠名"家教"，但着眼於天下少年兒童。《武王家教》以"治家"爲主，大體講子弟應該杜絶的不當、不良行爲及家長應該注意的事項，雖"家訓"特點較强，但學郎仍多有抄寫、誦讀，説明其作爲蒙書使用較爲普遍。

其三，《辯才家教》。《辯才家教》是唐大曆間能覺大師辯才所作的問答體"家教"。《辯才家教》問答相對簡單，由學士問辯才+辯才答曰構成，祇有一級問對。對答部分有三種情況：一是辯才答曰；二是辯才答曰+《孝經》+偈頌；三是辯才答曰+偈頌。《辯才家教》有明確章目，爲：貞清門、省事門、善惡章等共十二章，前有序，後有跋。《辯才家教》的作者在序和跋的部分，就已經交代了編撰此書的目的是"教愚迷末，審事賢英；常用智慧，如燭照明"。其主旨是教化、勸導愚昧、迷惑、末流之輩審時度勢，處理家事和社會事務的"常用智慧"，最終達到"悉以廣法，普濟群生"，有弘法渡人的目的。《辯才家教》的家訓特點更爲明顯，勸教對象爲家族成員，包含了少年兒童、婦女老者，偏重佛理，内容多涉及家族内部翁婆、兄弟、妯娌等關

〔一〕 金瀅坤：《唐代問答體蒙書編撰考察——以〈武王家教〉爲中心》，《廈門大學學報（哲學社會科學版）》二〇二〇年第四期，第一四一～一五二頁。

係，"家訓"特徵明顯，流傳不廣，但敦煌仍有少量學郎抄本，説明有一定的兒童讀者。《辯才家教》偈文稱頌"家教看時真似淺"，内容較疏，其實"款曲尋思始知深"，"天生道理密"，説理性很强，有着深奥的文化内涵和歷史傳統。

其四，《新集嚴父教》。《新集嚴父教》是十世紀後期敦煌地區一部十分通俗的大衆讀物，篇幅簡短，每章五言六句，是韵語式的"家教"，針對男、女童分别訓示。該書共九章，每章首句先列舉日常生活的事目，然後告知"但依嚴父教"；第三四句爲針對首句的教示語（如"養子切須教，逢人先作笑"），第五句爲教示結果（如"禮則大須學"），最後以"尋思也大好"盛讚，作爲每章結束語。《新集嚴父教》爲教誡子弟日常生活行爲而編，偏重男兒，而《崔氏夫人訓女文》是針對臨嫁的女兒而撰的。《新集嚴父教》雖然冠名"父教"，但與前三部"家教"的最大不同是，啓蒙教育内容不足，而且是以"嚴父"口吻嚴令禁止諸種不良、不當的應對和處世行爲，與《辯才家教》的説理特點形成了鮮明對比。不過，仍有學郎抄寫，作爲蒙書使用。

此外，敦煌寫卷《崔氏夫人訓女文》爲現存最早訓示臨嫁女兒而撰作的篇卷[一]，通俗淺近，對後世女教影響深遠。與敦煌本以"父教"爲主導的四部"家教"最大不同是"母教"，勸誡對象也是將要出嫁的女兒。此篇與"家教"的另一個區别是日常生活的啓蒙教育内容較少，而是以出嫁前的女童爲訓誡對象，主要爲處理公婆、夫妻、妯娌等家庭内部關係，以及應對等處世原則的内容，集中在女德方面，故也常用作女德教育方面的蒙書使用。

綜上所論，依據對《太公家教》《武王家教》《辯才家教》和《新集嚴父教》的分析，結合古代"家訓"和現代"家庭教育"概念來看，"家訓"和"家教"的主要區別在於：家訓的概念更爲廣泛，家教包含在家訓之内；家訓偏重於宗族内部關係處理和自治，家教更偏重於天下子弟文化知識、德行和禮儀的教育；家訓往往涉及整個家族上下幾代人，家教偏重於單個家庭内部

〔一〕　參閲鄭阿財、朱鳳玉：《敦煌蒙書研究》，第四一六頁。

的子弟。

具體來講,《太公家教》主要是用四言韵文改寫古人格言諺語, 對子弟進行德行和勸學教育;《武王家教》用問對體結合數字冠名事類, 主要用四字俗語, 以 "治家" 爲主, 講子弟應該杜絶的行爲及家長應該注意的事項, 雖具 "家訓" 特點, 但仍不失蒙書性質;《辯才家教》的家訓特點更爲明顯, 偏重佛理, 重視家庭整體, 内容多涉及家族内部翁婆、兄弟、姊娌等關係, "家訓" 特徵明顯, 流傳不廣;《新集嚴父教》雖然冠名 "父教", 實爲 "家教", 與前三部 "家教" 的最大不同是缺乏啓蒙教育内容。

2.蒙書與類書的關係

敦煌蒙書中《語對》《文場秀句》《略出籝金》《兔園策府》《事林》《事森》《古賢集》《雜抄》等, 從編撰體例來講又屬於小類書, 以致有學者和讀者對類書與蒙書的關係産生了困惑。因此, 有必要對敦煌 "蒙書" 與 "類書" 的異同進行説明。

所謂類書, "是采輯或雜抄各種古籍中有關的資料, 把它分門别類加以整理, 編次排比於從屬類目之下, 以供人們檢閱的工具書……類書并非任何個人專著, 而是各種資料的彙編或雜抄"〔一〕。以 "事類" 作爲類書的基本特徵。《隋書·經籍志》將《皇覽》《雜書鈔》等 "類書" 歸入子部雜家。《舊唐書·經籍志》將 "類書" 從子部雜家中單獨分出 "類事" 類〔二〕。《四庫全書總目·子部》類書類小序載: "類事之書, 兼收四部, 而非經非史, 非子非集。四部之内, 乃無類可歸。"〔三〕可以大致反映出類書的基本特點是 "類事", 但其内容比較混雜, 多爲非經非史非子非集, 四部分類往往不足以將其準確歸類, 以致出現同一部類書, 不同學者常將其歸入不同門類的情况。十九世紀三十年代, 鄧嗣禹《燕京大學圖書館目録初稿》將類書部分爲類事門、典故門、博物門、典制門、姓名門、稗編門、同异門、鑒戒門、蒙求門、常識門等十門,

---

〔一〕 吳楓:《中國古典文獻學》, 齊魯書社, 二〇〇五年, 第一一七~一一八頁。

〔二〕《舊唐書》卷四七《經籍志下》, 第二〇四五~二〇四六頁。

〔三〕 (清) 永瑢等撰:《四庫全書總目》卷一三五《子部·類書類一》, 中華書局, 一九六五年, 第一一四一頁。

他認爲類書"分類過多，即難於周密；取材太泛，則義界不明"，常有互牴之情況，很難分類，故主張分爲綜合性類書、專門性類書兩類[一]。鄧嗣禹還單獨設"蒙求門"，以收録蒙書，説明類書與蒙書存在很大交互性。周揚波在對宋代蒙書分類時，專列"第四類是類書類蒙書"[二]。

關於"蒙書"和"類書"的差異，王三慶指出："類書的編纂，原供皇帝乙夜之覽，以利尋檢；其後，人臣對策、文士撰述，亦得參考方便。等到類書蔚爲大觀，得到大家充分的認識和廣泛的利用後，又成爲童蒙初學時，依類誦讀，助益記憶的教科書。"[三]説明類書既可以作爲士大夫的檢索工具書，也可以作爲童蒙誦讀內容。劉全波《論唐代類書與蒙書的交叉融合》一文認爲："類書強調的是體例，是以類相從的方式、方法，是類事類書、類文類書、類句類書、類語類書、賦體類書、組合體類書之區別。蒙書強調的是功能，是蒙以養正，雖然有識字類，有品德類，蒙書體例靈活多樣，不拘一格，注重的是功能性。"[四]認爲敦煌類書和蒙書的區別是強調體例和功能不同。筆者認爲兩者主要是編撰方法和用途的不同，敦煌類書分類在於按類事、類文、類句、類語、賦體、綜合等體例編排，不辨讀者對象，講求"述而不作"；而敦煌蒙書按內容、性質和用途分爲識字、知識、德行、文學、書算等類，強調其爲童蒙教育服務的特點，且多爲基礎性知識、常識性內容。一般來講，"類書"的判定偏重編撰方式和內容，"蒙書"的判定重在童蒙的"用途"和相對淺顯的內容，兩者并不是相互矛盾的，會存在相互交融的情況。

至於敦煌"類書"能不能作爲"蒙書"，是由其內容、長短、難易、用途等因素決定的，"蒙書"是不是"類書"還由其編撰體例決定。

〔一〕　鄧嗣禹編：《燕京大學圖書館目録初稿·類書之部》，燕京大學圖書館，一九三五年，第一~二八頁。

〔二〕　周揚波：《知識社會史視野下的宋代蒙書》，《廈門大學學報（哲學社會科學版）》二〇一八年第二期，第三四~四五頁。

〔三〕　王三慶：《敦煌類書》，麗文文化事業股份有限公司，一九九三年，第一三二頁。

〔四〕　劉全波：《論唐代類書與蒙書的交叉融合》，《浙江師範大學學報（社會科學版）》二〇二〇年第四期，第一一二頁。

同一本書兼具類書與蒙書性質分類與用途總表

書目	類書[一]	蒙書	題記[二]	用途
語對	語詞類[三]	屬對類		屬對訓練、掌握典故
文場秀句	語詞類	屬對類		屬對訓練、掌握典故
略出籯金	語詞類	屬對類	尾題："宗人張球寫，時年七十有五。"	屬對訓練、掌握典故
兔園策府	語詞類	屬對類	尾題："巳年四月六日學生索廣翼寫了。""高門出貴子，好木不良才，男兒不學問。"	掌握典故、習文訓練
事林	故事類	故事類	尾題："君須早立身，莫共酒家親。"	掌握典故、知識，以備習文
事森	故事類	故事類	題記："戊子年四月十日學郎貟義寫書故記。""長興伍年歲次癸巳八月五日敦煌郡净土寺學仕郎貟義。"	掌握典故、知識，以備習文
新集文詞九經抄	類事類	格言類	尾題："十五年間共學書。"背題："中和參年四月十七日未時書了，陰賢君書。"	掌握典故、習文訓練
文詞教林	類事類	格言類		掌握典故、習文訓練
雜抄	問答體類	綜合知識類	首題："辛巳年十一月十一日三界寺學士郎梁流慶書記之也。"題記："丁巳年正月十八日净土寺學仕郎賀安住自手書寫讀誦過記耳。"	擴展知識

其一，語詞類類書兼具屬對蒙書情況。敦煌文獻中發現的《語對》《文場秀句》和《略出籯金》等書抄，從編撰體例來看屬於語詞類類書，但按其使用性質來分則是蒙書。如《語對》僅存諸王、公主、醜男、醜女、閨情等四十個事類，其下又分維城、磐石、瑤枝、瓊萼等六百三十六條對語。顯然，《語對》是一部語詞類類書無疑，"而其功能旨在用於兒童學習造語作文

〔一〕 參考王三慶：《敦煌類書》，第一五～一二六頁；王三慶撰，［日］池田溫譯：《類書・類語體・語對甲》，收入［日］池田溫編：《講座敦煌5・敦煌漢文文獻》，第三七二、三七九頁；劉全波：《類書研究通論》，甘肅文化出版社，二〇一八年，第九三～一〇八頁。

〔二〕 同一蒙書題記，此表僅限收兩條。

〔三〕 語詞類，王三慶《敦煌辭典類書研究：從〈語對〉到〈文場秀句〉》作"辭典類"（《廈門大學學報（哲學社會科學版）》二〇二〇年第四期，第一六四～一七二頁）。

的初階啓蒙"〔一〕，其編纂目標"偏重教育學童在語詞上的初階學習和道德知識上的傳承，猶未進入利用事文詞彙正式聯屬作文的階段……編織成一篇錦繡文章"〔二〕。與其相近的敦煌本《文場秀句》僅存天地、日月、瑞、王等十二個"部類"，每個部類之下設數條小的條目，其下爲注解，共計一百九十三條。據日本《倭名類聚抄》《性靈集注》《言泉集》等文獻，在敦煌本《文場秀句》十二類外，又可增補兄弟、朋友、攻書等部類目，下設約十九條目（含儷語一條）〔三〕。從其分類和條目設置來看，《文場秀句》爲語詞類專門類類書，王三慶認爲其爲"類語體類書"〔四〕，李銘敬也認爲其兼具類書和啓蒙讀物的性質〔五〕。《日本國見在書目錄》將《文場秀句》與《蒼頡篇》《急就篇》《千字文》等蒙書一同歸入"小學家"〔六〕，可見其具有蒙書之性質。現存敦煌本《籯金》爲武周時期李若立所作類書。九世紀末張球爲教授生徒的需要，改編《籯金》而成《略出籯金》（伯二五三七號），不僅僅是簡單的删節改編和壓縮篇目，而且是從格式到内容做了全面的修訂和改編，對有些部分進行了重新撰寫，將其改寫爲《略出籯金》，僅存帝德篇至父母篇，共三十篇〔七〕。顯然，《籯金》

〔一〕　見王三慶《敦煌蒙書校釋與研究・語對卷》，文物出版社，二〇二二年，第三一九頁。

〔二〕　王三慶：《敦煌蒙書校釋與研究・語對卷》，第三一三頁。

〔三〕　［日］狩谷棭齋：《箋注倭名類聚抄》，日本明治十六年（一八八三）印刷局活版本（藏日本内閣文庫）；［日］阿部泰郎、［日］山崎誠編集：《性靈集注》，見國文學研究資料館編：《真福寺善本叢刊》第二期第十二卷（文筆部三），臨川書店，二〇〇七年；澄憲著，［日］畑中榮編：《言泉集：東大寺北林院本》，古典文庫，二〇〇〇年（藏日本國立國會圖書館），第三二三～三二六頁。

〔四〕　王三慶：《〈文場秀句〉之發現、整理與研究》，王三慶、鄭阿財合編：《二〇一三年敦煌、吐魯番國際學術研討會論文集》，成功大學中國文學系，二〇一四年，第三頁。

〔五〕　李銘敬：《日本及敦煌文獻中所見〈文場秀句〉一書的考察》，《文學遺產》二〇〇三年第二期，第六七～六八頁。

〔六〕　［日］藤原佐世奉敕撰：《日本國見在書目錄》，（日本）天保六年（一八三五）寫本（藏日本國立國會圖書館），寫本不注頁碼。

〔七〕　鄭炳林、李强：《陰庭誠改編〈籯金〉及有關問題》，《敦煌學輯刊》二〇〇八年第四期，第一～二六頁；楊寶玉：《晚唐文士張球及其興學課徒活動》，金瀅坤主編：《童蒙文化研究》第二卷，人民出版社，二〇一七年，第三八～五四頁。

不僅是類語類類書，而且具有鮮明的蒙書特點。

其二，語詞類類書兼具屬文類蒙書情況。敦煌本《兔園策府》僅存第一卷，爲《辨天地》《正曆數》《議封禪》《征東夷》《均州壤》等五篇，爲鄉村學校教授兒童的蒙書。但《郡齋讀書志》將其列入“類書類”〔一〕，《遂初堂書目》也收在“類書類”下〔二〕，《秘書省續編到四庫闕書目》卷一別集類、卷二類書類均著録《兔園策府》十卷，強調《兔園策府》從“對策”文體角度則屬於別集，從編撰體例來看屬於類書，實際使用情況來看爲蒙書〔三〕。考慮到《兔園策府》是蔣王傅杜嗣先奉教參照科舉試策編撰的範文，以備習作和備考之用。又斯六一四號《兔園策府》末尾題記：“巳年四月六日學生索廣翼寫了。”其蒙書的性質應該很明確了。項楚先生認爲此條題記後所附“高門出貴子”一詩，乃西陲流行學郎詩，這也印證了《兔園策府》的蒙書性質〔四〕。由於唐初科舉試策，對策文體多爲“賦”，若結合《兔園策府》對策文體爲賦，以事類編目，將其歸爲“類事賦”〔五〕，應該問題不大。總之，隨着時代的變遷，《兔園策府》變成了《兔園冊》，成爲教人屬文、典故和知識等方面的蒙書〔六〕。

其三，故事類類書與故事類蒙書情況。《事林》《事森》，白化文〔七〕、王三慶均將其歸爲類書〔八〕。僅存的伯四〇五二號《事林》篇首有學郎題記：“君須早

〔一〕（宋）晁公武撰，孫猛校證：《郡齋讀書志校證》，上海古籍出版社，一九九〇年，第六五〇頁。

〔二〕（宋）尤袤撰：《遂初堂書目·類書類》，《叢書集成初編》第三二冊，中華書局，一九八五年，第二四頁。

〔三〕（清）葉德輝考證：《秘書省續編到四庫闕書目》卷一《集類·別集》，《叢書集成續編》第三冊，新文豐出版公司，一九九一年，第二五九頁；（清）葉德輝考證：《秘書省續編到四庫闕書目》卷二《子類·類書》，《叢書集成續編》第三冊，第二九六頁。

〔四〕項楚：《敦煌詩歌導論》，巴蜀書社，二〇〇一年，第二〇四頁。

〔五〕王三慶：《敦煌類書》，第一一八頁。

〔六〕參閱鄭阿財、朱鳳玉：《敦煌蒙書研究》，第二七八頁。

〔七〕白化文：《敦煌遺書中的類書簡述》，《中國典籍與文化》一九九九年第四期，第五三頁。

〔八〕王三慶：《敦煌類書》，第七〇頁。

立身，莫共酒家親。"爲學郎讀後感，説明其爲蒙書無疑。王三慶認爲《事林》是學郎之習書，"始戲題爲《事林》一卷，謂事類如林也"〔一〕，很可能就是供童蒙學習用的改編本類書〔二〕。敦煌本《事森》有尾題："戊子年四月十日學郎貞義寫書故記。"背題："長興伍年歲次癸巳八月五日敦煌郡净土寺學仕郎貞義。"《事森》與《事林》均爲類書，説明兩者同時也是學郎喜愛的故事類蒙書。

其四，類事類類書兼具格言類蒙書情況。《新集文詞九經抄》《文詞教林》等類書，白化文〔三〕、王三慶均認定爲類書〔四〕，鄭阿財却將其歸爲蒙書類。其實，《新集文詞九經抄》從編撰角度爲一部類事類類書，以裒輯九經諸子之粹語與史書典籍之文詞嘉言成編，凡所援引的聖賢要言，均一一標舉書名或人名。審其內容與體制，是在唐代科舉制度的發展與私學教育促進下，所産生的具有家訓蒙書功用及書抄類書性質的特殊教材〔五〕。《文詞教林》也大致如此，不再贅述。

其五，問答體類書兼具綜合知識類蒙書情況。《雜抄》內容大體可歸納爲"論""辨"以及類似家教性質的"勸世雜言"等三大類。除"訓誡類"外，涉及二十七個條目一百六十七個問答，條陳設問，逐一解答或釋義，內容龐雜。顯然，其編撰體例爲問答體類書，但從內容和學郎題記來看，無疑又是一部蒙書，在敦煌文獻中多達十一個寫卷，説明很受學郎歡迎。

分析上述敦煌類書可以作爲"蒙書"使用的情況，爲我們進一步討論"類書"與"蒙書"關係提供了範例。類書從編撰體來講應該具備以下三個特點：其一，類書之材料來自於"捃采群書"；其二，類書之編排一般是"以類相

〔一〕　王三慶撰，林艷枝助理：《敦煌古類書研究之一：〈事林一卷〉（伯四〇五二號）研究》，《敦煌學》第十二輯，一九八七年，第九九~一〇八頁。

〔二〕　王三慶：《〈敦煌變文集〉中的〈孝子傳〉新探》，《敦煌學》第十四輯，一九八九年，第一八九~二二〇頁。

〔三〕　白化文：《敦煌遺書中的類書簡述》，《中國典籍與文化》一九九九年第四期，第五〇~五九頁。

〔四〕　王三慶：《敦煌類書》，第八六、八九、一二一、一二三頁。

〔五〕　鄭阿財、朱鳳玉：《敦煌蒙書研究》，第二八七頁。

從”〔一〕；其三，類書的編撰者對待材料的態度是“摘編改寫”。其編撰體例導致了類書内容多爲匯編的資料性質，屬於知識性、常識性的内容，方便世人檢索和快速掌握同類資料和知識，好比“知識寶典”，這一點與“蒙書”通俗性、知識性的特點十分相似。如果“類書”部頭較小，在三千字左右，就非常適合學習能力較弱、閱讀量較小的兒童使用。而“類書”包羅萬象的特點，門類繁多，編撰方式多樣，若是“類書”編撰内容較爲淺顯，體量較小，適合説教，就被世人作爲“蒙書”來使用的可能性比較大。當然，蒙書多在編撰之初，就以童蒙教育爲目的，以事類爲目，用類書編撰的方式，自然就兩者合體。其中，大家公認的唐代敦煌蒙書杜嗣先《兔園策府》、孟獻忠《文場秀句》及明代程登吉《幼學瓊林》等，都是按類書體例編撰，供蒙童使用之書。

二　敦煌蒙書編撰的繼承與創新

敦煌蒙書在我國蒙書編撰史上具有承上啓下的特殊意義。唐以前蒙書教材編撰已經取得了很大成就，其中的經典有司馬相如《凡將篇》、史游《急就篇》、周興嗣《千字文》等，基本上都是一些識字、名物介紹和典章概述等性質的蒙書，以《千字文》影響最大，但總體數量有限。隋唐科舉制度的創建與快速發展，直接推動了文化教育的發展和整體下移，極大刺激了童蒙教育的發展，蒙書的編撰也出現了前所未有的增長態勢。唐前期在官學教育與科舉考試標準相一致的情況下，直接影響了童蒙教學總體爲科舉服務的特點。唐代蒙書一個重要特點，就是打破《急就篇》《千字文》等綜合性識字蒙書獨大局面，出現了識字、德行、文學、書算等不同種類的蒙書。關於識字蒙書大家都很熟悉，不再多説。德行、文學是唐代科舉考試、吏部銓選和品評人物常用的、評價人才的大門類，唐人多以德行、文學和政事選拔人才〔二〕，故人才培養大體不出其右，蒙書編撰也受此影響；書算指有關習字與算術教育。唐五代蒙書編撰由綜合性，轉向分類專精發展，蒙書的内容和性質呈多樣性、

〔一〕　參閲高天霞：《敦煌寫本〈俗務要名林〉語言文字研究》，中西書局，二〇一八年，第三〇～三三頁。

〔二〕　參閲金瀅坤：《中國科舉制度通史·隋唐五代卷》，第四七〇頁。

多元化發展，在諸多方面都具有開創性，對後世影響深遠。兹據敦煌蒙書對唐五代蒙書編撰貢獻做分類説明。

（一）識字類蒙書向知識類蒙書的轉變與創新

一是，對前代識字蒙書的創新。唐代在《千字文》基礎上，將其改編爲《新合六字千文》，僅僅是在《千字文》"四字句"基礎上新增二字，在形式上由四字變成了六字而已，在內容上兩者變化不大，本質上講仍是《千字文》新版而已〔一〕。敦煌文獻中發現的唐代《千字文注》，是在上野本《千字文注》基礎上，注文進一步增補文獻、增加人物典故，叙事更爲詳細〔二〕，并使用了唐代俗語及敦煌當地流行變文《韓朋賦》中的內容，對兒童理解《千字文》十分有幫助。值得一提的是，吐蕃占領敦煌時期出現了多個版本的《漢藏千字文》，開創了《千字文》翻譯成少數民族童蒙讀物的先例，也是現存最早的雙語童蒙教育的教材。

二是，識字類蒙書趨於多樣性、專業性發展。唐代識字蒙書在專精方面得到了快速發展，在《急就篇》《千字文》《開蒙要訓》等綜合性識字類蒙書基礎上，出現了《碎金》《白家碎金》等俗字類蒙書，還出現了《俗務要名林》《雜集時用要字》等實用性便民雜字類蒙書，多以識字爲主，兼及相關名物、典章、歷史故事、天象、時令等常識性知識。

三是，識字類蒙書向知識類蒙書的轉化。唐代開元中李翰編撰的《蒙求》，以韵文形式，通過講述人物事迹、歷史典故、格言要訓，教授兒童歷史知識以及忠孝仁愛、勤學廉潔等觀念，進行德行、勵志和勸學教育。余嘉錫在《內閣大庫本碎金跋》中解釋古代的"小學"編撰分"字書""蒙求""格言"三個門類的原因，認爲"蒙求"類，以《蒙求》爲代表屬對類事爲特點，其後有《三字經》及《幼學瓊林》《龍文鞭影》之類。瞿菊農也將蒙養教材分爲"字書"類與"蒙求"類相對。張志公也把《蒙求》作爲一個蒙書類別，認爲宋元以後，在《蒙求》的基礎上擴展了一批歷史知識和各學科知識教育的教材。顯然，《蒙

〔一〕　參考鄭阿財、朱鳳玉：《敦煌蒙書研究》，第四〇～五一頁。

〔二〕　鄭阿財、朱鳳玉：《敦煌蒙書研究》，第三〇頁。

求》開創了以典故、人物故事爲題材的，將勵志與歷史教育相結合的一種蒙書題材，被後世不斷發揚，成爲“蒙求體”，遠播海外，在日本影響極大。唐代與《蒙求》相似的蒙書還有《古賢集》。其他綜合知識類蒙書還有《雜抄》《孔子備問書》。《雜抄》分爲“論”“辨”及“勸世雜言”三類，以問答體形式，介紹天文、地理、時令、人物、名物、典章、典故、經史、職官、道德及勸世雜言等，內容包攬萬象，十分廣博。值得一提的是，《孔子項託相問書》前半部分爲問答，內容包括孔子過城、兩小兒辯日，以及有關牲畜、花鳥、樹木、孝道、倫理、天文等各種問題，屬於綜合類知識，與《孔子備問書》《雜抄》相似；後半部分爲七言古詩，也有學者稱爲故事賦[一]，用韻文賦敘事，與《古賢集》《蒙求》的韻文、對仗詩歌體特點基本一致。顯然，《孔子項託相問書》是參酌兩種蒙書體例而編撰的，充分體現了唐代蒙書編撰的多樣性和創新意識。

四是，故事類。唐代童蒙教育出現《事林》《事森》等故事類蒙書，宋代故事書《書言故事》就源於此，敦煌文獻中還有《類林》《珠玉集》等故事類典籍，但篇幅較大，適合作爲兒童拓展讀物，故未收入蒙書類。《事林》《事森》內容多源自歷代史傳，以勤學、勸學、志節等分篇目，以人物故事爲中心展開，強調的是人物故事的新奇，對兒童進行知識、道德教育，進而儲備屬文知識。

（二）德行類蒙書的開創與豐富

德行類蒙書的出現是唐代蒙書編撰的一個重要特點，通過彙集格言警句、人物故事和歷史典故，向兒童灌輸儒家修身、養性、齊家、治國、平天下的思想，從而達到規範兒童言行、志趣，達到使其學會爲人處事、侍奉尊長等效果。

一是，開創了“家教”類蒙書。魏晉以來士族政治得到了充分發展，士家大族重門風、家法、家學，在制定“家教”“家規”“家訓”方面取得了前所未有的成就，其內容無非多爲勸學、勸孝、戒鬥、戒淫等處世準則和規範。南

〔一〕 蹤凡：《兩漢故事賦探論：以〈神鳥賦〉爲中心》，項楚主編：《中國俗文化研究》第二輯，巴蜀書社，二〇〇四，第三一頁。

北朝時期以顏之推《顏氏家訓》堪稱最佳代表，唐代此類蒙書得到了較大發展。其後顏真卿曾作《家教》三卷，可惜已經失傳。慶幸的是敦煌文書中發現的《太公家教》《武王家教》《辯才家教》《新集嚴父教》《崔氏夫人訓女文》，爲學界瞭解唐代道德倫理類蒙書的發展提供了新資料，改變了學界對唐代此類蒙書的認識。《太公家教》爲現存最早"家教"類蒙書，從古代經史、詩文等典籍中擇取先賢名言、警句，并吸收民間諺語、俗語，多用四、六言韵語編輯成册，對蒙童進行忠孝、修身、禮節、勸學、處世等方面的勸教。與《太公家教》最爲密切的是《武王家教》，常抄寫在一起，采用周武王問太公的問答體，以數字事類冠名的形式，回答"十惡"至"十狂"等七十一種招人生厭的不良、不當行爲舉止，勸誡子弟必須戒之，其編撰方式非常獨特。此外，還有《辯才家教》《新集嚴父教》等，其編撰方式各有特色，充分體現了唐代蒙書編撰的多樣性。唐代"家教"類蒙書，打破了魏晋時代"家訓"以某姓某宗爲勸誡對象的局限，重在標榜自家門風，培養和規範本宗子弟的爲人處事、入仕爲宦的道德倫理觀念，已經突破姓氏界限，而是面嚮天下、四海、百姓之兒童。這反映了唐代士族衰落，小姓和寒素興起，天下百姓均有童蒙教育的需求[一]，一姓一宗的"家訓"已滿足不了時代的需求，因此，出現了《太公家教》《武王家教》《辯才家教》《新集嚴父教》等"家教"的作者不再冠以某姓某宗"家教"，而是藉名聖賢，放眼天下，教示百姓童蒙，以適應唐代的開放性和時代的步伐，唐代"家教"逐漸發展爲"家訓"類蒙書。此外，《崔氏夫人訓女文》屬於唐代對女童的"家教"，針對女子提出的倫理思想的通俗化闡釋，篇幅簡短，粗淺説明，大衆教化特點明顯。

二是，訓誡類蒙書。唐初宰相杜正倫編撰的《百行章》，爲唐代官方頒布的童蒙教材，是童蒙道德倫理教育方面的集大成者[二]，也是現存德行類蒙書

〔一〕　參閱金瀅坤：《唐五代科舉的世界》，復旦大學出版社，二〇一四年，第一二一～一三一頁；毛漢光：《中國中古社會史論》，上海書店出版社，二〇〇二年，第三三四頁。

〔二〕〔日〕福井康順：《百行章につこての諸問題》，《東方宗教》第一三、一四號，一九五八年，第一～二三頁；鄧文寬：《敦煌寫本〈百行章〉述略》，《文物》一九八四年第九期，第六五～六六、一〇三頁。

的開創者，全書以孝行章開始，訖自勸行章，共存八十四章，以忠孝節義統攝全書，摘録儒家經典中的警句、典故，開篇有"至如世之所重，唯學爲先，立身之道，莫過忠孝"，明確了作者編撰意圖。

三是，格言類蒙書。余嘉錫將"格言"類作爲中國古代小學的一個單獨門類，其實，"格言"多爲勸勉、訓誡内容，故歸在"德行"類蒙書之下。唐代科舉考試常科設秀才、進士、明經、道舉、三禮、三傳、三史、五經、九經、童子等科目，按照科目的不同，選取"九經"中不同的經書作爲選考内容，因此，"九經"便成了舉子學習必備教材。對童蒙來講，"九經"不僅艱澀難懂，而且浩如烟海，很難掌握其要領，不知如何入門，隨着科舉對士庶影響不斷加深，世人便從"九經"中選取精粹言論、典故和名篇，用通俗易懂的文字進行删繁節要，分門別類編撰，彙集成册，作爲蒙書使用。於是，出現了《新集文詞九經抄》《文詞教林》《勤讀書抄》《勵忠節抄》《應機抄》等摘要、略抄、摘抄"九經"等蒙書與通俗讀物。以《新集文詞九經抄》爲例，該書爲"訓俗安邦，號名家教"的一部通俗蒙書，内容具有"羅含内外""通闡三史"的三教融合特點。該書"援今引古"，援引典籍非常豐富，共計八十九種之多〔一〕，主要以儒家《易》《詩》《書》等"九經"及《論語》《孝經》爲主，兼及道家《老子》《莊子》《列子》《文子》"四子"〔二〕，充分顯示了此類唐代蒙書編撰是爲科舉服務的特點。

四是，勸世詩蒙書。一卷本《王梵志詩》是敦煌地區頗爲流行的一部充滿了訓教、説理、勸學、揚善、處世格言等内容的詩篇集，文辭淺近，朗朗上口，通俗易懂，常被作爲蒙書使用〔三〕。一卷本《王梵志詩》是詩詞形式的童蒙讀物，充分反映了晚唐五代進士科考試重詩賦與蒙書編撰的密切聯繫，也代表了晚唐五代童蒙讀物發展的一個新趨勢。

〔一〕 參考鄭阿財、朱鳳玉：《敦煌蒙書研究》，第三〇三頁。

〔二〕 參考魏明孔：《唐代道舉初探》，《甘肅社會科學》一九九三年第六期，第一四二~一四三、一三二頁；林西朗：《唐代道舉制度述略》，《宗教學研究》二〇〇四年第三期，第一三四~一三八頁。

〔三〕 參考鄭阿財、朱鳳玉：《敦煌蒙書研究》，第四二四頁。

如上所述，唐代在識字蒙書基礎上，開創了德行類蒙書新類別，可大致分爲家教類、訓誡類、格言類、勸世詩等四類，其中《太公家教》《百行章》《新集文詞九經抄》《文詞教林》和一卷本《王梵志詩》爲其中的典型代表，開創了德育、勵志教育類蒙書的先河。當然，德行是文章的靈魂，格言警句、諺語俗語是文章的思想源泉，此類蒙書對童蒙屬文即作文亦有很大幫助。

（三）文學類蒙書的開創

以往學界不言唐代有"文學類"蒙書，學者認爲童蒙詩歌是宋以後童蒙讀物的特色，尤以《神童詩》《千家詩》《唐詩三百首》最爲著名[一]。實際上，受唐代科舉考試"以文取士"、崇文的影響，中晚唐以詩歌形式編寫的童蒙讀物已經有了很大發展，其内容往往將格言融入詩歌，訓誡兒童立身處世。童蒙教材不僅出現了屬文類蒙書，而且出現了專門訓練押韻、對偶的屬對類蒙書。瞿菊農則將宋代以後此類蒙書，視作屬文、閱讀教育的先河，"作深造進修的準備或準備應考"的讀物；張志公也認爲屬文教育是在宋代[二]。從兒童學習寫作來講，不僅要學習屬對類、屬文類蒙書掌握作詩賦等文章的技巧，而且要大量閱讀各體文章、範文等，大體屬於"文學"範疇，故用"文學"類蒙書概括。

一是，屬對類。敦煌文獻中發現的《詩格》一部，僅存四行，爲學郎抄寫、或默寫該書的寫本。其内容僅存名對、隔句對、雙擬對、聯綿對、互成對、異類對、賦體對等"七對"，與《文鏡秘府論》中前七對完全一致，這無疑是目前發現最早的、教授童蒙屬對的《詩格》實物。敦煌文獻中發現的《文場秀句》《語對》《籯金》等蒙書，爲學界瞭解唐代訓練兒童學習詩賦之前的"屬對"情況提供了有力證據。《文場秀句》爲高宗朝孟獻忠所作，現存天地等十二部類、一百九十三條事對，參照《編珠》體例，"事文兼采"，多采典故，相與對偶，以爲儷辭。如其《天地第一》云："乾象：天文。坤元：地理。圓

〔一〕　參閱張志公：《傳統語文教育教材論：暨蒙學書目和書影》，第八一～八三頁；王炳照先生爲夏初、惠玲校釋《配圖蒙學十篇》所作"序"（北京師範大學出版社，一九九三年，第四頁）。

〔二〕　張志公：《傳統語文教育教材論：暨蒙學書目和書影》，第九頁。

清：天形圓，氣之清者上爲天也。方濁：地形方，氣之濁者下爲地也。"唐人常用《文場秀句》對兒童進行"屬對"訓練，幫助其熟練掌握語音、詞彙和語法，同時培養修辭和邏輯等方面的能力并靈活運用其中的典故等，爲作詩賦進行基礎性、針對性訓練。以致《文場秀句》在中晚唐常被作爲參加科舉考試的初級讀物，備受士人喜愛。《語對》《略出籯金》與《文場秀句》編撰方式較爲類似，部類有所不同，内容更爲豐富，但都以事對爲目，多采麗詞、典故，相與對偶，來訓練兒童屬對、押韵，爲學習韵文寫作打好基礎。

二是，屬文類。國圖藏《策府》出現在貞觀末〔一〕，就是因爲唐初諸科考試均試策，故首先出現了策文類"屬文類"蒙書。國圖藏《策府》僅存三十篇策，每篇分策題、策問、對策三部分，存斷貪濁、請雨等簡明策題二十六題，缺四個策題，對答多爲兩百餘字〔二〕。比照杜嗣先《兔園策府》多爲五百至七百字左右，國圖藏《策府》也應該是童蒙讀物。而《兔園策府》是唐太宗子蔣王李惲令僚佐杜嗣先"仿科目策"，以四六駢文，纂古今事，設問對策，分四十八門，共十卷，後來逐漸被鄉村教師作爲童蒙習文的範文，訓練學習對策之精要，成爲備科考的基本教材。現存敦煌文書中僅保存了《兔園策府》序和卷一，内容爲"辨天地""正曆數""議封禪""征東夷""均州壤"五個門類。考慮到《兔園策府》相對有一定難度，應該作爲年齡稍大的兒童閱讀本和模擬之範文使用，爲將來從事舉業打基礎。隨着永隆二年（六八一），進士科考試加試雜文兩篇，社會重文風氣日重。李嶠作《雜咏》一百二十題，又稱《百咏》，今作《李嶠雜咏注》，是五律咏物組詩，以事類爲詩題，分別從日、月至金、銀，共一百二十首，分屬乾象、坤儀、音樂、玉帛等十二類，每類十首。李嶠《雜咏》是唐初以來探究對偶、聲律之風的産物，後作爲唐人詩歌學習寫作的童蒙讀物。敦煌本李嶠《雜咏》之張庭芳注本殘卷的發現，反映了唐代西北邊陲兒童詩歌學習情况。《雜咏》在日本尤受歡迎，與白居易

〔一〕 北敦一一四四九號+北敦一四六五〇號。

〔二〕 參閲金瀅坤：《敦煌本"策府"與唐初社會——國圖藏敦煌本"策府"研究》，《文獻》二〇一三年第一期，第八五、九〇頁。

詩、李翰《蒙求》，被日本平安時代知識階層稱爲三大幼學蒙書〔一〕。

開元天寶以後進士科考試“每以詩賦爲先”的風氣形成〔二〕，進一步影響了童蒙教育重文風氣。大中年間的《楊滿山咏孝經壹拾捌章》借鑒了古代咏《孝經》先例，分章對其進行改編，以五言詩對《孝經》進行歌咏，言語樸實，可讀性强，易於接受，便於識記，將深奧經義與唐代流行的詩歌結合起來，將學習經義與習文結合起來，開創了咏經體蒙書的先例，也是唐代科舉試策、試詩賦常以《孝經》《論語》和“五經”爲内容在童蒙教育中的反映。

（四）書算類蒙書的拓展

“書算”又稱“書計”之學，自古以來就有之，主要爲書學和算學，包括習字和算術之類的基礎啓蒙之學。唐代國子監下設有書學、算學兩門專學，并在科舉常科考試中設立了明書、明算兩個科目，無形中也影響到了童蒙書算教育。唐代書算教育中使用的蒙書大致有以下幾種情况。

一是，習字類。從現有資料來看，唐以前主要用《蒼頡篇》《急就篇》《千字文》等識字字書的名人字帖進行習字教育，尚無發現專門的習字類蒙書。隨着唐代重視書法，及書學、明書科的設置〔三〕，推動了書法教育的進步，於是誕生了幾種專門爲初學者編撰的《上大夫》《牛羊千口》《上士由山水》等習字類蒙書，多内容簡短，筆畫簡單，方便幼童使用。《上大夫》是現今可知最早的習字類蒙書，三言六句，共十八字，筆畫十分簡單。

二是，名人書帖類。王羲之書法頗受唐代世俗推崇，其書帖在唐代童蒙習字教育中使用很廣泛。其《尚想黄綺帖》在武周以後成爲諸州學生的習字書帖〔四〕，和《蘭亭序》一起遠播于闐地區，并在九、十世紀的敦煌非常流行。敦煌文獻中

〔一〕［日］川口久雄：《平安朝日本漢文學史》第二十四章第六節“源光行の蒙求・百咏・樂府和歌”，明治書院，一九五九年，第九八五～九九四頁。

〔二〕 參閲金瀅坤：《中國科舉制度通史・隋唐五代卷》，第九八頁。

〔三〕 參閲金瀅坤：《中國科舉制度通史・隋唐五代卷》，第一七〇～一九三頁。

〔四〕 榮新江：《〈蘭亭序〉與〈尚想黄綺帖〉在西域的流傳》，載故宮博物院編：《2011年蘭亭國際學術研討會論文集》，故宮出版社，二〇一四年，第三一頁。

二者計有四十一件，大部分爲學郎習字，可見被作爲習字的重要教材。

三是，習字書帖。中國古代優秀識字蒙書，常被善書者書寫，作爲兒童習字的字帖，就兼具習字功能。如周興嗣《千字文》編撰之初，就采用王羲之一千個字次韵而成，兼具識字與習字功能。王羲之七世孫智永禪師臨得《真草千字文》"八百本，散與人間，江南諸寺各留一本"[一]。敦煌文獻便保存了貞觀十五年（六四一）蔣善進臨智永《真草千字文》，敦煌《千字文》中反復習字寫卷約有三十六件。《千字文》寫卷的總數和習字寫卷的數量在各類習字寫卷中數量最多。此外，《開蒙要訓》也有被作爲識字與習字兼備情況。

四是，數術類。《九九乘法口訣》在秦漢時期就已流行，各地出土的秦漢簡牘中有不少記載。敦煌文獻中發現單獨的《九九乘法口訣》寫卷共計十二件，其中三件爲藏文寫卷，見證了漢藏算術交流。另外《立成算經》中也包含一篇《九九乘法口訣》、兩件《算經》寫卷中亦共記載有口訣三篇。《立成算經》是《孫子算經》的簡化本蒙書，内容簡單，故爲"立成"之義。《算經》的内容多見於《孫子算經》，包括度量衡、《九九乘法口訣》和"均田制第一"等。它們應該是鄉村俚儒所編的庶民教育所用算術書[二]。北朝時期的《算書》還在敦煌使用，内容僅存軍需民食計算、"營造部第七"等，形式與《算經》類似，是敦煌《算經》編撰體例的來源。

總之，唐代書算蒙書出現了專門習字的《上大夫》《牛羊千口》等習字蒙書，推崇王羲之《尚想黄綺帖》《蘭亭序》等名人字帖，并將《千字文》等識字蒙書與習字教育相結合，作爲習字字書；算術方面在《孫子算經》等基礎上，又編撰了《立成算經》《算經》等新的算術蒙書，更重視社會大衆的實用性。

三　敦煌蒙書的學術價值

唐代蒙書編撰拓展了知識類蒙書，拓展了德行類、文學類蒙書新領域，豐富

〔一〕（唐）李綽撰：《尚書故實》，《叢書集成初編》第二七三九册，中華書局，一九八五年，第一三頁。

〔二〕〔日〕那波利貞：《唐代の庶民教育に於ける算術科の内容とその布算の方法とに就きて》，《甲南大學文學會論集》（通號一），一九五四年，第一五頁。

了書算類蒙書，可以説在中國古代蒙書編撰方面發生了巨變。敦煌蒙書的發現，其巨大的體量及其保留的教育史料，無疑對研究唐五代童蒙教育、教育史彌足珍貴，足以改變學界對唐代童蒙教育歷史地位的認識，并對瞭解中古時期的社會大衆教育具有重要意義，對文獻學、歷史學等相關學科研究也有很大史料價值〔一〕。

（一）敦煌蒙書改寫唐代童蒙教育的歷史地位

敦煌蒙書是中國古代出土文獻中發現的最大一批"蒙書"，其數量和種類都十分可觀，具有無可替代的價值。本叢書基於鄭阿財、朱鳳玉先生《敦煌蒙書研究》所收敦煌蒙書二十五種，凡二百五十四件寫卷的基礎上〔二〕，增加十九種、四百四十九件，共得四十四種蒙書，七百零三件寫卷，綴合後爲五百四十七件寫卷，其中包括内容完整者六十九件，殘缺者二百二十一件，綴合六十六件，雜寫一百三十件，碎片六十一件。這也是目前發現的數量最多的一批中國古代蒙書，其中有八十一條題記〔三〕，極大豐富了唐代教育史料，在某種程度上不僅改寫了唐五代童蒙教育的歷史，也改寫了唐五代教育史在中國教育史中的地位。

1.敦煌蒙書的種類與數量考察

如此大量的敦煌蒙書爲我們研究唐五代童蒙教育所使用蒙書類型，以及不同類型蒙書使用情況展開整體分析和具體考察提供了豐富的史料。有基於此，依據前文我們對敦煌蒙書的分類和認定，對如下蒙書進行分類統計，主要按蒙書的完整、殘缺、綴合、雜寫、碎片等情況分爲五種情況表述寫卷狀況，分識字、知識、德行、文學、書算五類蒙書，五類之下再分爲十八門類，對四十四種蒙書進行分類、分門，對寫卷狀況、數量進行整體、綜合分析。

〔一〕　有關敦煌蒙書的學術價值，筆者已發表《論敦煌蒙書的教育與學術價值》一文（《浙江師範大學學報（社會科學版）》二〇二一年第三期，第一九~三一頁），相關統計數據因劃分標準有所變化，略有出入，以下不再詳細説明。

〔二〕　鄭阿財、朱鳳玉：《敦煌蒙書研究》，第四四五~四四六頁。

〔三〕　李正宇《敦煌學郎題記輯注》注計一四四則學郎題記（《敦煌學輯刊》一九八七年第一期，第二六~四〇頁）；〔日〕伊藤美重子《敦煌文書にみる學校教育》注記學郎題記計有一百八十四條，其中，蒙書的學郎題記共計三十七條（第四一~六八頁）。

兹按照上述分類做"敦煌蒙書分類與保存狀況統計表"如下。

敦煌蒙書分類與保存狀況統計表[一]

類型	門類	蒙書名	完整	殘缺	綴合	雜寫	碎片	蒙書小計	門類總計	類型總計
識字類	綜合類	千字文	五	四九	一七/六七[二]	三四	二二	一二六/一七六	二〇四/二八八	二一六/三〇〇
		六合千字文		二	一/二			三/四		
		千字文注		二		一		三/三		
		開蒙要訓	四	二五	一一/四四	一一	六	五七/九〇		
		敦煌百家姓	二			一三		一五/一五		
	俗字類	碎金	二	四		一	二	九/九	一〇/一〇	
		白家碎金		一				一/一		
	雙語類	漢藏對音千字文		二				二/二	二/二	
	小計		一三	八四	二九/一一三	六〇	三〇	二一六/三〇〇	二一六/三〇〇	二一六/三〇〇
知識類	蒙求類	蒙求		三				三/三	一二/一二	五八/七〇
		古賢集	五	四				九/九		
	綜合類	雜抄	一	九	二/四			一二/一四	一五/一八	
		孔子備問書		一	一/二	一		三/四		
	雜字類	俗務要名林		一	一/三			二/四	一〇/一五	
		雜集時用要字	一	五	二/五			八/一一		
	故事類	事林		一				一/一	二/三	
		事森			一/二			一/二		
	復合類	孔子項託相問書	三	一二	一/三	二	一	二〇/二二	二〇/二二	
	小計		一〇	三六	八/一九	三	一	五八/六九	五八/六九	

[一] 此表所依據每部蒙書的卷號,詳見本叢書鄭阿財《導論卷》附錄:"敦煌蒙書分類與保存狀態表",爲了節省筆墨,每件敦煌蒙書的卷號,亦在綜論中省去,祇保留統計數字。

[二] 此表"/"上爲綴合後的寫卷數目,其下爲綴合前的寫卷數目。

續表

類型	門類	蒙書名	完整	殘缺	綴合	雜寫	碎片	蒙書小計	門類總計	類型總計
德行類	家教類	太公家教	二	三四	六/一八	四	一二	五八/七〇	八〇/九五	一三四/一五八
		武王家教	三	四	三/六	二		一二/一五		
		辯才家教	一	一				二/二		
		新集嚴父教	三	一	一			五/五		
		崔氏夫人訓女文		二				三/三		
	訓誡類	百行章	一	一二	一/三	三	二	一九/二一	三五/四二	
	格言類	新集文詞九經抄	一	一一	二/七	一		一五/二〇		
		文詞教林	一					一/一		
	勸世詩類	一卷本《王梵志詩》	六	八	一/三	一	三	一九/二一	一九/二一	
	小計		一九	七三	一四/三八	一一	一七	一三四/一五八	一三四/一五八	一三四/一五八
文學類	屬對類	文場秀句		一	一/二			二/三	六/一〇	一八/二九
		語對	一	一	一/四			三/六		
		略出籯金	一					一/一		
	屬文類	失名策府			一/二			一/二	一二/一九	
		兔園策府		二	一/二		一	四/五		
		李嶠雜咏		二	一/五		一	四/八		
		楊滿山咏孝經壹拾捌章		一	一/二	一		三/四		
	小計		二	七	六/一七	一	二	一八/二九	一八/二九	一八/二九
書算類	習字類	上大夫	一二	六		一八		三六/三六	五八	一二一/一四六
		牛羊千口	四	二		九		一五/一五		
		上士由山水	一	一		五		七/七		
	名人字帖類	尚想黃綺帖	三	二	二/一四	一四	五	二六/三七	四三/五九	
		蘭亭序	一	五	二/七	三	六	一七/二二		

續表

類型	門類	蒙書名	完整	殘缺	綴合	雜寫	碎片	蒙書小計	門類總計	類型總計
書算類	習字書帖類	真草千字文			一/四			一/四	二/六	一二一/一四六
		篆楷千字文			一/二			一/二		
	算術類	九九乘法歌	三	四		五		一二/一二	一八/二三	
		立成算經	一		一/二	一		三/四		
		算經			二/六			二/六		
		算書		一				一/一		
小計			二五	二一	九/三五	五五	一一	一二一/一四六	一二一/一四六	
總計			六九	二二一	六六/二二二	一三〇	六一	五四七/七〇三	五四七/七〇三	五四七/七〇三
蒙書種類			四四							

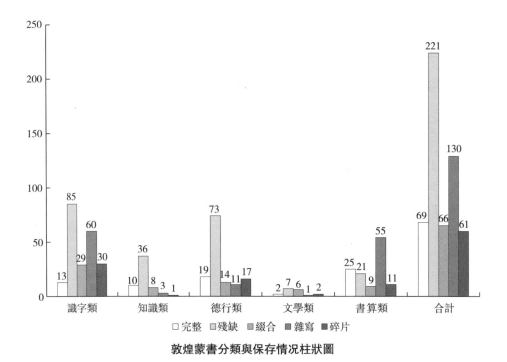

敦煌蒙書分類與保存情況柱狀圖

　　依據統計表及柱狀圖，我們可以分析出敦煌蒙書在抄寫、使用中各類蒙書以及不同蒙書使用的大致比率和重視程度，以及唐五代敦煌地區童蒙教育的學科特點，大致可歸納爲以下幾點：

其一，蒙書類別差异與發展趨勢。從統計表、柱狀圖來看，敦煌蒙書中識字類蒙書最多，有二百一十六件〔一〕；其次爲德行類，有一百三十四件；其三爲書算類，有一百二十件；其四爲知識類，有五十八件；最少者爲文學類，僅有十八件。五類蒙書之下，還可分爲十八個小目，若按照保存蒙書的統計數量來看：綜合類（識字）二百零四件、家教類八十件、習字類五十八件、名人字帖類四十三件、訓誡類二十件、勸世詩類十九件、復合類十九件、算術類十八件、格言類十五件、綜合類（知識）十五件、蒙求類和屬文類各十二件、雜字類和俗字類各十件、屬對類六件、故事類两件、雙語類和習字書帖類各兩件，這在某種程度上體現了唐代童蒙教育的發展變化與蒙書編撰的新趨勢。

其二，敦煌蒙書的狀態分析。從統計表來看，敦煌蒙書保存完整的祇有六十九件、殘缺二百二十一件、綴合六十六件、雜寫一百三十件、碎片六十一件，共有七百零三件，綴合後爲五百四十七件，其比例依次爲百分之十二、四十一、十二、二十四、十一。敦煌蒙書完整本很少，僅占總數的百分之十二，殘缺本高達百分之四十一，若加上綴合本（綴合後，均殘缺不全），完整和殘缺者爲百分之六十五，其餘爲雜寫、碎片，占百分之三十五。説明敦煌蒙書數量和質量都十分可觀。造成這一狀況的主要原因是這批蒙書是唐五代學郎在學習過程中自己抄寫、聽寫、默寫的，原本就不完整的抄本，是學郎多利用公私文書、經文的廢紙進行習字、塗鴉，初學者寫字本身多爲隻言片語、無章法可言，書寫訛誤、很少大段書寫文字；再加上很多蒙書抄寫的目的是反復使用的課本或讀物，也難免兒童故意損壞，以及流傳、保存過程中的自然損壞更是無法避免，故完整的保存少，殘缺多，正好反映了敦煌蒙書就是唐五代敦煌各類私學的學郎課本、讀物及作業本、練習本等，所幸被保留了下來，就是我們今天看見的樣子。

其三，蒙書數量與童蒙教育的關係。識字類蒙書數量最多，其中書寫較好的完整本、殘缺本和綴合本共有一百二十六件，書寫較差的雜寫和碎片有

〔一〕　以下數字爲綴合的數字。

九十件，占比最高，比較真實地反映了童蒙教育以識字爲主的特點，學郎在這個階段以識字教育爲主。識字類蒙書中以綜合類知識字書占比最多，達二百零四件，俗字類字書、雙語類字書僅見十二件，微不足道，也就是説童蒙以識字教育爲基礎，"學六甲五方書計之事"[一]，故以最爲基礎性的綜合類識字字書爲主，其中以《千字文》爲絶對優勢。僅次於綜合類蒙書的是德行類蒙書，達一百三十四件，且以家教類蒙書爲主，有八十件，占比德行類蒙書的百分之六十，説明唐五代童蒙教育在識字教育之外，以德行教育爲首要任務，充分體現了童蒙教育"蒙以養正"的特點，對兒童的德行培養十分重視。德行類蒙書之外，爲書算類蒙書，達一百二十件，其中以習字、名人字帖、習字書帖類最多，共計一百零二件，這也是由童蒙教育主要以識字、習字教育爲主的特點决定的，很多時候識字與習字教育相結合，故很難分辨其具體功用，也是造成敦煌蒙書有好多《千字文》習字寫卷的原因。算術類蒙書有十八件，大體可以反映童蒙教育包含"書計之事"的特點。知識類蒙書在敦煌蒙書中保存了五十八件，僅占了總數的一成多，唐代李翰《蒙求》僅三件，"蒙求"類蒙書纔十二件，説明在唐代敦煌地區并不是很流行，反而是《雜抄》較爲流行，有十二件，説明唐代知識類蒙書尚處在拓展階段，還很有限。最少的就是文學類蒙書，祗有十八件，僅占敦煌蒙書的百分之三，可以説微不足道。這與唐代科舉盛行，整個社會崇文的社會風氣不太相符，考慮到現存敦煌蒙書主要集中在張議潮收復河西隴右之後，敦煌與京畿地區的交流有限，與唐代其他地區存在一定差距，加之屬對、屬文教育相對而言層次比較高，主要針對年齡稍大的兒童，故現實需求相對較少，敦煌蒙書保存文學類蒙書較少也在情理之中。

其四，經典蒙書的使用情况。從敦煌文獻保存的蒙書來看，共有四十四種，但學仕郎使用不同蒙書的程度和頻率相差巨大，最多者《千字文》多達一百二十六件，而《白家碎金》《文詞教林》等各僅存一件。兹將五類蒙書中

〔一〕（漢）班固撰，（唐）顔師古注：《漢書》卷二四上《食貨志》，中華書局，一九六二年，第一一二二頁。

最具代表性的蒙書進行簡單説明。識字類蒙書，以《千字文》最多，除去碎片二十二件、雜寫三十四件，尚有七十件，占敦煌蒙書總數的百分之十三。若加上《千字文注》《六合千字文》《真草千字文》《篆楷千字文》等，則比例更高。可以説《千字文》系字書，是唐五代童蒙教育影響最大，最爲普及的蒙書。其次，是家教類蒙書的《太公家教》，多達五十八件，其中有十二件碎片和四件雜寫，共占德行類蒙書的百分之四十二，承擔了唐代德行教育的主要任務，也反映了唐代德行教育以家教、家訓爲主的特點。占據第三位的《開蒙要訓》也多達五十七件，與《千字文》均爲前代綜合類識字蒙書，兩者合計一百八十三件，構成了敦煌蒙書的主體，二者可以視作唐五代敦煌童蒙教育最基礎的識字課本。排名第四者爲《上大夫》，有三十六件，説明在敦煌地區兒童習字教育主要使用《上大夫》。排名第五者爲《尚想黄綺帖》，有二十六件，反映了兒童習字教育對名人字帖的重視。值得思考的是文學類蒙書數量都在四件以下，多爲兩三件，説明童蒙教育屬對、屬文教育在鄉村和邊遠地區社會底層的開展尚不足，與士家大族和京畿地區尚有一定差距。

　　雖然敦煌蒙書數量很大，還有不少碎片、雜寫没在討論之内，但足以説明問題。總體而言，識字類蒙書以前朝《千字文》《開蒙要訓》主導識字教育的局面并未改變；唐代德行類蒙書，主要受家訓影響，如《太公家教》等家教類蒙書承擔了德行教育的主要任務，但訓誡類、格言類、勸世詩類蒙書比重比較平衡，體現了唐代德行類蒙書的多樣性。此前學界關注較少的書算類蒙書，在敦煌蒙書中占較大比例，充分體現了啓蒙教育主要包括識字、辨名物、知書計之事的特點，書算蒙書就是所謂“知書計之事”。屬文類蒙書雖然數量較少，僅有十八件，但却有七種之多，足以説明在唐代整個社會崇文、“以文取士”的環境下，已在屬對、屬文類蒙書編撰方面取得了很大成就。

　　2.彌補敦煌學校教育機構認知的不足

　　在敦煌蒙書發現之前，研究唐五代童蒙教育受到極大限制，所據僅限於新舊《唐書》《全唐文》，以及筆記小説和墓志資料，内容十分有限，學界對唐五代的童蒙教育機構認識很有限。敦煌蒙書的發現極大改變了這一現狀，依據敦煌文獻中大量的學郎題記，證明唐代已經出現了寺學、義學、坊學、社學等新的童蒙教育機構，以及伎術學等專業學校[一]，從而可改變學界對唐代學校機構以及教育史的認知，同時也豐富了唐五代私塾的多樣性和具體形式。

首先，明確了唐代寺學的性質。敦煌蒙書保存了大量學郎題記，爲研究敦煌寺學教育提供了豐富的史料。那波利貞、小川貫式、嚴耕望、李正宇、姜伯勤、伊藤美重子等中外知名學者[二]，對唐五代寺學進行了深入研究。通過敦煌蒙書學郎題記明確記載，最早的敦煌寺學學仕郎是景福二年（八九三）的蓮臺寺學士索威建。寺學是寺院專門面嚮兒童的世俗教育，教書先生理論上主要由寺院的僧人擔任，也有地方士人充任，主要教授識字、知識、德行、文學類蒙書及《孝經》《論語》等儒家經典，兼及佛教齋儀讀物。寺學教育主要集中在童蒙教育階段，屬於州縣學的學前教育，其品質低於州縣學，是唐後期五代敦煌地區童蒙教育的主要承擔者，而非所謂的士人"讀書山林"[三]。

其次，唐代義學性質的確定。如伯二六四三號《古文尚書》尾題："乾元二年（七五九）正月廿六日義學生王老子寫了，故記之。"從其抄寫《古文尚書》來看，此義學應該也是私塾。唐代義學的最早記載是在吐魯番文書中發

〔一〕 參閲［日］伊藤美重子：《唐宋時期敦煌地區的學校和學生——以學郎題記爲中心》，金瀅坤主編：《童蒙文化研究》第三卷，人民出版社，二〇一八年，第二四~五〇頁。

〔二〕［日］那波利貞：《唐鈔本雜鈔考——唐代敦煌庶民教育史研究資料》，《支那學》第十卷，一九四二年，第一~九一頁；［日］小川貫式：《敦煌仏寺の學士郎》，《龍穀大學論集》第四〇〇–四〇一合并號，一九七三年，第四八八~五〇六頁；嚴耕望：《唐人習業山林寺院之風尚》，嚴耕望：《嚴耕望史學論文集》，上海古籍出版社，二〇〇九年，第八八六~九三一頁；李正宇：《唐宋時代的敦煌學校》，《敦煌研究》一九八六年第一期，第三九~四七頁；李正宇：《敦煌學郎題記輯注》，《敦煌學輯刊》一九八七年第一期，第二六~四〇頁；姜伯勤：《敦煌社會文書導論》，新文豐出版公司，一九九二年，第八七~九四頁；［日］伊藤美重子：《敦煌文書にみる學校教育》，汲古書院，二〇〇八年，第八三~九九頁；［日］伊藤美重子：《唐宋時期敦煌地區的學校和學生——以學郎題記爲中心》，金瀅坤主編：《童蒙文化研究》第三卷，第二四~五〇頁。

〔三〕 金瀅坤：《唐五代敦煌寺學與童蒙教育》，金瀅坤主編：《童蒙文化研究》第一卷，第一〇四~一二八頁。

現的卜天壽抄《論語鄭氏注》殘卷，卷末題記："義學生卜天壽，年十二，狀
▢▢""景龍四年（七一〇）三月一日私學生卜天壽。"〔一〕這兩件文書證實義學
與寺院義學不同，教授對象爲兒童，教授的内容是《論語》，屬於童蒙教育内
容。有關唐代義學的記載，僅見此兩例，彌足珍貴。

　　其三，證明唐代坊學和社學的存在。坊學史料罕見，僅見於斯四三〇七
號《新集嚴父教》末題："丁亥年（九八七）三月九日定難坊學郎［崔定興］、
李神奴自書手記。"定難坊學蓋爲定難坊的私塾，屬於私學。坊學與村學、里
學對應，是城市最基層的私學。唐代社學僅有一例，彌足珍貴。伯二九〇四
號《論語集解卷第二》末題："未年正月十九日社學寫記了。"結社辦學者，
似以鄰里社、親情社的可能性較大〔二〕。

　　最後，豐富了私塾具體形式的認識。敦煌蒙書及相關敦煌文献中記載的
敦煌地区各種形式的私塾即個人講學，最常見的就是以私塾先生的姓氏、官
名命名的私塾。如張球學、白侍郎學、安參謀學、郎義君學、氾孔目學等。
還有以姓氏命名的家學，就家學、李家學〔三〕。如伯二八二五號背《太公家教》
題記："大順元年（八九〇）十二月，李家學郎是大哥。"此類學郎題記，極
大豐富了學界對唐五代私塾的認知。

　　3.彌補教師學生身份史料的不足

　　關於唐五代童蒙教育的教師、學生身份問題，傳統典籍中鮮見，敦煌蒙
書及相關文書極大彌補了這一不足，可爲研究唐五代教師、學生問題提供難
得史料。其中有關沙州州縣學博士的記載有：伯二九三七號《太公家教》末
題："維大唐中和肆年（八八四）二月廿五日沙州燉煌郡學士郎兼充行軍除解
■（延）太學博士宋英達。"説明唐代沙州太學博士可由郡學優秀學士郎中選
任。又散一七〇〇號《壽昌縣地境》末題："晋天福十年（九四五）乙巳歲六

　　〔一〕　國家文物局古文獻研究室等編：《吐魯番出土文書》第七册，文物出版社，
一九八六年，第五四八頁。

　　〔二〕　李正宇：《唐宋時代的敦煌學校》，《敦煌研究》一九八六年第一期，第四四頁。

　　〔三〕　參閱李正宇：《敦煌史地新論》，新文豐出版公司，一九九六年，第一八七～
一八八頁。

月九日州學博士翟寫，上壽昌縣令《地境》一本。"翟爲翟奉達，曾是沙州伎
術院禮生，先後選任沙州經學博士[一]。

目前，可以考定的敦煌寺學的教書先生理論上多由寺院的僧人擔任。如
伯三三八六號《楊滿山咏孝經壹拾捌章》尾題"戊辰年（九六八）十月卅日
三界寺學士"等，及學郎詩一首："計寫兩卷文書，心里些些不疑。自要心身
懇切，更要師父闍黎。"又沙州歸義軍節度使掌書記張球晚年辭官，寓居沙州
某寺學，教授生徒。那些"學郎題記"中所記載的氾孔目學、安參謀學、白
侍郎學等私塾中個人講學的先生，應該就是沙州歸義軍政權退休或在職官員
在閑暇之餘充任。

敦煌蒙書的學郎題記及相關史料，爲學界梳理唐五代州縣學、伎術院，以
及私學有關學生稱號和人名、社會階層提供了第一手資料。目前，已經梳理出
的唐代州縣學有經學、道學、醫學，其學生可稱爲學生、經學生、學士郎，極
少情況稱爲學生童子（伯三七八〇號《秦婦吟》題記）；歸義軍時期出現了陰
陽學，有陰陽生；伎術院有禮生、伎術生、上足弟子。寺學、家學、坊學、個
人講學等私學的學生稱呼比較雜亂，一般都可以稱爲學士郎，或寫作學仕郎、
學使郎、學事郎，皆爲同音借字，或簡稱學士、學郎，少數情況作學生，有
一例稱"童子"者（伯二七一六號《論語》題記）、一例"學生判官"者（伯
三四四一號《論語》題記），但義學的學生稱義學生[二]。從可以考定的敦煌學
士郎身份來看，敦煌諸寺學祇有鑒惠、僧醜延、沙彌德榮、僧馬永隆、顯須、
僧曹願長等六名學士郎爲僧人，僅占可以確定的七十九名寺學學士郎姓名的百
分之六，沙州歸義軍高官多將年幼的子弟先送到寺學進行童蒙教育[三]。

4.極大豐富了童蒙教育活動的史料

敦煌蒙書是唐五代敦煌地區童蒙教育中所使用的教材和讀物，很多蒙書

〔一〕 參考姜伯勤：《敦煌社會文書導論》，第一〇三頁。

〔二〕 參閱［日］伊藤美重子：《唐宋時期敦煌地區的學校和學生——以學郎題記爲
中心》，金瀅坤主編：《童蒙文化研究》第三卷，二〇一八年，第二四～五〇頁。

〔三〕 參閱金瀅坤：《唐五代敦煌寺學與童蒙教育》，《童蒙文化研究》第一卷，第
一〇四～一二八頁。

上的兒童題記和雜寫，爲我們提供了彌足珍貴的、最原始的教育史料，記錄
課堂内外教師的授課和學生的學習活動。特別是敦煌蒙書中兒童聽寫、背誦
和考試的真實記錄，以及兒童的學郎詩，真實記錄了兒童的學習場景、心情
和感受等等，是正史、類書，以及其他資料無法代替的。

　　敦煌蒙書及其他敦煌兒童讀物保留了唐五代、宋初童蒙教育的史料和背
後的歷史，真實記錄了學郎學習進展和成長的心路。如北敦一四六三六號背
《逆刺占》卷末題有天復二年（九〇二）敦煌州學上足子弟翟奉達述志詩三
首，其前兩首爲：

　　　　　三端俱全大丈夫，六藝堂堂世上無。男兒不學讀詩賦，恰似肥菜根盡枯。
　　　　　軀體堂堂六尺餘，走筆橫波紙上飛。執筆題篇須意用，後任將身選文知。

　　第一首言生爲大丈夫，如不讀書，實在是前途無望，以示自勵。第二首
詩，言學業精進，志在以文參選。最後一首，蓋爲學業將成，對未來充滿惆
悵。其詩云：“哽噎卑末手，抑塞多不謬。嵯峨難遥望，恐怕年終朽。”最難
得可貴的是，作者晚年，看到兒少之作，又作詩曰：“今年邁見此詩，羞煞人，
羞煞人。”可以説這件文書非常珍貴，充滿童趣，非常真實地記載了翟奉達少
兒之時的志嚮、讀書態度和不同時期的心理成長情況。又伯三三〇五號《論
語集解》學郎詩云：“男兒屈滯不須論，今歲蹉跎虚度春。■身强健不學問，
滿行逐色陷没身。■自身苦教慇，一朝得勝留後人。”言學郎自勵，感慨切
勿蹉跎青春，要倍加努力，一朝得意，名留青史。

　　記錄了學生之間你追我趕、相互攀比的學習場面和心理。斯七二八號
《孝經》背有靈圖寺學士郎李再昌詩云：“學郎大歌（哥）張富千，一下趁到孝
經邊；太公家教多不殘，獯獫[□]兒實鄉偏（相騙）。”生動描述了學士郎
李再昌被學郎大哥張富千戲弄，没有好好學習，反而怪罪對方没有共進取，
欺騙他。

　　記錄了學生努力學習，畏懼老師處罰的心理。如伯二七四六號《孝經》
卷末有學郎“翟颯颯詩”云：“讀誦須勤苦，成就如似虎。不詞（辭）杖捶體，
願賜榮軀路。”詩中學郎自詡勤苦讀書，成就卓著，免受體罰，前途無量，也

反映了古代懲戒教育的普遍。

記録了教學方式。伯二八二五號《太公家教》尾題："大中四年（八五〇）庚午正月十五日學生宋文顯讀，安文德寫。"記録了兩個學生之間，聽寫《太公家教》的過程。又伯三七八〇號《秦婦吟》卷尾題："顯德四年（九五七）……就家學士郎馬富德書記。手若（弱）筆惡，若有決錯，名書（師）見者，決丈五索。"反映了唐代懲戒式教學方法。

現存敦煌蒙書多爲學郎抄寫而成，以便自用，或他用。如伯二六二一號《事森》末題戊子年（九二八）學郎負義寫書之後，記云："寫書不飲酒，恒日筆頭乾；且作隨疑（宜）過，即與後人看。"表示自己認真抄寫，仔細核對，若是有錯，就會没人看，反映了蒙書的來源。

記録了教授學生屬文的情況。今人大都知道唐代詩歌興盛，但關於童蒙如何學詩知之甚少。有關唐代學郎誦詩、抄詩的記載，在傳統典籍中記載很少，敦煌蒙書中的題記彌補了這一不足。特別是有關教授童蒙學詩的《詩格》的發現，對研究唐代童蒙的詩賦教育具有重要意義。如斯三〇一一號正面爲《論語集解》卷六，背面有《詩格》一部殘片，僅存四行。其録文爲："《詩格》一部。第一的名對，第二隔句對，第三雙擬對，第四聯綿對，第五互成對，第六異類對，第七賦體。第一的名對。上句。（寫卷書寫止此）"又《詩格》下有一句詩："天青白雲外，山俊（峻）紫微中。鳥飛誰（隨）影去，花洛（落）逐遥□（摇紅）。"亦見《文鏡秘府論》異類對下[一]，説明此詩爲《詩格》"七對"之"異類對"範文。此卷《詩格》之下還有《千字文》《太公家教》等蒙書的相關學郎雜寫，真實記録學郎學習抄寫、默寫《詩格》的情況，此條史料彌足珍貴，足以證明《詩格》一部作爲蒙書使用，及唐代教授童蒙學習屬對、屬文的真實情況。

〔一〕〔日〕遍照金剛著，周維德校點：《文鏡秘府論》東卷《二十九種對》，人民文學出版社，一九八〇年，第一〇七頁。

（二）敦煌蒙書對大衆教育的價值

隨着唐代科舉考試深入人心，"朝爲田舍郎，暮登天子堂"成爲現實，學習不論出身貴賤意識的增强，促使整個社會教育的下移。敦煌蒙書集中反映了敦煌地區社會大衆教育觀念的轉變，爲相關問題的深入研究，提供了豐富的史料，兹從以下幾點進行說明。

1.蒙書編撰與大衆文化啓蒙教育相結合

伴隨着隋唐士家大族的衰落，庶族寒素階層地位有所上陞，對文化的需求大增，世人不再滿足於從事舉業的識字、文學和德行類蒙書，而是對社會大衆的識字、綜合知識、世俗倫理道德等類蒙書需求大爲增加。於是，出現了《俗務要名林》《雜集時用要字》《碎金》《武王家教》等識字、綜合知識和家教類蒙書。其中最爲典型的就是識字蒙書《俗務要名林》，共存親族、宅舍、男服、火、水、疾、手等三十八部，可補身體、國號、藥三部，共得四十一部〔一〕，匯集了民間日常生產生活所必須的最爲切要名物、詞語，分類編排，以便學習和查閱。所謂"俗務"，就是指各種世俗雜務；"要名"，則指重要常用的雜務名稱、名物〔二〕。因此，唐代《俗務要名林》編撰的目的主要是庶民階層教育子弟識字，掌握、熟悉生產生活中常用的名物以及倫理關係等，以備日常生產生活中的買賣、記賬、寫信等實際需求，故在敦煌等偏遠地區的鄉村童蒙教育中比較流行。

敦煌文獻中的《太公家教》《武王家教》《辯才家教》《新集嚴父教》四部"家教"，是在魏晋以來士家大族走向衰敗的過程中，伴隨着士族的"中央化"〔三〕，留居鄉里者在地方的影響力與魏晋不可同日而語。特別是經歷安史之

〔一〕　高天霞：《敦煌寫本〈俗務要名林〉語言文字研究》，中西書局，二〇一八年，第三頁。

〔二〕　鄭阿財、朱鳳玉：《敦煌蒙書研究》，第七九頁。

〔三〕　毛漢光：《從士族籍貫遷移看唐代士族之中央化》，毛漢光：《中國中古社會史論》，聯經出版事業公司，一九八八年，第二三五～三三八頁；韓昇：《科舉制與唐代社會階層的變遷》，《廈門大學學報（哲學社會科學版）》一九九九年第四期，第二四～二九頁。

亂的掃蕩之後，士族在鄉村的勢力大爲減弱，因此，代表士家大族的"家訓"編撰，不再像先前，主要强調孝道、應對、勸學和處世之道，而是增加了社會關懷成分，庶民色彩更濃。所以，不再用"姓氏題名"，而是藉助太公、周武王、嚴父、辯才等帶有兼濟天下含義的題名。

這四部"家訓"中《太公家教》主要是爲兒童編撰蒙書，雖然也涉及應對、處世等社會世俗内容，但其志嚮還算高遠，勸學向賢，大衆文化不是很濃厚。其他三部編撰目的明顯是爲社會大衆子弟啓蒙，兼濟普通士人的教示。特别是《武王家教》武王問太公問答語氣，分十惡至十狂等十三類問題，主要是針對百姓在生産生活中有關勞作、借貸、求財、掃灑、勤儉、師友、孝道、處世等諸多層面，容易犯不當、不雅，招人厭的行爲，多引用當時流行的俗語、諺語，反映了社會大衆治家、置業、處世的價值觀念。《辯才家教》則是利用淺近通俗的佛學常識與世俗倫理道德相結合，分章對貞節、經業和治家等内容進行説教和贊美，其中也包含了社會大衆教育的内容。《新集嚴父教》是針對若干種世人在生活中的應對、處世原則進行説教，屬於庶民階層的"家教"，對子弟要求很實際，但求平安，不求功業。

一卷本《王梵志詩集》是一部五言四句的勸世詩歌集，其格調不高，言語淺近，多爲鄙俚之言，格言與俗語相間，通俗易讀，以教訓、説理見長。其内容涉及生産、生活、理財、治家、孝道、貧富、應對、處世等，也充滿了鄉村色彩，超凡脱俗，輕視錢財，揚善抑惡，充滿佛教色彩，老莊思想濃厚，富於人生哲理，對敦樸民心十分有益，對大衆教化更爲實用，故常作爲鄉村兒童的童蒙教材。一卷本《王梵志詩》佛家勸世色彩更濃厚，爲研究社會的大衆教育提供了寶貴史料。

2.新編蒙書中的社會大衆教育内容增多

首先，生産知識增多。這是我國古代識字類蒙書的傳統，漢代《急就篇》就包括很多有關生産和生活的名物，《千字文》在一定程度上也保留了此傳統，但開啓了從天地、日月、四季到農業生産、人事等大致順序。此後，《開蒙要訓》《雜抄》《孔子備問書》等，都大致效仿其編撰順序、内容，以不同編撰方式增加大量有關生産、生活和應對的俗物知識。前文列舉《俗務要名林》

《雜集時用要字》中就分門別類地例舉了有關生產工具、技術、時令的名物知識，此處不再贅述。以《雜抄》爲例，共涉及二十七個條目，一百六十七個問答項，根據其内容性質大體將其歸納爲“論”“辨”以及類似家教性質的“訓誡”等三大類，其中的“論五穀、五果、五射、五德”；辨年節日、辨四時八節等條目，都是有關農業生產生活的知識。就連《武王家教》之“十惡”“三耗”“三衰”都是講農業生產生活知識。此外，《辯才家教・四字教章》也主要是用四言韵語講生產的民間智慧。

其次，居家生活知識增多。大致可分名物知識、掃灑、應對、處世、消費等諸多層面。如《開蒙要訓》《俗務要名林》《雜集時用要字》《雜抄》《孔子備問書》等識字、知識類蒙書都記載了很多居家生活名物知識。《雜抄》末尾部分還有摘引當時俗語，以數字冠名歸納爲：世上略有十種剳室之事、十無去就者、五不自思度者、言六癡者、言有八頑者，爲與人相處、應對、處世時容易犯的自以爲是、擅自做主、招人厭惡的諸種不當行爲，應當堅決去除，反映了庶民階層的價值觀念和民間處世哲學。《武王家教》“一錯”至“十狂”中很多内容都是有關居家掃灑、應對、處世、消費等方面應該注意的事項和生活常識。此外《百行章》、一卷本《王梵志詩》雖然編撰文體不同，但相關内容十分豐富。

其三，勸學内容增多。唐代崇重科舉制度，直接推動了社會勸學風氣，“五尺童子恥不言文墨”觀念盛行[一]，“官職比來從此出”的觀念已經根植於世人心目中，讀書不問貧富，在敦煌童蒙教育下移中得到很好的體現。特別值得關注的是，這些童蒙讀物還激勵家道貧寒者，莫辭家貧而不學詩書，比如“男兒不學讀詩書，恰似園中肥地草”，打破了當時的士庶觀念，無疑增強了家道貧寒者勤奮讀書，通過科舉考試獲取功名、官位的信心，亦見科舉制度對當時社會大衆的影響之廣泛、深遠[二]。如《太公家教》云：“明珠不瑩，焉

〔一〕《通典》卷一五《選舉典三》，第三五八頁；金瀅坤：《中國科舉制度通史・隋唐五代卷》，第一三九～一四二頁。

〔二〕參閱韓昇：《南北朝隋唐士族向城市的遷徙與社會變遷》，《歷史研究》二〇〇三年第四期，第四九～六七頁。

發其光；人生不學，言不成章。”又《王梵志詩》云：“黃金未是寶，學問勝珠珍。丈夫無伎藝，虛霑一世人。”〔一〕這些童蒙讀物中明確將讀書與登科、仕宦聯繫在一起，敦勸兒童樹立“學問”“讀書”而登科、入仕清流的觀念，明確了讀書人的目的，突出反映了科舉對童蒙價值觀念的影響。《太公家教》《新集文詞九經抄》《文詞教林》《語對》《蒙求》中保留了豐富的各式“勸學”以及師友觀念，可以全面勾勒唐五代社會大衆對“勸學”的認知，及其背後科舉制度與銓選制度以及社會變遷對童蒙教育的影響。

其四，世俗道德教育。敦煌蒙書中有關世俗道德教育是德行類蒙書的主要内容，且不同蒙書的特點各異。《太公家教》明確爲教示兒童，對古代儒家經典中的名言警句、格言，改編爲韵文短句，兼采諺語、俗語，通俗易讀，内容多比較正面，以孝道、師友、勸學、應對、掃灑、謹言、慎行爲主。《武王家教》更注重“家教”特點，教育對象不局限於適齡兒童，更似子弟，故多用俚俗諺語、俗語，强調謹言、慎行、切莫多事、慎擇師友、擇鄰居等，多爲世俗人生哲理和生活智慧的内容。《辯才家教》的治家特點更爲明顯，勸教對象爲家族全體，辯才和尚藉助佛理知識，重在强調居家行孝、掃灑、應對、行善，如何處理家族内部翁婆、兄弟、妯娌等關係，將佛教經義與世俗智慧相結合，説理與贊頌相結合。又《新集文詞九經抄》《文詞教林》《孔子備問書》《雜抄》等蒙書中也摘引古代儒家、道家甚至是佛教中有關大衆教育的經典語句、格言和大量的諺語，都有明顯的世俗特點。

其五，佛道觀念增强。敦煌蒙書相當數量都是出自敦煌寺學學士郎之手，因此，敦煌蒙書中佛教色彩在所難免。其中，《辯才家教》爲唐代大曆間大和尚辯才所作，所以這部蒙書具有濃厚的佛教思想，體現了唐代僧人講經的特點，用大量淺顯易懂，内涵豐富的佛教思想宣傳勸善積德，對社會大衆教化有很大影響。此外，《武王家教》《孔子備問書》等蒙書中也吸收了不少佛教

〔一〕（唐）王梵志著，項楚校注：《王梵志詩校注》，上海古籍出版社，一九九一年，第四八三頁。

戒律、道教戒律的勸世内容，反映了唐代蒙書中的勸誡内容兼采了佛、道戒律及相關内容，最終上昇成一種社會大衆文化，進行社會教化，不局限於童蒙教育。

（三）敦煌蒙書的史料、文獻價值

敦煌蒙書主要從古代儒家經典、史籍、文集和佛道典籍以及名言警句、諺語和俗語中擇取各類相關内容，多用四、六言短句和韵文重新編撰成各種蒙書，其中很多典籍和諺語、俗語都已散逸，因此，有很高的史料和文獻學、音韵學、語言文字學、社會學等領域的學術價值，兹擇取其中一二，簡單概述。

1.史料價值

敦煌蒙書對中古史研究具有很高史料價值。字書、知識類蒙書中記載很多名物、事類和典故，其中很多内容今天已經遺失、散逸。《俗務要名林》《雜集時用要字》《白家碎金》《碎金》等字書中很多名物記載，爲我們研究中古器物、名物提供了寶貴資料。如《俗務要名林·器物部》云：“槼，槼（舁）飲食者。餘慮反。”《廣韵·御韵》：“槼，舁食者。或作轝。羊洳切。”〔一〕顯然，“槼”指舉送飲食之器具，又稱“食輿”，又寫作“食轝”。《現代漢語大詞典》收有“食輿”一詞，曰：“食輿：竹輿床，竹轎。”〔二〕顯然，該解釋不得要領，《俗務要名林》解釋得更爲準確。又《器物部》云：“弗，策之别名。初産反。”唐代韓愈《贈張籍》詩：“試將詩義授，如以肉貫弗。”《器物部》又云：“界，鋸木。音介。”“界”作爲名物工具“鋸木”，今人已經不知。又《俗務要名林》中的像器物、田農、養鱉及機杼等部中，記載了唐代農業、手工業生産中所使用的各種工具和名物，可以豐富唐五代手工業生産工具等研究。因此，《俗務要名林》“不僅對研究漢語詞彙發展的歷史有用，而

───────────

〔一〕（宋）陳彭年等編：《宋本廣韵》（第二版），江蘇教育出版社，二〇〇五年，第一〇四頁。

〔二〕漢語大詞典編輯委員會編：《漢語大詞典》第一二册，上海辭書出版社，二〇二〇年，第四九〇頁。

且對於瞭解唐代社會的經濟、生活、風習等也大有幫助，這是一份很重要的資料"〔一〕。

敦煌蒙書及學郎題記可以補足史書記載的不足。如《隋書‧職官志》記載"三川"爲何，不見相關史籍記載，史家認識差异很大。《雜抄》就有"三川"的記載："秦川、洛川、蜀川"，非常明確。又中國古代有"在三之義"觀念，後來又發展爲君親師的"三備"觀念，其他史書不載。唯有《雜抄》云："何名三備？君、父、師。"其"辯金藏論法"條云："夫人有百行，唯孝爲本……人有三事：一事父，二事君，三事師；非父不生，非君不事，非師不教。"又伯二九三七號背《太公家教》尾題："維大唐中和肆年（八八四）二月廿五日沙州燉煌郡學士郎兼充行軍除解▨（延）太學博士宋英達。"彌補了晚唐地方割據節度使轄區内州學學仕郎學成之後，在地方節度使衙任職的實例，這條史料很有代表性。另外，如前文所論，唐代寺學、社學、坊學、寺學的發現，都得益於對敦煌蒙書和題記的深入研究。

2.文獻價值

敦煌蒙書的文獻輯佚價值。由於敦煌蒙書編撰過程中摘録、抄録了很多古代經典和書籍的名言警句，其中的不少書已經失傳，故其對輯佚失傳書籍有一定的學術價值。如《新集文詞九經抄》援引典籍至爲豐富，其中頗有後世亡佚之作與散佚之文，如《真言要决》《賢士傳》《孝子傳》《列仙傳》《神仙傳》《潘安仁笙歌賦》《九諫書》等〔二〕。其中《新集文詞九經抄》摘引《真言要决》云："事君事父者，唯以忠孝爲主，爲君爲父者，須以慈愛爲宗。"由於此書早已散佚，故這條記載就可補《真言要决》佚文。又《兔園策府》也摘引了《孝經三五圖》、《帝王世紀》、《尚書中侯》、《符瑞圖》、王嬰《古今通論》等很多古籍，多已佚，此類相關内容具有輯佚價值。如《兔園策府》注文摘引范曄《後漢書》曰："光武初出（生）於濟陽，有鳳凰集。"原

〔一〕 周祖謨：《敦煌唐本字書叙録》，見中國敦煌吐魯番學會語言文學分會編纂：《敦煌語言文學研究》，一九八八年，第五〇頁。

〔二〕 鄭阿財：《敦煌寫卷新集文詞九經抄研究》，文史哲出版社，一九八九年，第一一三~一二四頁。

文已佚，故此條可補佚。以上枚舉敦煌蒙書與徵引的内容，相關傳世史籍今已散佚，實可資輯佚與考史，有一定的拾遺補缺價值。此類情況不再一一贅述。

敦煌蒙書的校勘價值。可依據敦煌蒙書考訂歷史之疑、版本之失。如《語對·送别》記載“胡越”條：“《古詩》曰：‘行行重行行，與君生别離。相去萬餘里，各在天一崖。’”其“崖”字，今諸本《文選》卷二九《詩己·古詩十九首》作“涯”，“崖”爲古正字，蓋不誤。可勘正史實。伯二五三七號《略出籝金·朋友篇》“雙鴻”條引《七賢傳》云：“阮藉（籍）以（與）嵇康爲交，時人號爲‘雙鴻’。”今傳世文獻屢見阮籍與嵇康爲友之記載，但未見有“雙鴻”之稱，可補傳世文獻之缺。又《千字文》版本衆多，但傳世典籍將“律吕調陽”，誤作“律召調陽”，幸賴敦煌本《千字文》發現[一]，糾正了這一數百年的訛誤。

（四）敦煌蒙書的語言文字學價值

敦煌蒙書中的《俗務要名林》《雜集時用要字》《白家碎金》《碎金》等字書中的注音和異文，可爲研究當時的漢語語音，特别是西北方音的面貌提供史料。如羅常培、姜亮夫、周祖謨、潘重規等學術名師在音韵方面取得的成就，均與重視敦煌蒙書中的史料、語料有很大關係。蔡元培《敦煌掇瑣》序説：“又如《刊謬補缺切韵》《字寶碎金》《俗務要名林》等，多記當時俗語、俗字，亦可供語言學、文字學的參考。”[二]《語對》《略出籝金》《文場秀句》等蒙書更是研究俗文字、俗語言、詞彙學的寶貴材料[三]，可從其中的異文詞變化研究古代詞語的古今更替演變史，利用其中事對詞語注的意義補充現有辭

〔一〕　張涌泉主編：《敦煌文獻合集經部·序》，第二頁。

〔二〕　劉復：《敦煌掇瑣》，收入黄永武編：《敦煌叢刊初集》，新文豐出版股份有限公司，一九八五年，第五頁。

〔三〕　參閲鄭阿財：《敦煌蒙書研究的回顧與前瞻》，《敦煌吐魯番研究》第七卷，第二五四～二七五頁。

書的收詞和釋義[一]。

在漢語俗字研究領域，《千字文》《俗物要名林》《雜集時用要字》《白家碎金》《碎金》《語對》等敦煌蒙書爲漢語俗字的研究提供了豐富的材料。如張涌泉《漢語俗字研究》《敦煌俗字匯考》《漢語俗字叢考》、黃征的《敦煌俗字典》等成名著作，都利用了這些蒙書中的俗字材料。

在文詞、典故研究方面，敦煌蒙書爲研究中古時期的語言文字提供了豐富語料。敦煌蒙書中的《文場秀句》《語對》《略出籯金》等文詞類蒙書，收集大量麗詞、對偶，并對其進行了解釋，以便對兒童進行詞語、典故屬對訓練，熟練掌握音韵押韵，即"屬辭比事"，爲作文訓練做準備。

敦煌蒙書中還發現了蕃漢雙語《千字文》《太公家教》等蒙書，對少數民族進行雙語教育，爲瞭解和研究古代漢語翻譯提供彌足珍貴的史料。敦煌寫本伯三四一九號Ａ《漢藏千字文》是漢藏對音本，該寫卷首尾俱缺，僅存五十四行漢字及對應吐蕃文對音。日本學者羽田亨《漢蕃対音千字文の斷簡》則釋讀、轉寫了漢藏對音，并確定了其與《千字文》的對音性質及與研究唐代西北方音的關係[二]。羅常培先生《唐五代西北方音》利用《漢藏對音千字文》研究了唐五代時期的西北方音[三]。高田時雄《敦煌資料による中國語史の研究——九·十世紀の河西方言》對羅氏《唐五代西北方音》中的漢藏對音材料進行補充和修訂，深入研究了其中的音韵和語法現象[四]。

（五）敦煌蒙書的書算教育價值

敦煌蒙書發現的唐代書算類蒙書，既有對前代的繼承和發展，也有不少新編之作，其種類、内容更爲豐富，不僅體現了唐代書算教育的快速發展，

〔一〕 參閱高天霞：《敦煌寫本〈籯金〉系類書整理與研究》，復旦大學博士後研究工作報告，二〇一七年，第四〇頁。

〔二〕 ［日］羽田亨：《漢蕃対音千字文の斷簡》，《東洋學報》第一三卷第三號，一九二三年。

〔三〕 羅常培：《唐五代西北方音》，商務印書館，二〇一二年。

〔四〕 ［日］高田時雄：《敦煌資料による中國語史の研究——九·十世紀の河西方言》，創文社（東洋學叢書），一九八八年。

而且爲研究中國古代書算教育史留下了寶貴史料。兹從以下四個層面概述敦煌蒙書對書算教育研究的學術價值。

一是專門習字蒙書的出現。唐代誕生的專門習字蒙書有《上大夫》《牛羊千口》《上士由山水》，其中《上大夫》爲時代最早、影響最大的一本專門習字蒙書。敦煌本《上大夫》有三十一件，足見其被使用之普遍。其中伯四九〇〇號（二）《上大夫試文》爲習字寫卷，篇首有朱筆"試文"二字，每行行首由教書先生朱筆書寫範字，依次爲"上大夫"等，其下爲學生重複習字，每行約十三字，這種教學方式，是目前發現的《上大夫》"順朱"習字的最早寫卷〔一〕，可視爲後世《上大人》朱筆描紅習字本的最早原形，是研究唐代習字方法和習字教學十分珍貴的一手資料。《上大人》對後世影響很大，宋代以後將其作爲兒童習字的首選蒙書。敦煌本《牛羊千口》在傳世文獻中尚未發現它的蹤迹，故而可以豐富學界對研究唐代兒童習字情況的認識。《上士由山水》以筆畫簡單，作爲目前學界可知的唐代三種兒童習字蒙書之一，唯有伯三一四五號背保存了全文，使學界得以窺其全貌，宋代以後常用於習字教育。

二是保存了王羲之字帖在童蒙習字中大量使用的實例。武周時期《尚想黃綺帖》就已流傳龜兹、于闐等西域之地，作爲字帖，供兒童反復習字〔二〕。敦煌文獻中發現的《尚想黃綺帖》《蘭亭序》寫卷，共有四十一件，其中重複習字寫卷各有十件。不少寫卷中有教書先生書寫範字的痕迹，對研究唐代習字方法有重要價值。

三是記錄了流行識字蒙書用於習字的實例。《千字文》《開蒙要訓》等流行識字蒙書在識字的同時，由教書先生、家長等書寫範字，供學郎習字，反復臨摹，這種方式在敦煌蒙書中比較常見。敦煌本《千字文》中有此類學郎

〔一〕［日］海野洋平：《童蒙教材としての王羲之〈顧書論〉（〈尚想黃綺〉帖）—敦煌寫本・羽664ノ二Rに見るプレ〈千字文〉課本の順朱—》，武田科學振興財團杏雨書屋編：《杏雨》第二〇號，二〇一七年，第一三五～一三七頁。

〔二〕榮新江：《〈蘭亭序〉與〈尚想黃綺帖〉在西域的流傳》，故宮博物院編：《2011年蘭亭國際學術研討會論文集》，第三一頁。

習字寫本約三十六件，其中斯二七〇三號中有教書先生在行首書寫範字，學郎依次反復習字，并有教書先生評語[一]，是真實反映童蒙習字教育的第一手資料，非常有學術價值。

四是算術蒙書的推陳出新。敦煌算術蒙書可以説是我國現存紙質寫本算書之最早者[二]。敦煌本《九九乘法口訣》從"九九八十一"至"一一如一"，共四十五句，比秦漢時期多了"一九如九"至"一三如三"等七句，反映了魏晋隋唐以來對秦漢乘法口訣的發展，也表明唐代已經普遍采用這種四十五句的口訣。而且敦煌大寫漢字版乘法口訣的出現，也是記數方法的一大進步，史料價值彌足珍貴。《立成算經》《算經》簡明扼要，有利於初學者掌握。其中⊥、Ⅲ、丁等記數符號的出現，對研究唐代記數法很有價值[三]。其中度量衡方面的記載，説明了王莽量制直到唐宋時期仍在使用[四]。《算經》中的田畝面積計算，伯二六六七號《算書》中的軍需民食、營造等方面的計算，能解決很多實際問題，體現了我國傳統算術教育重實用的特點，對研究唐五代童蒙和普通民衆學習算數的情況很有學術價值。

敦煌書算蒙書的發現，證明唐代在邊遠地方不僅有書學和算術，而且還形成了一套成熟的、實用的教學體系和教學方法。其中的《上大夫》《上士由山水》《千字文》《蘭亭序》《九九乘法口訣》更是流傳到近現代，對後世千餘年的書算教育產生了深遠影響。

結　語

以上主要對"蒙書"的概念、起源、發展和歷史特點進行了梳理，就"蒙書"與"家訓""類書"的概念進行了梳理，并對"敦煌蒙書"進行分類

〔一〕 李正宇：《一件唐代學童的習字作業》，《文物天地》一九八六年第六期，第一五頁。

〔二〕 李儼：《敦煌石室"算書"》，《中大季刊》第一卷第二期，一九二六年，第一頁。

〔三〕 季羨林主編：《敦煌學大辭典》，上海辭書出版社，一九九八年，第六〇三頁。

〔四〕 李并成：《從敦煌算經看我國唐宋時代的初級數學教育》，《數學教學研究》一九九一年第一期，第四〇頁。

和論證，爲敦煌蒙書的整理、校釋與研究做了初步準備工作。敦煌蒙書不僅對研究唐五代童蒙教育、教育史、大衆教育、書算教育以及史料學、文獻學、語言文字學等都有非常高的學術價值，也可以作爲當今少年兒童的啓蒙讀物，以便更好地學習中華優秀傳統文化。因此，本叢書在前人研究的基礎上，對唐代盛世蒙書進行全面、系統的整理、校釋和研究，不僅可以學習盛唐氣象，弘揚中華優秀傳統文化，爲當今中小學教育提供優秀的童蒙讀物，用盛唐蒙書以改善當今少年兒童教輔市場由明清蒙書占據主導地位的局面。

　　本叢書重点對以往學界研究敦煌蒙書中存在的以下幾類問題進行全面解決。其一，針對敦煌蒙書研究多爲個人就某一部蒙書、具體問題的零星研究，缺乏全面、多學科的協同整體性、系統性研究的問題，本叢書爲筆者主持的國家古籍整理出版專項經費資助項目"敦煌蒙書校釋與研究"（2019-32），組織海峽兩岸長期從事敦煌蒙書研究最前沿、最高水平的學者王三慶、鄭阿財、朱鳳玉、金瀅坤、周尚兵、高天霞、張新朋、劉全波等教授，楊寶玉、盛會蓮等研究員，劉怡青副教授、常蓋心副研究員，任占鵬、焦天然、李殷、高靜雅等博士承擔撰寫任務。本叢書邀請樓宇烈、樊錦詩先生任顧問，王子今、柴劍虹、張涌泉、李正宇、李并成、韓昇、王三慶、毛佩琦、鄭阿財、朱鳳玉、杜成憲、金瀅坤、張希清、李世愉、劉海峰、施克燦、孫邦華、楊秀清、楊寶玉、盛會蓮等知名教授、編審和研究員作爲本叢書編撰委員會編委，對相關論著進行審閱和指導，以保證本叢書高質量地編撰和出版。

　　其二，針對敦煌蒙書校對多爲單本蒙書的分別校釋，缺乏整體分類校釋，很難産生規模效益，没能引起學界和社會各界對敦煌蒙書給予足够重視的問題，本叢書計劃設導論卷，多數蒙書將單獨成卷，書算類等少數蒙書將合并成習字卷、算術卷，每卷蒙書將邀請相關童蒙文化研究最佳人選，對相關蒙書進行單獨叙録、題解和校釋。叙録部分主要是對整理蒙書的校釋所使用的底本和參校寫卷的狀況以及綴合、前人整理情況等進行説明。叙録主要爲全面調查蒙書的相關寫卷、題記等情況，爲底本和參校本的選擇做好基礎性調查和考訂工作，争取在底卷綴合和題記考釋方面有所創新，在蒙書寫卷的占有和學術史掌握方面做到窮盡。解題部分簡明扼要地説明所整理蒙書的簡介、價值和成書年代，并交代校釋所使用的底本和參校版本的基本信息以及前人的整理、研究成果，力求反映前人的研究基礎以及本團隊對研究蒙書的認識水平。校釋部分是整理的關鍵所在，主要分釋文和校釋兩部分進行。釋文主要是對所選底本進行逐字考辨，録定正文，斷句標點，分段録出，必要時保持原有格式。本叢書設計之初就定位學術性與應用性相結合，不僅爲學界提供一個高水平的校釋本，而且要爲廣大普通讀者提供可讀性强的讀本，故録文部分要盡量出正字，充分考慮可讀性，減少閱讀障礙。注釋部分主要對底本中訛誤字、俗字、异體字、通假字進行校正，并出校説明理由；若能確定蒙書中典故、諺語等最早出處或較早轉引及相近記載者，均須注釋。這部分力求做到校釋準確，引經據典，追根溯源，釋字可靠，釋義準確，經得起考驗。

　　其三，針對敦煌蒙書研究存在問題相對單一、結論相似、問題意識不足的問題，本叢書將從中國傳統文化的歷史淵源入手，以蒙書爲中心，以童蒙教育爲着眼點，考察中古時期儒釋道交融的歷史大背景下，童蒙文化如何受其影響，蒙書思想觀念有何反映；再從社會變遷視角考察中古朝代更替、士族興衰、察舉制向科舉制轉變、官學與私學發展變化、經學與文學之爭、藩鎮割據、朋黨之爭等時代産物對童蒙教育的影響，具體體現在唐代蒙書編撰的哪些方面，從而深化問題的研究。本叢書還重點探討每部蒙書的編撰、文體、語言的特點，以及編撰目的和影響。每部蒙書的研究將突出童蒙教育的功能，從蒙書内容、題記、編撰體例、文化淵源及唐代科舉考試、文化、思想等多角度進行深入探討，分析其對童蒙教育的功能、意義和影響等，進而從每本蒙書特點出發，探討其對社會大衆的社會教化與影響。通過如上多層面的研究，讓讀者明白每部蒙書的獨特性和不可替代性，用事實充分説明唐代蒙書在編撰方面的開創性、多樣性特點，從而向世人推介敦煌蒙書，以便爲今天的少年兒童提供更爲豐富的啓蒙讀物。

　　本叢書從立項到成書出版，應感謝前輩學者對敦煌蒙書研究所付出的努力，感謝樓宇烈、樊錦詩先生擔任我們的顧問，感謝韓國磐師、韓昇師、張涌泉師、李正宇師、李并成師、劉進寶師以極大耐心，賜教不才，也感謝王子今、張希清、王三慶、鄭阿財、朱鳳玉、毛佩琦、李華瑞、李世愉、劉海峰等先生多年來對我的無私幫助和指導，也特別感謝在我人生最低迷的時候張雪書記對我的幫助。

注記：筆者在寫"總論"過程中得到課題組全體成員的大力支持，就蒙書概念、蒙書劃分標準，以及蒙書與類書、家訓治家關係等問題與前輩學者王三慶、鄭阿財教授進行了反復商討，兩位先生都給予了建設性修改意見，并請柴劍虹先生審閱，提供了寶貴修改意見，在此向三位先生和所有課題組成員再次表示感謝。

緒　論

一　研究價值

班固《白虎通·考黜》云："孝道之美，百行之本也。"[一]"孝爲百行之首，人之常德"[二]，"孝"自古以來便是吾國獨特之道德理想，亦是政治理想之重要來源。而有助於推行孝道思想的《孝經》，得到了社會普遍的認可和遵循，古代童蒙教育亦遵循社會文化之傳統，莫不以孝爲根基，以明倫理道德爲基礎，將孝道教育視爲童蒙教育的主題，強調孝是衆德之本，人倫之基。是以童蒙教育多申孝道之義，重人倫之理，借《孝經》一書，以期收潛移默化之功用。

李唐代興，文治武功實繼兩漢，而可再稱盛世，文教之風亦足可稱盛。唐代教育亦本歷代之正旨，將《孝經》奉爲圭臬。是書雖篇幅短小，文字簡約，却可於科舉考試占據一席之位，其重要性自不待言。於唐詩興盛之時，童蒙教育亦呈現出不同於前代之風格，出現了改編、摘録《孝經》之蒙書，又開創了以詩歌形式改編、摘引、歌咏《孝經》之蒙書，如《新集文詞九經抄》《文詞教林》《百行章》《太公家教》等，而尤以《楊滿山咏孝經壹拾捌

〔一〕（漢）班固撰：《白虎通德論》卷五《考黜》，上海古籍出版社，一九九〇年，第四六頁。

〔二〕（唐）李隆基注，（宋）邢昺疏：《孝經注疏》卷三《三才章第七》，元泰定三年（一三二六）刻本（藏中國國家圖書館），第三簡頁。

章》特顯，此書於宣教、講解《孝經》實有所益，又於兒童學習、理解《孝經》多所裨益。

然史傳多以蒙書淺薄，多不著録，致令難窺其原貌，幸賴敦煌文書之發現，而得見於世。就敦煌文書中所存蒙書而言，關於《楊滿山詠孝經壹拾捌章》的研究價值概述，撮其大要，概有四端：

一曰有助於瞭解唐五代兒童孝道啓蒙教育的實況與特點。唐五代時期，《孝經》在童蒙教育尤其在孝道教育中，具有十分重要的地位，因此，在蒙書編撰過程中，多對《孝經》的内容進行改編、摘録，以供兒童孝道教育之用。以詩歌形式歌詠《孝經》的《楊滿山詠孝經壹拾捌章》，注重音韻，通俗易懂，對兒童學習、理解《孝經》具有很大幫助，更容易爲兒童所接受。《楊滿山詠孝經壹拾捌章》作爲開創以詩歌形式改編、歌詠《孝經》之蒙書，對其進行研究，可以窺知唐五代兒童孝道啓蒙教育的實況及特點，有助於充分挖掘并繼承唐五代童蒙教育的成功經驗，但也須充分考慮古代兒童孝道啓蒙教育在當代的合理性與適用性，從而更好地對兒童進行道德教育及童蒙教育。

二曰有助於保存并豐富中國古代童蒙教材編撰體例。唐代科舉制的發展，極大地促進了童蒙教育的發展，《孝經》在唐代進士、明經考試中具有重要地位，童子科考試更是如此，強化了兒童學習《孝經》的積極性，使童蒙教育與蒙書編撰也出現了新的特點[一]，開創以詩歌形式改編、歌詠《孝經》的蒙書[二]，但這一時期的蒙書後世多不流傳，幸賴敦煌文獻得以保存。《楊滿山詠孝經壹拾捌章》作爲其中最具典型的蒙書，整理與研究此書，對豐富并保存唐五代的童蒙教材具有重要意義。

三曰有助於探討中國古代蒙書的發展與源流。唐代是中國古代蒙書發展的重要時期，具有承上啓下的重要作用，敦煌文書所保存的蒙書，具

〔一〕 金瀅坤：《唐五代科舉制度對童蒙教育的影響》，《浙江師範大學學報（社會科學版）》二〇一二年第一期，第二四頁。

〔二〕 金瀅坤：《唐五代敦煌蒙書編纂與孝道啓蒙教育——以〈孝經〉爲中心》，《首都師範大學學報（社會科學版）》二〇一九年第五期，第二〇頁。

有種類繁多、形式多樣的特點，對後世蒙書產生了重要影響。故研究敦煌蒙書《楊滿山咏孝經壹拾捌章》，有助於進一步探討中國古代蒙書編撰與發展的源流及影響。通過研究，可大抵窺知是書與唐五代、宋代童蒙讀物之間的聯繫，有助於更加全面地認識中國古代蒙書的編撰特點及其發展源流。

四曰有利於探討科舉制度與童蒙教育、蒙書編撰之間的關係。唐代科舉制度不斷調整和完善，童蒙教育也深受其影響，私學得以不斷發展，童蒙教育得到社會普遍重視，歌咏體《楊滿山咏孝經壹拾捌章》的出現，不僅反映了《孝經》在科舉考試中的重要地位，也反映出古代童蒙教育通過長期的教育實踐，已認識到音韵和諧、語言凝練的詩歌在童蒙教育中的重要價值，有助於培養兒童對語言文字的敏感性，爲之後閱讀和寫作階段奠定基礎。因此，對《楊滿山咏孝經壹拾捌章》的研究，有助於更加全面地認識唐五代童蒙教育。

此外，敦煌文書所依存而產生的魏晋六朝至五代宋初這一特殊歷史時期是漢字發展的關鍵時期，且敦煌文獻是漢字俗字流行時期的產物〔一〕，敦煌寫本《楊滿山咏孝經壹拾捌章》中保存了較爲豐富的俗字資料，對考察這一時期音韵、文字的發展和演變具有重要啓示。

二 學術史回顧

傳統典籍多以蒙書淺陋、難登大雅之堂，故多不錄。《楊滿山咏孝經壹拾捌章》作爲敦煌蒙書之一，在敦煌文書發現之前已散佚，且未見於典籍史料之中。隨着敦煌文書的發現，學者們在對敦煌文獻進行整理與研究的過程中，關注到《楊滿山咏孝經壹拾捌章》的相關寫本，使其原貌得以爲世人所知，但前人少有對其進行系統的研究與探索，專門的研究論著與論文也相對較少。關於《楊滿山咏孝經壹拾捌章》的研究，主要表現在兩個方面：其一，對《楊滿山咏孝經壹拾捌章》的著錄；其二，對《楊滿山咏孝經壹拾捌章》

〔一〕 張涌泉：《敦煌寫本文獻學》，甘肅教育出版社，二〇一一年，第三四、一六三頁。

的研究。故依此二題，兹分別論述如次。

（一）《楊滿山咏孝經壹拾捌章》的著録

關於《楊滿山咏孝經壹拾捌章》一書的明確著録并不多，通過梳理文獻資料，主要散見於歷史學、敦煌學、文學論著及相關論文之中，且多涉及伯三三八六號＋伯三五八二號、伯二六三三號、伯三九一〇號寫卷中抄録的其他內容。對是書進行著録的文獻資料，主要包括以下兩個方面，故臚列相關文獻於次，以明梗概。

1.著録與叙録

涉及《楊滿山咏孝經壹拾捌章》相關內容的寫卷共存三件，且均抄録了其他內容。較之對《楊滿山咏孝經壹拾捌章》研究，論及此三件寫卷其他內容的研究相對較多，爲避免回顧評述相關研究概況過於寬泛，主要回顧與《楊滿山咏孝經壹拾捌章》關係最爲密切的研究成果。

最早對《楊滿山咏孝經壹拾捌章》進行著録的是饒宗頤《孝順觀念與敦煌佛曲》，指出伯三三八六號“大漢三年季布罵陣詞文一卷”末接書“楊滿川咏孝經書（旁記“卜”字）壹拾捌章”，言其存第一章至第九章，全爲五字句[一]；伯三五八二號與伯三三八六號接書，存第十五章至第十八章，題“楊滿山咏孝經一十八章”[二]；伯二六三三號中《斲斫新婦文》之後抄有“楊蒲山咏孝經壹拾捌章”，并録“開宗明義”第一章的內容，言以下自“天子章第二”至“廣要道章第十一”而止，并對末行和雜記進行了整理[三]。

孫修身《敦煌三界寺》對伯三五八二號進行了著録：“後晉天福七年 壬

〔一〕 饒宗頤：《孝順觀念與敦煌佛曲》，收入香港新亞研究所敦煌學會編輯：《敦煌學》第一輯，香港新亞研究所敦煌學會，一九七四年，第七四頁。

〔二〕 饒宗頤：《孝順觀念與敦煌佛曲》，收入香港新亞研究所敦煌學會編輯：《敦煌學》第一輯，第七四頁。

〔三〕 饒宗頤：《孝順觀念與敦煌佛曲》，收入香港新亞研究所敦煌學會編輯：《敦煌學》第一輯，第七四～七五頁。

寅942 相滿山咏《孝經》十八章（存十至十八章）”，末題“七月二十二日
三界寺學士郎張富昷記”〔一〕。又姜亮夫《莫高窟年表》亦言伯三五八二號存
第十至十八章，上接伯三三八六號號卷子，并對抄録伯三五八二號末題的
內容〔二〕。

　　《敦煌遺書總目索引》（以下簡稱“《索引》”）一書中，王重民的《伯
希和劫經録》將伯三三八六號＋伯三五八二號題作“楊滿山咏孝經一十八
章”〔三〕；伯二六三三號題作“雜文集”，包括《䶗齚新婦文》《正月孟春猶寒》
《酒賦》《崔氏夫人要女文》及《楊滿山咏孝經十八章》〔四〕；言伯三九一〇號
計存“茶酒論一卷（全）”“新合千文皇帝感辭（一十一首）”“新合孝經皇
帝感（一十一首）”“秦婦吟一卷”〔五〕，未見《楊滿山咏孝經壹拾捌章》的相
關內容。

　　《敦煌寶藏》（以下簡稱“《寶藏》”）中，伯三三八六號＋伯三五八二
號則定作“咏孝經”〔六〕；伯二六三三號題“楊蒲山咏孝經一十八章”〔七〕；將伯
三九一〇號中《楊滿山咏孝經壹拾捌章》的題目與章節內容，誤以爲《茶酒
論》的內容，故題“茶酒論一卷”〔八〕。

　　日本學者池田温編《中國古代寫本識語集録》中伯二六三二號著録有

　　〔一〕　孫修身：《敦煌三界寺》，收入楊曾文、杜斗城主編：《中國敦煌學百年文
庫·宗教卷（一）》，甘肅文化出版社，一九九九年，第五六頁。按：此文指出伯三五八二
號接伯三三八八，當爲伯三三八六號。

　　〔二〕　姜亮夫著，沈善洪、胡廷武主編：《姜亮夫全集》第一一冊《莫高窟年表》，雲
南人民出版社，二〇〇二年，第五一〇頁。

　　〔三〕　王重民：《伯希和劫經録》，收入《索引》，中華書局，一九八三年，第
二八六頁。

　　〔四〕　王重民：《伯希和劫經録》，收入《索引》，第二六九頁。

　　〔五〕　王重民：《伯希和劫經録》，收入《索引》，第二九七頁。

　　〔六〕　黃永武編：《敦煌寶藏》第一二八冊，新文豐出版股份有限公司，一九八五年，
第一二五頁。

　　〔七〕　《寶藏》第一二三冊，第五〇頁。

　　〔八〕　《寶藏》第一三一冊，第五六六頁。

"楊蒲山咏孝經十八章"〔一〕；伯三五八二號著録有"楊滿山咏孝經十八章三界寺學士題記後録詩"〔二〕。

　　鄭阿財《敦煌文獻與文學》中的《敦煌寫卷定格聯章〈十二時〉研究》指出伯二六三三號存"楊滿山咏孝經壹拾捌章"〔一〕。同書收録的《敦煌寫本〈崔氏夫人訓女文〉研究》一文亦對伯二六三三號中的《楊滿山咏孝經壹拾捌章》進行了著録〔四〕。

　　顔廷亮《敦煌文學概論》對《咏孝經詩》（伯三三八六號、伯三五八二號）進行了著録，言其首題"楊滿川咏孝經壹拾捌章（題下注"一作滿山"，故卷末又署"楊滿山"）"，全詩依《孝經》章節，分爲"開宗明義、天子、諸侯、卿大夫、士人、庶人、三才、孝治、聖治"等十八章〔五〕，依次歌咏，每首五言八句〔六〕。

　　吳庚舜、董乃斌《唐代文學史》一書指出敦煌遺書保存的《咏孝經詩》（伯三三八六號、伯三五八二號），原卷首題"楊滿川咏孝經壹拾捌章"（題下注一作"滿山"），言其全詩依據《孝經》章節，分爲"開宗明義、天子、諸侯、卿大夫、士人、庶人、三才、孝治、聖治"等十八章，依次歌咏，每首八句〔七〕。

　　季羨林主編《敦煌學大辭典》中，徐俊的《咏孝經詩》指出，伯三三八六號+伯三五八二號及伯二六三三號爲五代五言組詩，題"楊滿川咏孝經壹拾捌章"，計有"開宗明義章第一""天子章第二""諸侯章第三""卿大夫

　　〔一〕［日］池田温編：《中國古代寫本識語集録》，（日本）東京：東京大學東洋文化研究所，一九九〇年，第四六四頁。
　　〔二〕［日］池田温編：《中國古代寫本識語集録》，第五〇一頁。
　　〔一〕鄭阿財：《敦煌寫卷定格聯章〈十二時〉研究》，收入鄭阿財：《敦煌文獻與文學》，新文豐出版公司，一九九三年，第一一八頁。
　　〔四〕鄭阿財：《敦煌寫本〈崔氏夫人訓女文〉研究》，收入鄭阿財：《敦煌文獻與文學》，第二八四頁。
　　〔五〕按："庶人"二字，顔廷亮《敦煌文學概論》中作"唐人"。參見顔廷亮主編：《敦煌文學概論》，甘肅人民出版社，一九九三年，第三七二頁。
　　〔六〕顔廷亮主編：《敦煌文學概論》，第三七二頁。
　　〔七〕吳庚舜、董乃斌主編：《唐代文學史》下册，人民文學出版社，一九九五年，第六一四頁。

章第四""士人章第五"等十八章,均爲五言八句〔一〕。

《敦煌遺書總目索引新編》(以下簡稱"《索引新編》")中伯三三八六號＋伯三五八二號定作"楊滿山(川)咏孝經一十八章五言(尾題)"〔二〕;伯二六三三號e定作"楊滿山咏孝經十八章"〔三〕;將伯三九一〇號p定作"殘片一"〔四〕。

徐俊《敦煌詩集殘卷輯考》卷中《法藏部分下》中也對敦煌寫卷伯三三八六號＋伯三五八二號及伯二六三三號進行了著録,言"楊滿川《咏孝經十八章》,爲五言十八首,詩題次序均依《孝經》各章,内容隱括《孝經》文義"〔五〕。

《法藏》將伯三三八六號＋伯三五八二號定作"楊滿川咏孝經壹拾捌章"〔六〕;伯二六三三號定作"楊蒲山咏孝經壹拾捌章"〔七〕;伯三九一〇號定作"咏孝經十八章"〔八〕。

鄭驤、瞿萍《敦煌歌辭〈發憤長歌十二時〉寫本細讀研究》對伯二六三三號進行了著録,指出寫卷首題"楊蒲山咏孝經壹拾捌章",爲五言組詩,存詩十一首及第十二章題目,具有教示青年學子之旨〔九〕。

伏俊璉、李青青、辛甜甜等的《敦煌文學寫本五種叙録》一文對伯三九一〇號寫卷的館藏、狀況、内容進行了著録,言此寫卷存"庶人章第五""廣要道章第""卿□□章第四""五刑章第十一""記孝行章第十""聖□

────────────

〔一〕 季羨林主編:《敦煌學大辭典》,上海古籍出版社,一九九八年,第五七五頁。
〔二〕 敦煌研究院編:《敦煌遺書總目索引新編》,中華書局,二〇〇〇年,第二八〇頁。
〔三〕 《索引新編》,第二四七頁。
〔四〕 《索引新編》,第三〇四頁。
〔五〕 徐俊纂輯:《敦煌詩集殘卷輯考》卷中《法藏部分下》,中華書局,二〇〇〇年,第二五三頁。
〔六〕 《法藏》第二四册,上海古籍出版社,二〇〇二年,第四九~五〇頁。
〔七〕 《法藏》第一七册,上海古籍出版社,二〇〇一年,第一七頁。
〔八〕 《法藏》第二九册,上海古籍出版社,二〇〇三年,第一九七頁。
〔九〕 鄭驤、瞿萍:《敦煌歌辭〈發憤長歌十二時〉寫本細讀研究》,收入伏俊璉、徐正英主編:《古代文學特色文獻研究》第一輯,第二〇二頁。

章第九”“義章”“楊滿山□□經壹”“一名滿□”等，爲“《咏孝經十八章》”的部分章題和作者信息〔一〕。

依上文所述，專門著録并整理《楊滿山咏孝經壹拾捌章》的論著相對較少，但學者們所作的著録與整理，爲深入研究《楊滿山咏孝經壹拾捌章》提供了一定的文獻基礎。關於《楊滿山咏孝經壹拾捌章》的著録與叙録，説明了寫卷的題名、章目、内容、題記等内容。

相關研究主要有三個特點：其一，關於伯二六三三號寫卷的著録，有“楊滿山”“楊蒲山”之别，值得進一步討論和探究。其二，隨着研究的不斷深入，關於伯三九一〇號的認識與識讀也得到了不斷發展，對伯三九一〇號的整理與研究，爲探究《楊滿山咏孝經壹拾捌章》性質提供了新的啓示。其三，然相關的著録與整理多未將着眼點放在童蒙教育上，但亦反映出學者對《楊滿山咏孝經壹拾捌章》的認識與理解，因而其中自然地包含了對是書認識的相關論述，爲進一步研究其性質、特點等提供了研究方嚮。

2.録文與校釋

敦煌文書多爲手寫體，又處於特定的歷史時期和地域，因而其中保存了大量的俗體字，加之書寫者的水平各有不同，因此，對於敦煌文獻的整理而言，文書文字的識讀是重要的環節之一。敦煌文獻的録文與校釋，能够盡可能解決寫卷的定性、定名、定年等問題，對敦煌文獻的保存與研究具有重要的價值，不僅可以爲研究敦煌文獻提供良好的資料基礎，也對研究中國古代歷史、文學、語言、教育等具有重要的參考價值。因此，前輩學者對《楊滿山咏孝經壹拾捌章》所作的録文與校釋，有助於進一步探討《楊滿山咏孝經壹拾捌章》的編撰特點、體例等及其所反映的古代童蒙教育思想與理念。

關於《楊滿山咏孝經壹拾捌章》寫卷的録文，最早見於陳祚龍《關於敦

〔一〕　伏俊璉、李青青、辛甜甜等：《敦煌文學寫本五種叙録》，收入伏俊璉、徐正英編：《古代文學特色文獻研究》第三輯，上海古籍出版社，二〇一八年，第三三〇頁。

煌古鈔楊滿山的〈咏孝經〉》，此文針對饒宗頤《孝順觀念與敦煌佛曲》中提及的《咏孝經壹拾捌章》[一]，以伯二六三三號爲甲本，伯三三八六號爲乙本，伯三五八二號爲丙本，伯三九一〇號爲丁本，對敦煌古鈔楊滿山的《咏孝經》進行了錄文并進行了校釋[二]。

鄭阿財《敦煌孝道文學研究》在整理敦煌孝道歌贊過程中，亦以伯二六三三號爲甲本，伯三三八六號爲乙本，伯三五八二號爲丙本，伯三九一〇號爲丁本，對《楊滿川咏孝經壹拾捌章》進行了錄文與校釋[三]。

徐俊《敦煌詩集殘卷輯考》卷中《法藏部分下》，以伯三三八六號+伯三五八二號爲底本，以伯二六三三號爲甲卷，進行了錄文和校釋[四]。

項楚《敦煌詩歌導論·民間詩歌·咏經典》中，對陳祚龍所校錄之錄文進行了轉錄，并對其中的疑難之字重新進行了校釋[五]，爲識讀《楊滿山咏孝經壹拾捌章》中的漫漶不清、疑難晦澀之字，提供了新的啓示。

張錫厚《敦煌本〈咏孝經十八章〉補校》在陳祚龍、項楚兩位學者前有研究的基礎上，對《楊滿山咏孝經壹拾捌章》的錄文進行了補校[六]。此後，其《全敦煌詩》卷六〇《楊滿川詩》又以伯三三八六號+伯三五八二號爲甲本，伯二六三三號爲乙本，伯三九一〇號爲丙本，對寫卷重新進行了錄文和

〔一〕　參見饒宗頤：《孝順觀念與敦煌佛曲》，收入香港新亞研究所敦煌學會編輯：《敦煌學》第一輯，第七四～七五頁。

〔二〕　陳祚龍：《關於敦煌古鈔楊滿山的〈咏孝經〉》，收入陳祚龍：《敦煌學海探珠》上冊，台灣商務印書館，一九七九年，第四六～五九頁。按：此篇原載於《民主潮》一九七五年第八期。

〔三〕　鄭阿財：《敦煌孝道文學研究》，石門圖書公司，一九八二年，第五四八～五六一頁。

〔四〕　徐俊纂輯：《敦煌詩集殘卷輯考》卷中《法藏部分下》，第二五三～二六三頁。

〔五〕　項楚：《敦煌詩歌導論》（以下簡稱“《導論》”），巴蜀書社，二〇〇一年，第一七七～一八二頁。

〔六〕　張錫厚：《敦煌本〈咏孝經十八章〉補校》，《敦煌研究》二〇〇五年第二期，第八八～九一頁。

校釋〔一〕。

綜諸研究而言，在前輩學者的不斷努力下，《楊滿山咏孝經壹拾捌章》的錄文與校釋得到了不斷修訂與豐富。相關的研究成果不僅爲進一步研究《楊滿山咏孝經壹拾捌章》一書提供了重要的文獻資源，也爲更加準確地探討是書內容掃清了文本障礙，提供了良好的保障。

(二)《楊滿山咏孝經壹拾捌章》的研究

關於《楊滿山咏孝經壹拾捌章》的專門研究總體并不多，涉及《楊滿山咏孝經壹拾捌章》寫卷的相關論述也多散見於歷史學、敦煌學、文學的論著以及敦煌學、童蒙教育相關的論文中。總體而言，對《楊滿山咏孝經壹拾捌章》的研究主要包括四個方面內容，茲撮其要者，略述於下。

1.寫卷時間的推斷

對《楊滿山咏孝經壹拾捌章》寫卷時間的推斷，多以相關寫卷中的題記爲依據。饒宗頤的《孝順觀念與敦煌佛曲》指出伯二六三三號末記"辛巳年正月五日氾負員昌就賓上"；伯三五八二號末三行爲："維大晉天福七年壬寅歲，七月廿二日三界寺學士郎張富炎（？）記。戊辰年十月卅日三界寺學士。"又存雜記："計寫雨（兩）卷文書，心裏歲歲不疑。自要心身懇切，更要師父周梨。"對寫卷的時間進行了推斷，并指出："《孝經》可以成咏，此卷寫於石晉時。"〔二〕

蘇瑩輝的《〈敦煌曲〉評介》一文就寫卷的時間明確指出，伯三五八二號寫卷所書楊滿山咏《孝經》十八章時間爲九四二年（天福七年壬寅），并於文章的按語中指出伯二六三三號有"壬午年正月"字樣，疑爲九二二年（後梁

〔一〕 張錫厚主編：《全敦煌詩》第一編《詩歌》卷六〇《楊滿川詩》，作家出版社，二〇〇六年，第二九五〇～二九六九頁。

〔二〕 饒宗頤：《孝順觀念與敦煌佛曲》，收入香港新亞研究所敦煌學會編輯：《敦煌學》第一輯，第七四～七五頁。

龍德二年）或九二一年寫本〔一〕。

　　陳祚龍的《關於敦煌古鈔楊滿山的〈咏孝經〉》是最早專門論述《楊滿山咏孝經壹拾捌章》的論文。陳氏於錄文與校釋之下，得出了四點推斷，對《楊滿山咏孝經壹拾捌章》的作者、年代、所咏《孝經》等内容進行了分析，認爲《楊滿山咏孝經壹拾捌章》作成於唐宣宗大中年間（八四七～八五九），并進一步指出：“是《咏》原來固係成於大中年間，然其始經敦煌‘文士’小行傳鈔流通，實際已入五代矣。”〔二〕

　　李正宇《唐宋時代的敦煌學校》指出伯二六三三號净土寺學存在的年代爲八七○～九七三年；伯三三八六號《大漢三年季布罵陣詞文·楊滿山咏孝經》末題“維大晋天福七年（九四二）壬寅歳七月廿二日三界寺學仕郎張富刕（盈）記”〔三〕。爲分析寫卷的書寫年代提供了啓示。

　　日本學者池田温所編的《中國古代寫本識語集録》中指出伯二六三三號《楊蒲山咏孝經十八章》卷末題“辛巳年正月五日、氾員昌就賽上”，認爲辛巳年爲（九二一？）〔四〕；伯三五八二號題“戊辰年十月卅日、三界寺學士”，言其時代爲戊辰年（九六八）十月〔五〕。劉進寶《敦煌文書與中古社會經濟》中也認爲此戊辰年爲公元九六八年〔六〕。

　　顔廷亮《敦煌文學概論》一書指出《咏孝經詩》（伯三三八六號、伯三五八二號）卷末有題記云：“維大晋天福七年壬寅歳（九四二）七月廿二日三界寺學士郎張富雜記。”并據此推斷則其創作年代應在是年以前〔七〕。

　　〔一〕　蘇瑩輝：《〈敦煌曲〉評介》，《中國文化研究所學報》一九七四年第一期，第三四八頁。

　　〔二〕　陳祚龍：《關於敦煌古鈔楊滿山的〈咏孝經〉》，收入陳祚龍：《敦煌學海探珠》上册，第五八～五九頁。

　　〔三〕　李正宇：《唐宋時代的敦煌學校》，《敦煌研究》一九八六年第一期，第四五頁。

　　〔四〕　［日］池田温編：《中國古代寫本識語集録》，第四六四頁。

　　〔五〕　［日］池田温編：《中國古代寫本識語集録》，第五○一頁。

　　〔六〕　劉進寶：《敦煌文書與中古社會經濟》，浙江大學出版社，二○一六年，第二六五頁。

　　〔七〕　顔廷亮主編：《敦煌文學概論》，第三七二頁。

吴庚舜、董乃斌《唐代文學史》一書指出伯三三八六號、伯三五八二號《咏孝經詩》卷尾題記爲"維大晋天福七年（九四二）壬寅歲七月廿二日三界寺學士郎張富雜記"，认爲其創作時代在天福七年以前[一]。

劉進寶《P.3236號〈壬申年官布籍〉時代考》考察曹元忠之世干支紀年的寫卷時，指出伯三五八二號《楊滿山咏孝經十八章三界寺學士題記後録詩》爲"戊辰年十月卅日"，認爲此戊辰年爲公元九六八年[二]。

顏廷亮《關於〈晏子賦〉寫本的抄寫年代問題》一文指出，《齖䶗新婦文》又見伯二六三三號，與《雜文集·楊滿山咏孝經》同抄，後者末題"書手判官汜昌""辛巳年正月五日汜員昌就實上"。認爲此"辛巳年"爲貞明七年（九二一）[三]。

徐俊《敦煌詩集殘卷輯考》卷中《法藏部分下》中根據《聖治章第九》中的内容，推斷此詩應作於宣宗大中年間，又據其題記，言伯三三八六號+伯三五八二號抄寫時代爲天福七年（九四二）；認爲伯二六三三號題記中"辛巳年"爲九八一年[四]，則池田温編《中國古代寫本識語集録》中定辛巳年爲九二一（？）年有誤[五]。

郝春文《唐後期五代宋初中印文化對敦煌寺院的影響》中在説明敦煌寺院學生抄寫、誦讀的傳統文化典籍時指出，伯三五八二號《楊滿山咏孝經壹拾捌章》題有"天福七年（九四二）三界寺學士郎張富盈記"[六]。

〔一〕 吴庚舜、董乃斌主編：《唐代文學史》下册，第六一四頁。

〔二〕 劉進寶：《P.3236號〈壬申年官布籍〉時代考》，《西北師大學報（社會科學版）》一九九六年第三期，第四三頁。又收入劉進寶：《敦煌文書與唐史研究》，新文豐出版公司，二〇〇〇年，第二三〇頁。

〔三〕 顏廷亮：《關於〈晏子賦〉寫本的抄寫年代問題》，《敦煌研究》一九九七年第二期，第一三六頁。按：此文言與李正宇《敦煌學郎題記輯注》推斷同，查《敦煌學郎題記輯注》中推斷爲九二二年，而非九二一年。詳參李正宇：《敦煌學郎題記輯注》。

〔四〕 徐俊纂輯：《敦煌詩集殘卷輯考》卷中《法藏部分下》，第二五三～三五五頁。

〔五〕 ［日］池田温編：《中國古代寫本識語集録》，第四六四頁。

〔六〕 郝春文：《唐後期五代宋初中印文化對敦煌寺院的影響》，收入項楚、鄭阿財主編：《新世紀敦煌學論集》，巴蜀書社，二〇〇三年，第三三三頁。

鄭阿財、朱鳳玉《開蒙養正：敦煌的學校教育》一書中指出伯三三八六號
《楊滿山咏孝經壹拾捌章》有題記“維大晋天福七年壬寅歲七年廿二日三界寺
學士郎張富盈記”，指出此爲後晋高祖天福七年〔一〕。

　　鄭驥、瞿萍《敦煌歌辭〈發憤長歌十二時〉寫本細讀研究》分析伯
二六三三號時根據《敦煌詩集殘卷輯考》中的論述指出，認爲該詩多半創作
與唐宣宗大中年間（八四七～八六〇），至晚在天福七年（九四二）之前〔二〕。

　　伏俊璉、李青青、辛甜甜等的《敦煌文學寫本五種叙錄》一文主要參考
了陳祚龍《關於敦煌古鈔楊滿山的〈咏孝經〉》中的相關論述，認爲本篇作於
大中年間（八四七～八五九）〔三〕。

　　金瀅坤《唐五代敦煌蒙書編撰與孝道啓蒙教育——以〈孝經〉爲中心》
指出，敦煌文獻伯三五八二號＋伯三三八六號末題“維大晋天福七年壬寅
歲七月廿二日三界寺學士郎張富盈記”“戊辰年十月卅日三界寺學士”；伯
二六三三號末題“辛巳年（九二一）正月五日氾員昌就書上”，同卷《䶪詞新
婦文》背面有“壬午年（九二二）正月九日净土寺南院學士郎寫”等雜寫〔四〕。
在論述歌咏體《孝經》的過程中，説明了《楊滿山咏孝經壹拾捌章》相關寫
卷的題記時間。

　　此外，尚有論著及論文在整理寫卷或研究相關問題的過程中，對《楊
滿山咏孝經壹拾捌章》相關寫卷的題記進行了説明，并注明了寫卷題記中
的年代信息，聊舉數例，以見一斑：陳國燦《敦煌所出諸借契年代考》在分
析伯二六三三號背面《辛巳年康米借生絹契》時指出，此爲唐懿宗咸通二年
（八六一）契稿，言“《楊蒲山咏孝經壹拾捌章》”後署有“辛巳年五月五日氾

〔一〕　按：鄭阿財、朱鳳玉《開蒙養正：敦煌的學校教育》中作“P.3388”。參見鄭阿
財、朱鳳玉：《開蒙養正：敦煌的學校教育》，甘肅教育出版社，二〇〇七年，第一〇頁。
　　〔二〕　鄭驥、瞿萍：《敦煌歌辭〈發憤長歌十二時〉寫本細讀研究》，收入伏俊璉、徐
正英主編：《古代文學特色文獻研究》第一輯，第二〇二～二〇三頁。
　　〔三〕　伏俊璉、李青青、辛甜甜等：《敦煌文學寫本五種叙錄》，收入伏俊璉、徐正英
編：《古代文學特色文獻研究》第三輯，第三三一頁。
　　〔四〕　金瀅坤：《唐五代敦煌蒙書編撰與孝道啓蒙教育——以〈孝經〉爲中心》，《首
都師範大學學報（社會科學版）》二〇一九年第五期，第一六頁。

員昌鈔竟上"〔一〕。姜亮夫《莫高窟年表》指出伯三五八二號末題"維大晉天福七年壬寅歲七月廿二日三界寺學士郎張富忿記"〔二〕。高明士《唐代敦煌的教育》在論述敦煌私學學生身份時指出,伯三五八二號《楊滿山咏孝經一十八章》有題記"天福七年（九四二）張富忿記"〔三〕。李正宇《敦煌學郎題記輯注》指出伯二六三三號"齟齬新婦文、書儀、酒賦、崔氏夫人訓女文、楊滿山咏孝經"背題"壬午年（九二二）正月九日净土寺南院學仕郎□"〔四〕。嚴耕望《唐代習業山林寺院之風尚》指出伯二六三三號楊滿山《咏孝經壹拾捌章》紙背署有"壬午年正月九日净土寺南院學仕郎"〔五〕。鄭阿財《敦煌文獻與文學》中的《敦煌寫卷定格聯章〈十二時〉研究》《敦煌寫本〈崔氏夫人訓女文〉研究》均指出伯二六三三號有題記"辛巳年正月五日汜員昌鈔竟上"〔六〕。季羨林主編的《敦煌學大辭典》中,徐俊的《咏孝經詩》亦整理了所存相關寫卷的題記:一是,伯三五八二號+伯三三八六號綴合後寫卷的題記:"楊滿山咏孝經一十八章,維大晉天福七年（九四二）壬寅歲七月廿二日三界寺學士郎張富盈記。"〔七〕二

〔一〕 陳國燦:《敦煌所出諸借契年代考》,《敦煌學輯刊》一九八四年第一期,第五頁。按:劉復《敦煌掇瑣》（一九八五年）中"瑣五五 二六三三"中亦對此契稿進行了録文,記録爲"辛巳年二月十三立契慈惠鄉百姓康不子爲緣家内欠少疋（匹）帛遂於莫鄉百性索骨子面上借黄絲生絹壹長三仗柒尺五寸福闕貳（下闕）"。又王永興《隋唐五代經濟史料彙編校注（第一編）》（一九八七年）也有伯二六三三號契約文書:"辛巳年二月十三［日］立契,慈惠鄉百姓康不子,爲緣家内欠少布帛,遂於莫鄉百姓索骨子面上,借黄絲生絹壹［疋］,長三丈柒尺五寸,幅貳（下缺）。"詳參劉復:《敦煌掇瑣》,收入黄永武編:《敦煌叢刊初集（十五）》,新文豐出版公司,一九八五年,第二五三頁;王永興編著:《隋唐五代經濟史料彙編校注（第一編）》下册,中華書局,一九八七年,第九二四～九二五頁。

〔二〕 姜亮夫著,沈善洪、胡廷武主編:《姜亮夫全集》第一一册《莫高窟年表》,第五一〇頁。

〔三〕 高明士:《唐代敦煌的教育》,《漢學研究（敦煌學國際研討會論文專號）》一九八六年第四卷第二期,第二五七頁。

〔四〕 李正宇:《敦煌學郎題記輯注》,《敦煌學輯刊》一九八七年第一期,第三五頁。

〔五〕 嚴耕望:《唐代習業山林寺院之風尚》,收入中國唐代學會編:《唐代研究論集（第二輯）》,新文豐出版公司,一九九二年,第九頁。

〔六〕 鄭阿財:《敦煌文獻與文學》,第一一九、二八四頁。

〔七〕 季羨林主編:《敦煌學大辭典》,上海古籍出版社,一九九八年,第五七五頁。

是，伯二六三三號“《廣要［道］章第十二》後未抄，存詩十一首，有題記云：‘辛巳年正月五日氾員昌就□上。’”〔一〕

從上述研究情況來看，大體上可以得到以下兩點認識：其一，對於寫卷時間的研究，多根據伯二六三三號寫卷題記中的“辛巳年”，推定爲九二二年或九二一年，伯三三八六號＋伯三五八二號寫卷中的“天福七年”，認爲時間爲九四二年。其二，在對寫卷時代進行分析的過程中，也有學者針對寫卷內容對《楊滿山咏孝經壹拾捌章》的創作時代進行了分析，對探討作者生存時代提供了一定的啓示。

2.寫卷作者的探究

關於《楊滿山咏孝經壹拾捌章》作者的研究，主要包括三方面內容：

其一，相關研究多根據《楊滿山咏孝經壹拾捌章》的寫卷指出其作者爲楊滿山，但多止於說明作者姓名，且學者研究的着眼點并非爲《楊滿山咏孝經壹拾捌章》，故多未就此進行系統研究。

如季羨林主編《敦煌學大辭典》中徐俊的《咏孝經詩》指出，伯三三八六號＋伯三五八二號及伯二六三三號《楊滿川咏孝經壹拾捌章》的作者爲楊滿川，又作楊滿山〔二〕。項楚《敦煌詩歌導論·民間詩歌》也指出《楊滿山咏孝經壹拾捌章》的作者爲楊滿山〔三〕。伏俊璉、李青青、辛甜甜等的《敦煌文學寫本五種敘録》一文認爲楊滿山爲《咏孝經十八章》的作者〔四〕。

其二，通過相關寫卷的著録成果，其作者有“楊滿山”“楊蒲山”“楊滿川”之別，學者就此進行了進一步的探討。饒宗頤的《孝順觀念與敦煌佛曲》一文在分析伯二六三三號、伯三五八二號＋伯三三八六號時指出伯三五八二

〔一〕　按：徐俊《咏孝經詩》中指出：“伯三五八二號於《廣要［道］章第十二》後未抄，存詩十一首，有題記云：‘辛巳年正月五日氾員昌就□上。’”蓋誤，當爲伯二六三三號。參見季羨林主編：《敦煌學大辭典》，上海古籍出版社，一九九八年，第五七五頁。

〔二〕　季羨林主編：《敦煌學大辭典》，第五七五頁。

〔三〕《導論》，第一八一頁。

〔四〕　伏俊璉、李青青、辛甜甜等：《敦煌文學寫本五種敘録》，收入伏俊璉、徐正英編：《古代文學特色文獻研究》第三輯，第三三〇～三三一頁。

號作"楊滿山",而伯二六三三號作"楊蒲山",伯三三八六號作"楊滿川",蓋"滿""蒲"兩字唐鈔本時時混用〔一〕,則"蒲山""滿山"當爲同一人。

陳祚龍於《關於敦煌古鈔楊滿山的〈咏孝經〉》一文中推斷楊《楊滿山咏孝經壹拾捌章》的作者爲楊滿山,亦名滿川,言其生平無考,根據所咏之中的"從來邦有道,不及大中年"一句,認爲楊滿山生存於唐宣宗大中年間(八四七~八五九),且此篇作成的年代亦屬於大中年間。根據《楊滿山咏孝經壹拾捌章》的文本,進一步推斷敦煌寫本《楊滿山咏孝經壹拾捌章》的作者楊滿山爲唐宣宗大中年間(八四七~八五九)的下層文士〔二〕。

徐俊《敦煌詩集殘卷輯考》卷中《法藏部分下》指出作者楊滿川,生平無考,并根據伯三三八六號+伯三五八二號原注"又名'滿山'",以及伯二六三三號亦作滿山,言關於作者爲"滿山"還是"滿川"已有歧説〔三〕。

其三,相關研究多言"楊滿山"史傳不載,生平無考。如顔廷亮《敦煌文學概論》指出伯三三八六號、伯三五八二號《咏孝經詩》的作者生平未詳〔四〕。吳庚舜、董乃斌《唐代文學史》一書指出伯三三八六號、伯三五八二號《咏孝經詩》的作者生平未詳〔五〕。季羨林主編《敦煌學大辭典》中徐俊的《咏孝經詩》指出,《楊滿川咏孝經壹拾捌章》(伯三三八六號+伯三五八二號、伯二六三三號)的作者楊滿川事跡無考〔六〕。項楚《導論·民間詩歌》認爲《楊滿山咏孝經壹拾捌章》的作者爲下層文士,由於其本非名人,故不見記載〔七〕。伏俊璉、李青青、辛甜甜等的《敦煌文學寫本五種叙録》在分析伯三九一〇

〔一〕 饒宗頤:《孝順觀念與敦煌佛曲》,收入香港新亞研究所敦煌學會編輯:《敦煌學》第一輯,第七五頁。

〔二〕 陳祚龍:《關於敦煌古鈔楊滿山的〈咏孝經〉》,收入陳祚龍《敦煌學海探珠》上册,第五八頁。

〔三〕 徐俊纂輯:《敦煌詩集殘卷輯考》卷中《法藏部分下》,第二五三頁。

〔四〕 顔廷亮主編:《敦煌文學概論》,第三七二頁。

〔五〕 吳庚舜、董乃斌主編:《唐代文學史》下册,第六一四頁。

〔六〕 季羨林主編:《敦煌學大辭典》,第五七五頁。

〔七〕 《導論》,第一八一頁。

號時，亦言"楊滿山"其人於史傳中無考[一]。

凡此可見，《楊滿山咏孝經壹拾捌章》的作者當爲楊滿山，史傳未載其生平事迹，相關研究多未論及。且學者的研究重心并非在《楊滿山咏孝經壹拾捌章》，故相關墓志、碑志等歷史文獻有待深入發掘和利用。是以，關於《楊滿山咏孝經壹拾捌章》作者的考辨，尚有值得深入探究的地方。

3.寫卷性質的判定

關於《楊滿山咏孝經壹拾捌章》相關寫卷性質的判定，主要有三種觀點，要之如下：

其一，文學作品。陳祚龍《關於敦煌古鈔楊滿山的〈咏孝經〉》一文於錄文與校釋之後指出："若將其歸諸當年當地之通俗文學作品，而稍予留心費神加以考究與品賞，想必仍可多獲其裨益。"[二]爲分析《楊滿山咏孝經壹拾捌章》的性質提供了方嚮。

鄭阿財《敦煌孝道文學研究》中《敦煌石室遺書中之孝道文學》指出，《楊滿川咏孝經一十八章》爲敦煌石室遺書中之孝道文學作品之一[三]。同書《敦煌孝道歌贊·敦煌之孝道歌贊》亦指出敦煌寫卷"《楊滿川一十八章》"是儒者孝道之歌贊詩咏[四]。

汪泛舟《贊·箴》指出贊是敦煌文學中的文體之一，敦煌遺書中的贊文寫卷略可分爲佛贊與綜合贊兩類，認爲《咏孝經》（伯三三八六號）、《楊滿山咏孝經十八章》（伯三五八二號）屬於綜合類型的孝道贊，具有更大的文學價值，強調《楊滿山咏孝經十八章》"贊辭較長，語句整飭；全贊十八章，每章五言八句組成"[五]。張鴻勳的《敦煌話本詞文俗賦導論》一書的"歌贊"中也

〔一〕　伏俊璉、李青青、辛甜甜等：《敦煌文學寫本五種敘錄》，收入伏俊璉、徐正英編：《古代文學特色文獻研究》第三輯，上海古籍出版社，二〇一八年，第三三〇頁。

〔二〕　陳祚龍：《關於敦煌古鈔楊滿山的〈咏孝經〉》，收入陳祚龍：《敦煌學海探珠》上冊，第四八頁。

〔三〕　鄭阿財：《敦煌孝道文學研究》，第一六頁。

〔四〕　鄭阿財：《敦煌孝道文學研究》，第五三四頁。

〔五〕　汪泛舟：《贊·箴》，收入顏廷亮主編：《敦煌文學》，甘肅人民出版社，一九八九年，第一〇三頁。

指出有《楊滿川咏孝經壹拾捌章》〔一〕。

顏廷亮《敦煌文學概論》一書指出，敦煌文學中的《楊滿山咏孝經一十八章》是闡揚孝養觀念的作品〔二〕。

其二，童蒙讀物。認爲《楊滿山咏孝經壹拾捌章》爲常見的童蒙讀物。日本學者東野治之的《訓蒙書》與《敦煌と日本の〈千字文〉》，在分析訓蒙書範圍時，均指出有伯三三八六號、伯三五八二號、伯二六三三號之《咏孝經》〔三〕。

項楚《敦煌詩歌導論·民間詩歌》指出《楊滿山咏孝經壹拾捌章》與《新集孝經十八章》《新合千文皇帝感辭》這類吟咏經典的作品具有相同的性質，爲"生動通俗的啓蒙教材"〔四〕。

趙楠《論〈咏孝經十八章〉》一文，通過探求《楊滿川咏孝經壹拾捌章》產生的文化背景和文本特徵，指出其爲用於"訓蒙勸孝的輔助性讀物"〔五〕，認爲其存在顯示了"詩教發展的新階段和唐詩的實用走嚮"〔六〕。

〔一〕 張鴻勳：《敦煌話本詞文俗賦導論》，新文豐出版公司，一九九三年，第九三頁。

〔二〕 顏廷亮主編：《敦煌文學概論》，第一三一～一三二頁。

〔三〕 ［日］東野治之：《訓蒙書》，收入［日］池田温編：《講座敦煌五·敦煌漢文文獻》，（日本）東京：東大出版社，一九九二年，第四〇五頁；［日］東野治之：《敦煌と日本の〈千字文〉》，收入［日］東野治之：《遣唐使と正倉院》，（日本）東京：岩波書店，一九九二年，第二四一頁。按：《訓蒙書·訓蒙書の範圍》："最初に問題となるのは、訓蒙書というものをいかなる範圍で考えるかである。傳統的な概念である"小學書"が、これに當たるとするのも一案であろうが、ここでは當時の實態をうかがう意味で、敦煌の學生たちによって書寫された書物の種類から、その範圍を調査してみる。まず敦煌寫本のうち、スタイン、ペリオ收集中から、學仕郎（學士郎）、學郎、學生、學士などよって書寫されたことが判明する書と、その件數をあげれば、左のようになる。"（第四〇四頁）

〔四〕 《導論》，第一八一～一八二頁。

〔五〕 趙楠：《論〈咏孝經十八章〉》，《西南民族大學學報（人文社科版）》二〇〇四年第五期，第二二六～二二七頁。

〔六〕 趙楠：《論〈咏孝經十八章〉》，《西南民族大學學報（人文社科版）》二〇〇四年第五期，第二二七～二二八頁。

鄭驥、瞿萍《敦煌歌辭〈發憤長歌十二時〉寫本細讀研究》一文分析伯二六三三號時指出，其正面抄録的五種文書，除《酒賦》外，其餘文書均與道德教育及知識啓蒙密切相關，其後又抄有習字性質的學郎雜寫，其用途大概是敦煌學校中的學生讀物〔一〕。同時，也强調徐俊《敦煌詩集殘卷輯考》所言伯二六三三號《正月孟春猶寒一本》中的《宣宗皇帝御製勸百寮》爲"德行訓導類蒙書"，應納入敦煌蒙書的研究範疇〔二〕，爲探討同卷抄寫的《楊滿川咏孝經壹拾捌章》性質，提供了新的啓示。

金瀅坤《唐五代敦煌蒙書編撰與孝道啓蒙教育——以〈孝經〉爲中心》通過分析伯二六三三號背面雜寫的内容及筆迹，認爲其爲兒童習字的内容，并結合正面抄録的文書内容，推定此寫卷爲敦煌常見的童蒙讀物抄本，而《楊滿川咏孝經壹拾捌章》無疑是常見的童蒙讀物，具有幫助兒童學習《孝經》的輔助性作用，强調《楊滿川咏孝經壹拾捌章》具有突出的童蒙教育特點〔三〕。

其三，唱誦作品。關於《楊滿山咏孝經壹拾捌章》的性質研究，除將其定義爲文學作品、童蒙讀物外，還有研究者將其歸入唱誦作品之中。徐俊纂輯《敦煌詩集殘卷輯考》卷中《法藏部分下》中認爲伯三九一〇號爲唐詩文叢鈔〔四〕，言其具有講唱底本的特徵〔五〕。

伏俊璉《敦煌文學總論‧敦煌文學與儀式》中便指出："敦煌文學與儀式的密切關係，還可以通過敦煌寫卷的雜抄性質得到説明。一些寫卷中不同體裁的作品雜亂地抄寫在一起，表明它們是在某些儀式中共同傳誦使用的底本。"〔六〕并以伯二六三三號爲例進行了説明，認爲這一寫卷爲唱誦作品，《崔

〔一〕　鄭驥、瞿萍：《敦煌歌辭〈發憤長歌十二時〉寫本細讀研究》，收入伏俊璉、徐正英主編：《古代文學特色文獻研究》第一輯，第二〇三頁。

〔二〕　鄭驥、瞿萍：《敦煌歌辭〈發憤長歌十二時〉寫本細讀研究》，收入伏俊璉、徐正英主編：《古代文學特色文獻研究》第一輯，第二〇一頁。

〔三〕　詳參金瀅坤：《唐五代敦煌蒙書編撰與孝道啓蒙教育——以〈孝經〉爲中心》，《首都師範大學學報（社會科學版）》二〇一九年第五期，第一六頁。

〔四〕　徐俊纂輯：《敦煌詩集殘卷輯考》卷中《法藏部分下》，第四三一頁。

〔五〕　徐俊纂輯：《敦煌詩集殘卷輯考》卷中《法藏部分下》，第四三二頁。

〔六〕　伏俊璉：《敦煌文學總論》，甘肅教育出版社，二〇一三年，第一三頁。

氏夫人訓女文》是母親在女兒出嫁之前的訓導詞，《咏孝經十八章》是婚儀上證婚人對新人唱誦的詞章，要求新人孝經父母，是莊重之詞。

要而言之，《楊滿山咏孝經壹拾捌章》性質的研究，主要依據寫卷内容，以及與其同抄的其他文書性質進行推斷，爲明確《楊滿山咏孝經壹拾捌章》相關寫本的性質提供了研究方嚮及啓示。

4.寫卷内容的研究

關於《楊滿山咏孝經壹拾捌章》内容的研究，主要論及了其思想内容及意義，也有論文涉及寫卷所反映的社會文化以及倫理觀念。

作爲最早專門論述《楊滿山咏孝經壹拾捌章》的研究成果，陳祚龍的《關於敦煌古鈔楊滿山的〈咏孝經〉》通過文本分析，對《楊滿山咏孝經壹拾捌章》的作者、年代、所咏《孝經》等内容進行了探析，指出此書雖字句粗拙，多有差錯，難登大雅之堂，但却"反映了當年敦煌'文士'，如何端爲'化民成俗'，屬行撰述之一斑"[一]。

孫修身《敦煌三界寺》則通過分析三界寺所存經典，指出這些經典以及《孝經》、咏《孝經》、《開蒙要訓》等，不僅宣傳佛教的教義，并且亦還傳播儒家思想，反映了當時社會儒釋合流的趨勢[二]。雷僑雲《敦煌兒童文學‧敦煌二十四孝》中也指出佛教初入中國時，爲争取民衆信仰，也附和傳統的儒家思想，大力提倡孝道，并指出《楊滿山咏孝經壹拾捌章》（伯三三八六號、伯三五八二號）便爲敦煌遺書中保存的這類作品之一[三]。

顏廷亮《敦煌文學概論》在分析敦煌詩歌的思想内容時指出：《咏孝經詩》（伯三三八六號、伯三五八二號）集《孝子傳》、《廿四孝押座文》、贊頌舜子詩與贊郭巨詩（斯三八九號）、贊王褒詩（伯三五三六號）等詩篇的精神

〔一〕 陳祚龍：《關於敦煌古鈔楊滿山的〈咏孝經〉》，收入陳祚龍：《敦煌學海探珠》上册，第四八頁。

〔二〕 參見孫修身：《敦煌三界寺》，收入楊曾文、杜斗城主編：《中國敦煌學百年文庫‧宗教卷（一）》，第五五頁。

〔三〕 雷僑雲：《敦煌兒童文學》，學生書局，一九八五年，第八五頁、第九〇頁注五。

於一身〔一〕。雖然不以咏人物爲主，但其以歸納義理、孝行的詩句，將《孝經》的内容概括出來，對《孝經》的傳播具有促進作用。反映了這一時期的"社會思潮是如何推崇孝道和宣揚以孝治天下的倫理觀念"〔二〕。

作爲爲數不多專門論述《楊滿山咏孝經壹拾捌章》的論文，趙楠《論〈咏孝經十八章〉》主要對這一敦煌文書（伯三三八六號、伯三五八二號、伯二六三三號）的文化背景及其文本特徵進行了分析，對其性質進行了界定，闡明了其所具有的意義〔三〕。

伏俊璉、李青青、辛甜甜等的《敦煌文學寫本五種叙録》一文以陳祚龍《關於敦煌古鈔楊滿山的〈咏孝經〉》中所據内容及推斷，强調《楊滿山咏孝經壹拾捌章》所咏《孝經》爲唐玄宗開元十年（七二二）或天寶二年（七四三）頒於天下之《孝經》〔四〕。

綜上所述，關於《楊滿山咏孝經壹拾捌章》的著録方面，相關研究著録較爲零散，且多僅簡單地著録了寫卷抄録的文書、内容、題記、雜記等内容，爲進一步研究其性質和作者提供了有益的文獻資料和啓示。郝春文教授曾指出："對於出土文獻的整理來説，細節決定成敗，看似簡單的識字、斷句，以及對文書的定性、定年等工作，却與嚴謹的治學態度息息相關。"〔五〕前輩學者秉持着如臨深淵、如履薄冰之精神，對《楊滿山咏孝經壹拾捌章》的文本進行了不斷研究與探索，使其内容得以不斷修訂和豐富，爲深入分析文本内容和編撰特點提供了良好的保障。

在《楊滿山咏孝經壹拾捌章》的研究方面，針對是書的專門探討不多，

〔一〕　顔廷亮主編：《敦煌文學概論》，第三七二頁。

〔二〕　顔廷亮主編：《敦煌文學概論》，第三七三頁。

〔三〕　趙楠：《論〈咏孝經十八章〉》，《西南民族大學學報（人文社科版）》二〇〇四年第五期，第二二五～二二八頁。

〔四〕　伏俊璉、李青青、辛甜甜等：《敦煌文學寫本五種叙録》，收入伏俊璉、徐正英編：《古代文學特色文獻研究》第三輯，第三三〇～三三一頁。

〔五〕　游自勇：《爲敦煌文獻整理提供範例——寫在〈英藏敦煌社會歷史文獻釋録〉第八卷出版之際》，收入郝春文主編：《二〇一三敦煌學國際聯絡委員會通訊》，上海古籍出版社，二〇一三年，第一〇三頁。

且論及《楊滿山咏孝經壹拾捌章》的論著及論文，由於非專論此書，故多將其視爲研究相關内容的輔助資料。因此，對其研究尚存不足之處，要而言之，概有三端：

一是，涉及《楊滿山咏孝經壹拾捌章》相關寫卷的研究與整理，多爲一筆帶過，僅説明了寫卷的相關情況，并未對《楊滿山咏孝經壹拾捌章》相關寫卷的時間、作者、性質等内容，進行深入地探究和挖掘，未能探討此書編撰背後所藴含的教育思想及歷史意義。

二是，梳理近年來《楊滿山咏孝經壹拾捌章》的相關研究，發現具有重要歷史文化價值的新出土碑志彙編、目録資料，未得到充分挖掘和重視。

三是，對《楊滿山咏孝經壹拾捌章》性質的論述，多指出其爲蒙書，但并未就其與童蒙教育關係進行深入系統探討。

《楊滿山咏孝經壹拾捌章》的相關寫卷，雖經前輩學者研究與探析，於時間、作者、性質、内容等方面，已見成果，但多非專論，尚存罅隙，故仍有深入研究的必要。鑒於目前專門探討《楊滿山咏孝經壹拾捌章》的論著及論文較少，涉及是書的相關研究尚有值得探究之處。因此，本書將在前人相關研究成果及校釋篇的基礎上，試作如下三點工作：

其一，試以《楊滿山咏孝經壹拾捌章》相關寫卷情況及具體文本爲基礎，探討此寫卷的性質、内容、特點等，分析此書與童蒙教育的關係，以期更爲全面地認識此書在古代童蒙教育，尤其是在兒童孝道啓蒙教育方面的重要功用。

其二，通過考察《楊滿山咏孝經壹拾捌章》的編撰特點，借以探討唐五代兒童孝道啓蒙教育的具體情況，分析其與相關敦煌蒙書之間的關係及其對後世蒙書編撰的影響。

其三，在前輩學者相關研究成果和論述的基礎上，結合新出土的碑志彙編、目録資料，試對《楊滿山咏孝經壹拾捌章》的作者及其創作時代進行考論。

上編　校釋篇

凡　例

一　《敦煌蒙書校釋與研究》收録範圍與整體規劃

《敦煌蒙書校釋與研究》收録敦煌文獻中發現的"蒙書"，按照每部"蒙書"分卷進行校釋和研究。本叢書將分導論卷、《千字文》卷、《開蒙要訓》卷、《俗務要名林》卷、《雜集時用要字》卷、《蒙求》卷、《事林　事森》卷、《雜抄》卷、《孔子備問書》卷、《百行章》卷、《新集文詞九經抄》附《文詞教林》卷、《一卷本〈王梵志詩〉》卷、《太公家教》卷、《武王家教》卷、《辯才家教》卷、《孔子項託相問書》卷、《李嶠雜咏注》卷、《文場秀句》卷、《略出籯金》卷、《楊滿山咏〈孝經〉壹拾捌章》卷，以及習字卷、算術卷等，收録了四十四種唐代常見蒙書。

《敦煌蒙書校釋與研究》計劃出版約二十卷，每卷分上下編。上編主要對選定蒙書進行整理、校釋、注解，爲下編深入研究做基礎性的整理、校勘工作。下編在上編整理基礎之上，考訂該卷蒙書的作者、成書的時代背景，分析其編撰體例、特點和價值觀念；充分利用這些彌足珍貴的出土文獻，研究唐五代童蒙教育活動以及童蒙教育理念，分析社會變遷對童蒙文化的影響，補證傳世典籍中散佚蒙書的内容和流傳情况，還原歷史，探討童蒙文化對廣大社會底層百姓的生産、經商及生活、習俗、信仰的影響。

二 《敦煌蒙書校釋與研究》整理工作細則

《敦煌蒙書校释與研究》主要包括凡例、叙録、題解、校釋、圖録、研究等項。本叢書尊重前人已有的著録、研究成果，除在"題解"中作總體説明外，前人一些比較重要的、正確的校勘成果，亦在"叙録""校釋"等中加以采納和體現。

（一）叙録細則

叙録主要對整理蒙書的校釋所使用的底本和参校寫卷的狀況，以及前人綴合等整理情況進行形式説明。底本和参校本狀況主要包括寫卷的卷號、首題、尾題、題記、起止、殘缺、數量、綴合及書寫質量和相關文書的書寫情況等。整理情況指就前人對蒙書整理比較有貢獻、價值的情況要如實概述，加以評判，并在校釋中有所反映。同一類蒙書，須分作若干種校録者，在整理原始蒙書之後，重新整理該蒙書發展、衍生出來諸種蒙書時，需要再做叙録，對其發展、衍生的關係做簡要的介紹，説明分開校釋的理由，如《千字文》有《六合千字文》《蕃漢千字文》等，需要分別校釋。

（二）題解細則

題解主要簡明扼要地説明所整理蒙書的簡介和成書年代，并交代對校時所使用的底本和参校版本的基本信息，以及前人的整理、研究成果狀況。蒙書簡介概括所要整理蒙書的題名、内容、性質、作者和編撰特點、結構等。整理研究狀況概述需要在校釋中参引前人相關重要、經典的録文和研究基本信息。

（三）校釋細則

1.録文

依據所選底本逐字録文、考辨，斷句標點，分段録出，殘缺部分除外。録文依據具體蒙書内容和性質需要，酌情保留原文行款者和特定款式，將底本中的雙行小字，改爲單行小字。録文儘量采用現行正體繁體字，若底本中有常見俗字、异體字、別字、假借字、訛誤字等，徑録正，并出校説明；若有校勘價值，或有争議者，保留原形，其後適"（ ）"，"（ ）"内加正字，并出校説明。

其一，正俗訛誤處置。本叢書用繁體字排版，新舊字形不一者，用新字形，特殊情況用舊字形，古代分用而現代漢字混用者，如"並""并"之類，亦從古，盡量與古代寫本中的寫法保持一致。凡涉兩岸繁體字字形不一者，以大陸版漢字標準字形爲準。一般的異寫字、俗字（結構不變，而筆畫略有變異的字）徑錄正，異構字（包括异體字、古本字、古正字、古分用字）及有特定通用字一律徑錄正，但在校記中照底本録寫情況説明。鑒於敦煌蒙書中俗字比較常見，常見俗字一般正文徑録正字（如"扌"旁與"木"旁、"氵"旁與"冫"旁以及"弟"與"第""苐"、"功"與"切"、"答"與"荅"形近相混普遍，可徑據文義録正），在同件蒙書首次出現上述問題須校説明，其後不再一一出校。

其二，缺省符號處置。原卷缺字用"□"號表示，缺幾個字用幾個"□"，不能確定缺字字數者用長條"▭"（大小占三格）形符號表示。若上部、下部和中部殘缺，不能判斷其準確字數者，用"▭"形符號表示上缺，用"▭"行符號表示下缺，用"▭"形符號表示中缺。如果所缺部分既有正文大字又有單行注文小字的，則用五號字大小的"□"號表示缺字。若雙行注文小字殘缺字數不明，則用"▤"形符號表示雙行缺字。上述缺字符號，在校記中均須説明約缺字數，或依據參校本和傳世典籍，或據文義在正文加括弧，或校記中加"□（）"號補缺字内容。底本模糊不清，無法辨認者用"▨"號表示，每個"▨"號代表一個字。底本、參校本中若有文字書寫筆畫清楚可見，却無法辨認其正字者，可直接謄録圖片。

其三，補字符号處置。若底本確定有脱字，則用"［］"號表示脱字，脱字依據相關參校本、史籍和文義可補者外加［］號（如"蒙以［養］正"），須出校記；若底本明顯有空格，確係缺字，亦用"□"號表示，須出校記；若係敬空，則可接排，不出校記；若情況不明，仍照留空格，并須出校。

其四，重文、乙正、刪除符號處置。底本中的重文符號、省代符（如字頭旁注"〻""厶"等重文、省代符號），一律改爲相應的正字，不用出校；有争議或特定情況，須出校。倒字（乙）、衍文（卜或彡），據文義或底本的乙正、刪除符號，徑加以乙正或刪除，必要時出校加以説明。

其五，塗改字、旁注補字處置。底本中文字書寫之後，又有塗改的各種情況，文義確定者可徑録正，無須出校；若存在歧義，須出校。底本中旁注於正文之外的補字，可徑補正文者，無須出校；若存歧義，須出校。旁注若爲標音字或注解性文字，則須改爲小字夾注，并出校。雙行小注須改爲單行小字。

2.校釋細則

除校釋的蒙書原文中需要保留的異體字外，全書行文一律使用現行《現代漢語詞典》附録《新舊字形對照表》爲依據改定。文中所涉及的數位除必須保留的阿拉伯數字外（如計量單位、統計表格），一律使用漢字。

其一，參校原則。校釋部分以底本爲主，用參校本對底本進行參校，録定正文，并出校説明。若同一蒙書的參校本内容或字句，與其他版本出入較大，可視作异本，須出校説明，校釋從簡，但相關文句可取作校勘之用。若有傳世古籍參校，選定其中若干常見的、較權威的版本參校，并須在題解中加以説明。凡此諸種情況在同一篇蒙書中出注之後，不再一一出校。以下諸種情況均適用。

其二，錯別字、缺字、脱字和异文出校。底本的錯別字、缺字、脱字據參校本改正、補出時，須出校説明。底本與參校本存在异文（如异義字及异體字）及詞句不同時，須出校記。若參校本有脱字及細微筆畫之訛，則不必一一出校。

其三，假借字、常見俗字、訛字、避諱字出校。底本中常見假借字、俗字、訛字，其正字明確者徑録正，一般不出注，若有質疑或有價值者須出校説明；若該字不易考明者，正文中考訂正字需外加“（　）”（如“交（教）”之類），須出校記説明。底本中難以辨識之字在正文中照録，或以剪裁圖片的形式處理，并出校記。音譯詞一概照録，不統一文字，須出校説明其義。避諱字徑録正，在校記中照録原字，説明避何人之諱。若上述情況，字形有變，仍須逐一出校説明。

其四，校注序號。加注原則是以正文的標點符號爲單位，一個標點符號（、，；。）加一個注釋，若一個標點符號内有多個字詞需要加注，仍放在同一校記序列號内，中間用“○”符號隔開。注碼上標外加〔　〕號，十以上的數字作一〇、一一、二〇、二一……一〇〇、一〇一、一一〇……一二〇、一二一等字樣，校記注碼一律標置於所需出校的字、詞、句或條目的第一個標點符號之内的右上方，以一個標點符號爲一個注碼。

校記書寫格式：字、詞、片語的校記，先照録需要校録的字、詞、片語，下施逗號，再表述各參校本的狀況，并標明校勘理由。若實際需要可用""號，將相關内容加在其中。校記務求簡要，不作煩瑣考證。其後，可加按語，依據文獻資料爲證。

其五，注釋原則。對校釋蒙書中的典故、晦澀字句、歧義之字詞，凡有礙讀者理解文義者，均須出注釋。若能確定蒙書中典故、諺語等的最早出處或較早轉引，及相近記載，均須注釋。若蒙書本身很短，相關信息不足，可盡量出注釋。

其六，正字處理。因爲本叢書《敦煌蒙書校釋與研究》不單純是古籍整理，有很大實用性，也是爲教育學、文學、心理學、兒童學等多學科的學者提供的一個精準讀本，故常見異體字、假借字、俗字等盡量在正文中徑録正，然後出校説明。

其七，標點符號。標點符號的使用依據國家規定的《標點符號用法》。原卷所用的句讀符號、字隔、分段符號一律不再保留，敬空字或抬行不影響内容或理解者，皆予接排。以上各種情況一般可在題解或校記中略加説明。

三 《敦煌蒙書校釋與研究》參引書目簡稱説明

本叢書上編引用同一文獻次數較多者，統一使用簡稱，若在分卷中再次出現，第一次使用全稱，仍需説明簡稱，再使用簡稱。

（一）敦煌文獻編號簡稱

北　　　　　——中國國家圖書館藏敦煌文獻編號

北大　　　　——北京大學藏敦煌文獻編號

北敦　　　　——中國國家圖書館藏敦煌文獻統編號

北臨　　　　——中國國家圖書館藏敦煌文獻臨編號

北新　　　　——中國國家圖書館藏敦煌文獻新編號

伯　　　　　——法國國家圖書館藏敦煌文獻伯希和編號

伯粟　　　　——法國國家圖書館藏敦煌粟特文文獻伯希和編號

伯特　　　——法國國家圖書館藏敦煌藏文文獻伯希和編號

敦博　　　——敦煌市博物館藏敦煌文獻編號

敦研　　　——敦煌研究院藏敦煌文獻編號

俄敦　　　——俄羅斯科學院東方研究所聖彼得堡分所藏敦煌文獻編號

俄弗　　　——俄羅斯科學院東方研究所聖彼得堡分所藏敦煌文獻弗魯
　　　　　　格編號

傅圖　　　——"中研院歷史語言研究所"傅斯年圖書館藏敦煌文獻編號

甘博　　　——甘肅省博物館藏敦煌文獻編號

甘圖　　　——甘肅省圖書館藏敦煌文獻編號

甘中　　　——甘肅省中醫學院藏敦煌文獻編號

津藝　　　——天津藝術博物館藏敦煌文獻編號

酒博　　　——酒泉市博物館藏敦煌文獻編號

散　　　　——《敦煌遺書散錄》編號（《敦煌遺書總目索引》附錄）

上博　　　——上海博物館藏敦煌吐魯番文獻編號

上圖　　　——上海圖書館藏敦煌吐魯番文獻編號

斯　　　　——英國國家圖書館藏敦煌文獻斯坦因編號

西師　　　——西北師範大學藏敦煌文獻編號

英印　　　——印度事務部圖書館藏敦煌文獻編號

永博　　　——永登縣博物館藏敦煌文獻編號

羽　　　　——杏雨書屋藏敦煌文獻編號

浙敦　　　——浙江省藏敦煌文獻編號

中村　　　——《中村不折舊藏禹域墨書集成》編號

中國書店　——中國書店藏敦煌文獻編號

（二）書目簡稱

《寶藏》　　——《敦煌寶藏》

《北大》　　——《北京大學藏敦煌文獻》

《俄藏》　　——《俄藏敦煌文獻》

《法藏》　　——《法藏敦煌西域文獻》

《法目》　　　——《巴黎國家圖書館藏敦煌漢文寫本注記目録》（*Catalogue des manuscrits chinois de Touen-houang*）

《甘藏》　　　——《甘肅藏敦煌文獻》

《國圖》　　　——《中國國家圖書館藏敦煌遺書》

《郝録》　　　——《英藏敦煌社會歷史文獻釋録》

《黄目》　　　——《敦煌遺書最新目録》

《匯考》　　　——《敦煌音義匯考》

《姜韵》　　　——《瀛涯敦煌韵輯》

《姜韵考釋》——《瀛涯敦煌韵書卷子考釋》

《金目》　　　——《倫敦藏敦煌漢文卷子目録提要》

《津藝》　　　——《天津藝術博物館藏敦煌文獻》

《經合》　　　——《敦煌經部文獻合集》

《龍龕》　　　——《龍龕手鏡》

《孟録》　　　——《俄藏敦煌漢文寫卷叙録》

《秘笈》　　　——《敦煌秘笈》

《榮目》　　　——《英國圖書館藏敦煌漢文非佛教文獻殘卷目録》

《上博》　　　——《上海博物館藏敦煌文獻》

《上圖》　　　——《上海圖書館藏敦煌吐魯番文獻》

《説文》　　　——《説文解字》

《索引》　　　——《敦煌遺書總目索引》

《索引新編》——《敦煌遺書總目索引新編》

《邰録》　　　——《俄藏敦煌文獻叙録》

《通釋》　　　——《敦煌變文字義通釋》

《王類》　　　——《敦煌類書》

《叙録》　　　——《敦煌古籍叙録》

《英藏》　　　——《英藏敦煌文獻》

《翟目》　　　——《大英博物院藏敦煌漢文寫本注記目録》（*Descriptive Catalogue of the Chinese Manuscripts from Tunhuang in the British Museum*）

《浙敦》　　——《浙藏敦煌文獻》

《周韵》　　——《唐五代韵書集存》

四　《楊滿山咏孝經壹拾捌章卷》補充説明

（一）書目簡稱

《導論》——項楚《敦煌詩歌導論》

《輯考》——徐俊《敦煌詩集殘卷輯考》

《全詩》——張錫厚《全敦煌詩》

《研究》——鄭阿財《敦煌孝道文學研究》

（二）論文簡稱

《古鈔》——陳祚龍《關於敦煌古鈔楊滿山的〈咏孝經〉》

叙　録

　　《易》曰："蒙以養正，聖功也。"[一] 這就決定了童蒙教育的核心與關鍵，童蒙教育的核心問題是"養正"教育，培養兒童良好的品行、格局、習慣、禮儀，正確的學習方法、思維方式、價值觀念等，至關重要。中國古代的道德、品行教育，基本上以孝道爲本。古人認爲"孝"是"百行之本""人倫之本""至德要道"[二]，强調"孝"不僅是維護倫理道德的基礎、社會秩序的根基，也是培養和確立兒童道德品質、價值觀念的根本和基礎。故自秦漢以來，《孝經》便是童蒙教育中的重要内容。

　　隋唐時期，童蒙教育在繼承漢魏以來重視《孝經》一書的傳統上，體現出不同於前代的特點，主要表現在蒙書編纂方面。隋唐以降，科舉制度的確立，《九經》成爲科舉考試的内容，兼試《孝經》《論語》。使《孝經》與舉業聯繫起來，進一步强化了《孝經》在古代童蒙教育中的重要地位，極大地促進了兒童學習《孝經》的積極性。爲了幫助兒童更好地理解、掌握《孝經》的内容，出現了對《孝經》摘引和改寫的童蒙教材，用於童蒙教育及孝道啓蒙教育。就敦煌蒙書而言，便有《新集文詞九經抄》《文詞教林》《百行章》《太公家教》等蒙書，通過改編、摘録、改寫有關《孝經》的内容，對兒童進

[一]（魏）王弼注，（唐）孔穎達疏：《周易正義》卷一《蒙》，收入（清）阮元校刻：《十三經注疏》，中華書局，一九八〇年，第二〇頁。

[二]（後晉）劉昫：《舊唐書》卷一五五《薛戎傳附放傳》，第五四七～五四八頁。

行孝道啓蒙教育，反映了唐五代童蒙教育對《孝經》普遍認可和遵循。隨着唐代詩賦的興盛，出現了歌咏《孝經》的詩歌、變文等，尤以《楊滿山咏孝經壹拾捌章》爲典型，專門以《孝經》爲題，進行歌咏，在對是書進行深入理解分析的基礎上，用唐代流行的詩歌，逐章賦詩，説明《孝經》各章大義，以及自己的見解，有助於進一步探討唐五代兒童孝道啓蒙教育情況，分析其對後世蒙書編撰的影響具有重要的價值。

兹細檢敦煌遺書，可以確定爲《楊滿山咏孝經壹拾捌章》之寫本者，計有伯三三八六號、伯三五八二號[一]、伯二六三三號[二]、伯三九一〇號等四件[三]，其中前兩者可以綴合，均庋藏於法國巴黎國家圖書館，兹分別叙録如下：

（一）伯三三八六號＋伯三五八二號

本篇首尾俱全，共二十二行，每行約二十一字，書寫工整，字迹清晰，無界欄。首題"楊滿川咏孝經壹拾捌章 五言 一名滿山"，起"開宗明義章第一"，訖"孝道不如他"，尾題"楊滿山咏孝經一十八章"，其後書有兩條題記：一是"維大晋天福七年壬寅歲七月廿二日三界寺學士郎張富盈記"；二是"戊辰年十月卅日 三界寺學士 計寫兩卷文書 心裏些些不疑，自要心身懇切 更要師父闍梨"。

本篇上接《大漢三年季布罵陣詞文》，可以與伯三五八二號綴合，從本篇與伯三五八二號兩件文書綴合之處的筆迹、筆畫、紙縫來看，寫卷内容連貫、次第銜接，中間并無殘缺，且書迹相同，應係同一寫卷之撕裂者，可無疑矣，則兩件文書可直接彌合。

本篇依《孝經》章目及内容次第，計有"開宗明義""天子""諸侯""卿大夫""士人""庶人""三才""孝治""聖治""紀孝行""五刑""廣孝道""廣至德""廣揚名""諫諍""感應""事君""喪親"等十八章。以《孝

〔一〕《法藏》第一七册，第二〇六~二〇七頁。

〔二〕《法藏》第一七册，第一七頁。

〔三〕《法藏》第二九册，第一九七頁。

經》爲歌咏對象，采用五言八句的詩歌形式，對《孝經》進行改編和歌咏，詩題、次序皆本於《孝經》一書。

《敦煌遺書總目索引》題作"楊滿山咏孝經一十八章"〔一〕，《寶藏》定作"咏孝經"〔二〕，《法藏》定作"楊滿川咏孝經壹拾捌章"〔三〕，《敦煌遺書總目索引新編》題作"楊滿山〔川〕咏孝經一十八章五言（尾題）"〔四〕。

饒宗頤《孝順觀念與敦煌佛曲》（第七四頁）、雷僑雲《敦煌兒童文學》（第九〇頁）、顏廷亮《敦煌文學概論》（第三七二頁）、趙楠《論〈咏孝經十八章〉》（第二二五至二二八頁）、金瀅坤《唐五代敦煌蒙書編撰與孝道啓蒙教育——以〈孝經〉爲中心》（第十至二〇頁）等對本篇進行過相關研究。

陳祚龍《關於敦煌古鈔楊滿山的〈咏孝經〉》（第四六至五九頁）、鄭阿財《敦煌孝道文學研究》（第五四八至五六一頁）、徐俊纂輯《敦煌詩集殘卷輯考》卷中《法藏部分下》（第二五三至二六三頁）、項楚《敦煌詩歌導論》（第一七七至一八二頁）、張錫厚《全敦煌詩》（第二九五〇至二九六九頁）、《敦煌本〈咏孝經十八章〉補校》（第八八至九一頁）等對本篇進行過錄文。

（二）伯二六三三號

本篇共存二十行，每行二十六字左右，首尾俱全，行款嚴整，有淡墨界欄，書寫工整，字迹清晰。首題"楊蒲山咏孝經壹拾捌章"，起"楊蒲山咏孝經壹拾捌章"，訖"廣要道章弟十二"，尾題"辛巳年正月五日氾員昌、龍賓上"。

本篇僅存"開宗明義""天子""諸侯""卿大夫""士人""庶人""三才""孝治""聖治""紀孝行""五刑""廣要道"等十二章。

本篇爲本件寫卷正面的第五件文書，也是最後一件文書，上接四件文

〔一〕 王重民:《伯希和劫經錄》，收入《索引》，第二八六頁。
〔二〕《寶藏》第一二八册，第一二五頁。
〔三〕《法藏》第二四册，第四九~五〇頁。
〔四〕《索引新編》，第二八〇頁。

書，依次爲：其一，《齖䶵新婦文》，僅存三十五行，每行二十七字左右，首缺尾全，第一、二、三行上部殘，尾題"齖䶵新婦文一本"。其二，《正月孟春猶寒》，存十二行，每行二十五字左右，首尾俱全，尾題"正月孟春猶寒一本"，其後有"書年判官氾員昌記"書記一條，尾題之前又抄有《宣宗皇帝御製勸百寮》一文［一］，存四行，每行二十五字左右。其三，《酒賦一本》，存二十三行，每行二十六字左右，首尾俱全，首題"酒賦一本 江州刺史劉長卿撰"（不另行），尾題"酒賦壹本"（不另行）。其四，《崔氏夫人要（訓）女文一本》，存十三行，每行二十五字左右，首尾俱全，首題"崔氏夫人要（訓）女文一本"（不另行），尾題"崔氏夫人一本"（不另行）。

　　背面則有上下混抄之雜寫數行，存有"然（燃）燈文""酒賦一本""正月孟春猶""太公家教""崔氏夫人訓女聞（文）"等内容。

　　《敦煌遺書總目索引》中《伯希和劫經録》本篇題作"雜文集"，包括《齖䶵新婦文》《正月孟春猶寒》《酒賦》《崔氏夫人要女文》及《楊滿山咏孝經十八章》［二］；《寶藏》定作"楊滿山咏孝經一十八章"［三］；《法藏》定作"楊蒲山咏孝經壹拾捌章"［四］；《敦煌遺書總目索引新編》本篇題作"楊滿山咏孝經十八章"［五］。

―――――――

　　〔一〕按：《宣宗皇帝御製勸百寮》又見於斯五五五八號、伯二九一四號背、伯三七三八號殘片、伯三八〇六號背（此寫卷未見《宣宗皇帝御製勸百寮》之題目），此文《法藏》伯二六三三號、伯三八〇六號背均未著録，伯二九一四號背定作"宣宗皇帝御製勸百僚文"，伯三七三八號殘片定作"宣宗皇帝御製勸百寮試文"，"試文"二字書於"宣宗皇帝御製勸百寮"之上，此文書當爲"宣宗皇帝御製勸百寮"，《全唐文》《全唐文補編》未録未收，鄭驥、瞿萍《敦煌歌辭〈發憤長歌十二時〉寫本細讀研究》有録文可參。詳參《英藏》第八卷，四川人民出版社，一九九一年，第一五頁；《法藏》第二〇册，第五三頁；《法藏》第二八册，第一一三頁；鄭驥、瞿萍：《敦煌歌辭〈發憤長歌十二時〉寫本細讀研究》，收入伏俊璉、徐正英主編：《古代文學特色文獻研究》第一輯，第二〇二頁；張錫厚輯：《王梵志詩研究彙録》，上海古籍出版社，一九九〇年，第二八八頁。

　　〔二〕王重民：《伯希和劫經録》，收入《索引》，第二六九頁。

　　〔三〕《寶藏》第一二三册，第五〇頁。

　　〔四〕《法藏》第一七册，第一七頁。

　　〔五〕《索引新編》，第二四七頁。

饒宗頤《孝順觀念與敦煌佛曲》（第七四頁）、潘重規《敦煌詞話》（第六二頁）、嚴耕望《唐代習業山林寺院之風尚》（第九頁）、日本學者池田温《中國古代寫本識語集錄》（第四六四頁）、鄭阿財《敦煌文獻與文學》（第一一八至一一九）、鄭阿財、朱鳳玉《敦煌蒙書研究》（第四二一頁）、張錫厚《敦煌本〈咏孝經十八章〉補校》（第八八至九一頁）等對本篇進行過相關研究。陳祚龍《關於敦煌古鈔楊滿山的〈咏孝經〉》（第四六至五九頁）、鄭阿財《敦煌孝道文學研究》（第五四八至五六一頁）、徐俊纂輯《敦煌詩集殘卷輯考》卷中《法藏部分下》（第二五三至二六三頁）、項楚《敦煌詩歌導論》（第一七七至一八二頁）、張錫厚《全敦煌詩》（第二九五〇至二九六九頁）等對本篇進行過錄文。

（三）伯三九一〇號

本篇僅殘存六行，每行均有殘缺，爲上下混書，字迹較爲清晰，尚可辨識其抄有《楊滿山咏孝經壹拾捌章》的題目、章節目錄部分，僅可見"楊滿""經壹拾""滿川""第""開""義章""庶人""第五""第六""第七""五刑章弟十一""廣要道章"等字。

本件爲對折册頁裝，部分頁面尚可見絳紅色裝訂綫，界欄明顯，欄寬不等，用墨偏重，字迹粗拙多變。本篇爲本件之首頁，其後抄有四種文書：

其一爲《茶酒論一卷》，存六十九行，每行十三字左右，首尾俱全，前有題記"己卯年正月十八日陰奴兒黑榮子"一條，首題"茶酒論一卷并序 鄉貢進士王敷撰"（不另行），尾題"茶酒論一卷"（不另行）。

其二爲《新合千文皇帝感辭》，存二十行，每行十三左右字，首尾俱全，首題"新合千文皇帝感辭壹拾壹一首"，尾題"新合千字文一卷"（不另行）。

其三爲《新合孝經皇帝感辭》，存二十行，每行十三左右字，首尾俱全，首題"新合孝經皇帝感辭一十一首"，尾題"新合孝經一卷"（不另行）。

其四爲《秦婦吟》，存一〇一行，每行十一字左右，首題"秦婦吟"，題記"癸未年二月六日、净土寺彌趙員住右手書 癸未年二月六日净土寺 趙趙訹"。

《敦煌遺書總目索引》中《伯希和劫經錄》言本件寫卷計存"茶酒論一

卷（全）”“新合千文皇帝感辭（一十一首）”“新合孝經皇帝感（一十一首）”“秦婦吟一卷”〔一〕；《索引新編》本篇題作“殘片一”〔二〕；《法藏》定作“咏孝經十八章”〔三〕；《寶藏》誤以爲《茶酒論》的內容，故定作“茶酒論一卷”〔四〕。

　　陳祚龍《關於敦煌古鈔楊滿山的〈咏孝經〉》（第四六至五九頁）、鄭阿財《敦煌孝道文學研究》（第五四八至五六一頁）、雷僑雲《敦煌兒童文學》（第九〇頁）、徐俊纂輯《敦煌詩集殘卷輯考》卷中《法藏部分下》（第四三一至四三四頁）、張錫厚《敦煌本〈咏孝經十八章〉補校》（第八八至九一頁）等對本件寫卷中《楊滿山咏孝經壹拾捌章》對本篇進行過相關研究。陳祚龍《關於敦煌古鈔楊滿山的〈咏孝經〉》（第四六至五九頁）、鄭阿財《敦煌孝道文學研究》（第五四八至五六一頁）、徐俊纂輯《敦煌詩集殘卷輯考》卷中《法藏部分下》（第二五三至二六三頁）、項楚《敦煌詩歌導論》（第一七七至一八二頁）、張錫厚《全敦煌詩》（第二九五〇至二九六九頁）對本篇寫卷中的殘存內容進行過錄文。

〔一〕　王重民：《伯希和劫經録》，收入《索引》，第二九七頁。

〔二〕《索引新編》，第三〇四頁。

〔三〕《法藏》第二九册，第一九七頁。

〔四〕《寶藏》第一三一册，第五六六頁。

題　解

　　本篇以伯三三八六號+伯三五八二號綴合後的寫卷爲底本，首尾俱全，共二十二行，每行約二十一字，書寫工整，字迹清晰，無界欄。首題"楊滿川咏孝經壹拾捌章 五言 一名滿山"，起"開宗明義章第一"，訖"孝道不如他"，尾題"楊滿山咏孝經一十八章"，其後書有兩條題記：一是"維大晋天福七年壬寅歲七月廿二日三界寺學士郎張富盈記"；二是"戊辰年十月卅日 三界寺學士 計寫兩卷文書 心裏些些不疑 自要心身懇切 更要師父闍梨"。

　　底本以《孝經》爲對象，逐章對《孝經》内容進行改編和歌咏。計有"開宗明義""天子""諸侯""卿大夫""士人""庶人""三才""孝治""聖治""紀孝行""五刑""廣孝道""廣至德""廣揚名""諫諍""感應""事君""喪親"等十八章。

　　相關研究多根據《楊滿山咏孝經壹拾捌章》相關寫卷的首題，指出其作者爲楊滿山，但多止於説明作者姓名，言其人史傳不載，生平無考。

　　關於底本，陳祚龍《關於敦煌古鈔楊滿山的〈咏孝經〉》（第四六至五九頁，以下簡稱"《古鈔》"）、鄭阿財《敦煌孝道文學研究》（第五四八至五六一頁，以下簡稱"《研究》"）、徐俊《敦煌詩集殘卷輯考》卷中《法藏部分下》（第二五三至二六三頁，以下簡稱"《輯考》"）、項楚《敦煌詩歌導論》（第一七七至一八二頁，以下簡稱"《導論》"）、張錫厚《全敦煌詩》（第二九五〇至二九七〇頁，以下簡稱"《全詩》"）、《敦煌本〈咏孝經十八章〉補校》（第八八至九一頁）有録文可參。

　　兹以伯三三八六號 + 伯三五八二號爲底本（《法藏》第二四册第四九至五〇頁圖片及IDP彩圖），用伯二六三三號爲甲本（《法藏》第一七册第一七頁圖片及IDP彩圖）、伯三九一〇號（《法藏》第二九册第一九七頁圖片及IDP彩圖）爲乙本參校，對底本重新録文如下。

校　釋

《楊滿山咏孝經壹拾捌章》〔一〕五言〔二〕一名滿川〔三〕

【校释】

〔一〕楊滿山，底本作“楊滿川”，甲本作“楊蒲山”，乙本儘存“楊滿”二字，當作“楊滿山”，兹據乙本及文義逕録正，《古鈔》《導論》録作“楊滿山”，《研究》《輯考》録作“楊滿川”，兹從校。按：蒲，爲“滿”字俗寫。鄭阿財著《敦煌孝道文學研究》中指出，“滿”“蒲”二字，在敦煌文書中時時混用，蓋因“滿”字下部爲“兩”，敦煌寫卷中“兩”“雨”二字亦多不分。（第五五九頁）如斯二六〇七號《浪濤沙》：“五兩竿頭風欲平，長帆舉棹覺船行。”伯三九一〇號《新合千文皇帝感辭》“福源善慶滿鄉鄰”、伯二一二七號《開元皇帝贊》“鴈塔龍宫滿化天”等寫卷中，“滿”字原卷中均作“蒲”字。則“滿”作“蒲”，已多見於敦煌寫卷。又唐代楊滿山撰《李敬回墓志》至今尚存，本研究考《李敬回墓志》入窆年代及楊滿山活動時代，與本件文書成書時間相符，故其作者爲“楊滿山”最爲合理，詳見本書研究篇第二章第一節。〇孝經，底本原作“孝經書”，“書”字右側旁注“卜”形删除符號，當不讀，《古鈔》《全詩》校作“孝經”，《研究》《導論》録作“孝經”，兹從校。

〔二〕五言，底本原爲單行小字，甲本無，乙本缺。兹用五號字排版，以示區別。

〔三〕滿川，底本作“滿山”，甲本無，乙本作“滿川”，其中“川”字書於

"經壹拾"中"拾"字右側，當作"滿川"，兹據乙本及文義作"滿川"，《古鈔》校作"滿川"，《導論》録作"滿川"，兹從校；《研究》校作"滿山"。

開宗明義章第一〔一〕

欲得成人子，先須讀《孝經》〔二〕。義章恩最重〔三〕，莫著髮膚輕〔四〕。和睦爲宗祖〔五〕，温柔是弟兄〔六〕。立身於此道〔七〕，於後乃揚名〔八〕。

【校釋】

〔一〕開宗明義章，甲本同，乙本僅存"開""義章"三字，及"明"字右側殘泐，《古鈔》《研究》《輯考》《導論》《全詩》録作"開宗明義章"，兹從之。○第，底本作"弟"，甲本同，當作"第"，《古鈔》《輯考》《導論》録作"第"，《研究》《全詩》校作"第"，兹從校。按：《説文解字·弟部》："弟，韋束之次弟也。"漢·劉熙《釋名》卷三《釋親屬第十一》："弟，弟也，相次第而上也。"以下"第"字俗寫，徑録正，不再一一出校。

〔二〕須，底本作"湏"，甲本同，兹據文義徑録正，《古鈔》《研究》《輯考》《導論》《全詩》徑録作"須"，兹從校。按：湏，爲"須"字俗寫。《説文解字·水部》云："湏，古文'沫'，從頁。"黄征《敦煌俗字典》"須"字條下俗字有"**湏**"字。俄弗九六號《雙恩記》："留連雖切無心住，懇至拜辭**湏**（須）欲去。"慧琳《音義》卷六九《阿毗達磨大毗婆沙論》："須，《説文》從彡從頁。顧野王云，所須待之須從彡作須，從水作須（湏），音誨。"張涌泉《敦煌俗字研究》指出"須"字俗寫作"湏"，漢簡已見。（第八七九頁）以下"須"字俗寫，徑録正，不再一一出校。

〔三〕恩最重，甲本同，《古鈔》《研究》《導論》録作"恩最重"，《輯考》《全詩》校作"恩最重"，兹從之。按：《輯考》言底本作"思猷巨"，底本原作"恩最重"，不煩校。唐·釋宗密《圓覺經略疏之鈔》卷一"元者之長也"下注云："《莊子》云：'天之元德始生萬物，善之大者，莫大施生，如父母之恩最重，良由能生此身故，故辜其恩不報者，五刑之屬三千，而罪莫大於不孝。'"

〔四〕著，甲本同，《古鈔》《研究》《導論》録作"著"，兹從之；《全詩》校作"著";《輯考》録作"若",不妥。○按:髮膚,毛髮與皮膚,借指身體。《孝經·開宗明義章第一》:"身體髮膚受之父母,不敢毀傷,孝之始也。"疏曰:"正義曰:'身謂躬也,體謂四支也。髮謂毛髮,膚謂皮膚。'"

〔五〕爲,底本作"为",甲本同,《古鈔》《研究》《輯考》《導論》《全詩》録作"爲",茲從之。按:为,爲"爲"字俗寫。《王二》平聲支韻:"爲,薳支反,作。通俗作为。"《玉篇·爪部》:"爲,俗作为。"《五經文字》卷下爪部:"爲,作为訛。"《音義》卷一二《大寶積經》:"爲,從爪作爲,正也。經文作为,略也。"張涌泉《敦煌俗字研究》指出:"'爲'字上部從爪,作'为'蓋隸書之變。"(第五七六至第五七七頁)《四聲篇海·爪部》:"'为',俗作。"明·郭一經撰《字學三正·體制上·俗書簡畫者》:"'爲'俗作'为'。"以下"爲"字俗寫,徑録正,不再一一出校。

〔六〕按:温柔,温和柔順。見《管子·弟子職》:"見善從之,聞義則服,温柔孝悌,毋驕恃力。"

〔七〕於,底本作"扵",甲本同,茲據文義徑録正,《古鈔》《研究》《輯考》《導論》《全詩》録作"於",茲從之。按:扵,爲"於"字俗寫。黃征《敦煌俗字典》"於"字條下俗字有"**扵**"字。伯二一七三號《御注金剛般若波羅蜜經宣演卷上》:"而起説**扵**(於)無説之域、立名**扵**(於)不名之境者。"《干禄字書》:"於扵:上通下正。"《四聲篇海·手部》引《餘文》:"扵,音於,義同。"以下"於"字俗寫,徑録正,不再一一出校。

〔八〕揚,底本作"楊",甲本同,當作"揚",《古鈔》《導論》《全詩》録作"揚";《研究》《輯考》校作"揚",茲從校。按:楊,爲"揚"字俗寫。俗書"木"旁、"扌"旁不分,當讀作"揚"。《孝經·開宗明義章第一》:"立身行道,揚名於後世,以顯父母,孝之終也。"以下"揚"字俗寫,徑録正,不再一一出校。

天子章第二

聖主憂黎庶[一],偏念本二親[二]。一心思愛敬[三],不許慢於人[四]。百姓蒙恩教[五],刑于四海賓[六]。天子乃感應[七],賴及萬方均[八]。

【校釋】

〔一〕黎, 底本作"棃", 甲本作"梨", 當作"黎",《古鈔》《研究》《輯考》《全詩》校作"黎", 兹從校;《導論》録作"黎"。按: 棃及梨, 當爲"黎"之形誤。

〔二〕偏, 底本作"偏", 甲本作"徧", 兹據文義徑録正,《古鈔》《研究》《輯考》《導論》《全詩》録作"偏", 兹從之。按: 偏和徧, 爲"偏"字俗寫。黄征《敦煌俗字典》"偏"字條下俗字有"偏""徧"等形。俄弗九六號《雙恩記》: "吾唯有汝偏 (偏) 憐惜, 滿國黄金未爲值。"斯五四三一號《開蒙要訓》: "歪喎徧 (偏) 庆。"以下"偏"字俗寫, 徑録正, 不再一一出校。○本, 底本作"本", 甲本同,《古鈔》《研究》《輯考》《導論》《全詩》録作"本", 兹從之。按: 本, 爲"本"字俗寫。《干禄字書》: "本本: 上通下正。"唐·張參撰《五經文字》卷上木部云: "本本, 上《説文》, 從木, 一在其下; 今經典相承隸省。"以下"本"字俗寫, 徑録正, 不再一一出校。

〔三〕思, 甲本同,《古鈔》《研究》《導論》録作"思", 兹從之;《全詩》校作"思";《輯考》録作"恩", 不妥。

〔四〕慢, 底本作"謾", 甲本同, 當作"慢",《古鈔》校作"慢", 兹從之;《研究》《輯考》《導論》《全詩》徑録作"謾", 不妥。按: 謾, 爲"謾"字俗寫。黄征《敦煌俗字典》"謾"字條下俗字有"謾"字。俄弗九六號《雙恩記》云: "苟事謾 (謾) 心, 以强欺弱。""謾"義同"慢", 故讀去聲, 當作"謾"。謾, 通"慢"。《漢書》卷五六《董仲舒傳》: "故桀紂暴謾, 讒賊并進, 賢知隱伏。"顔師古注: "謾與慢同。"《孝經·天子章第二》: "子曰: '愛親者不敢惡於人, 敬親者不敢慢於人。'"疏曰: "不敢慢於人者, 是天子施化, 使天下之人皆行愛敬, 不敢慢惡於其親也……人不敢慢惡於其父母, 如此則至德要道之教, 加被天下, 亦當使四海蠻夷慕化而法則之, 是天子之行孝也。"

〔五〕按: 百姓, 天子之民, 泛指眾民。《孝經·天子章第二》: "德教加於百姓, 刑于四海, 蓋天子之孝也。"疏曰: "百姓謂天下之人皆有族姓, 言百, 舉其多也……此經德教加於百姓, 則謂天下百姓爲與刑于四海相對, 四海既是四夷, 則此百姓自然是天下兆庶也。"○蒙, 底本作"蒙", 甲本作"养", 兹據文義徑録正，《古鈔》《研究》《輯考》《導論》《全詩》録作“蒙”，兹從之。按：𫍝和𫍝，爲“蒙”字俗寫。《干禄字書》：“𫍝蒙：上通下正。”以下“蒙”字俗寫，徑録正，不再一一出校。○恩，底本作“𢛰”，甲本同，兹據文義徑録正，《古鈔》《研究》《輯考》《導論》《全詩》録作“恩”，兹從之。按：𢛰，爲“恩”字俗寫。黄征《敦煌俗字典》“恩”字條下俗字有“𢛰”字。斯二八三二號《願文等範本·帝德》：“化洽寰宇，𢛰（恩）霑率土；清四夷以殄魔軍，御六龍而安萬國。”以下“恩”字俗寫，徑録正，不再一一出校。

〔六〕刑，底本作“形”，甲本同，當作“刑”，《古鈔》《導論》徑録作“刑”，非原形；《研究》《輯考》《全詩》校作“刑”，兹從校。按：形，通“刑”，刑罰。《逸周書·武紀》：“其形慎而殺。”周又曾校釋言：“形當爲刑，刑當其罪曰殺。形、刑古通。”敦煌寫本“形”“刑”二字每多不分，當讀作“刑”。黄征《敦煌俗字典》“形”字條下俗字有“𠛱”字。伯二一六〇號《摩訶摩耶經卷上》：“𠛱（形）貌端正，諸相具足。”《孝經·天子章第二》：“愛敬盡於事親，而德教加於百姓，刑于四海，蓋天子之孝也。”下注云：“刑，法也。君行博愛廣敬之道，使人皆不慢惡其親，則德教加被天下，當爲四夷之所法則也。”○于，甲本同，《古鈔》《研究》《導論》《全詩》録作“於”，非原形；《輯考》録作“于”，兹從之。按：《説文·亏部》：“于，於也。象氣之舒于。”《爾雅·訓詁上》：“于，於也。”《詩·召南·采蘩》：“于沼于沚。”鄭玄箋：“于，於。”○賓，底本作“賓”，甲本作“𡧃”，兹據文義徑録正，《古鈔》《研究》《輯考》《導論》《全詩》録作“賓”，兹從之。按：賓，同“賓”。𡧃，爲“賓”字俗寫。王重民、王慶菽、向達等編《敦煌變文集》卷四《祇園因由記》：“此國傍有城主，先日不賓（賓），頻舉兵戰不降，後因戰勝。”

〔七〕乃感應，底本原作“感乃應”，在“乃”字右下角旁注乙正符號“〵”，表示校改爲“乃感應”，又底本在“應”字右側旁注小字，漫漶不清，甲本作“應乃感”，《古鈔》校作“乃感應”，兹從校；《導論》録作“乃感應”；《研究》《輯考》《全詩》校作“應乃感”，不妥。《易·咸卦》象曰：“山上有澤，咸，君子以虚受人。”王弼注曰：“以虚受人，物乃感應。”

〔八〕賴，底本作“頼”，甲本作“頼”，兹據文義及甲本徑録正，《古鈔》《研究》《輯考》《全詩》校作“賴”，兹從校；《導論》録作“賴”。按：頼，爲“頼”

字之形誤，**頼**，爲"賴"之別體。斯三八八號《正名要録》："**顡顡**，右正行者揩（楷），脚（脚）注稍訛。"又《孝經・天子章第二》："《甫刑》云：'一人有慶，兆民賴之。'"下注云："言天子一人善，則天下兆庶皆倚賴之也……兆民賴之，結而德教加於百姓已下也。"○萬，底本作"万"，甲本作"萬"，《古鈔》《輯考》《導論》《全詩》録作"萬"，兹從校；《研究》録作"万"。按：万，爲"萬"字俗寫。《玉篇・方部》："万，俗萬字。十千也。"《集韵・願韵》："万，數也。通作萬。"又《干禄字書》："万萬：并正。"以下"萬"字俗寫，徑録正，不再一一出校。

諸侯章第三

在上君臣合〔一〕，諸侯盡不驕〔二〕。滿而專怕溢〔三〕，富貴自然超〔四〕。國泰何忓舜〔五〕，人安更聖堯〔六〕。兢兢扶社稷〔七〕，如履薄冰銷〔八〕。

【校释】

〔一〕合，底本作"令"，甲本作"合"，兹據甲本及文義改，《古鈔》《導論》録作"令"，不妥；《研究》《輯考》《全詩》校作"合"，兹從校。按：宋・郭茂倩編《樂府詩集》卷一五《燕射歌辭三・晋朝饗樂章・群臣酒行歌》有云："一德君臣合，重瞳日月臨。"又清・彭定求等編《全唐詩》卷一五三李華《咏史十一首》云："勿言君臣合，可以濟黎元。爲蜀諒不易，如曹難複論。"則此處作"合"義通。

〔二〕侯，底本作"臣"，甲本作"侯"，兹據甲本及文義改，《古鈔》《研究》《輯考》《全詩》校作"侯"，兹從校；《導論》録作"侯"。按：《孝經・諸侯章第三》："在上不驕，高而不危，制節謹度，滿而不溢，高而不危……蓋諸侯之孝也。"疏云："夫子前述天子行孝之事已畢，次明諸侯行孝也。"此處作"諸侯"義通，且與《諸侯章第三》章目及内容一致。

〔三〕怕，甲本作"悄"，當爲增筆致誤，當作"怕"，《古鈔》《研究》《導論》《全詩》録作"怕"，兹從校；《輯考》録作"怡"，不妥。

〔四〕富，底本作"冨"，甲本作"冨"，兹據文義徑録正，《古鈔》《研究》《輯考》《導論》《全詩》録作"富"，兹從之。按：冨和冨，爲"富"字俗寫。

《干祿字書》云："冨富：并上俗下正。"《五經文字·卷上·宀部》言："富，作
冨者訛。""冨"字漢碑已見，而"冨"則又爲"冨"之變體。又《孝經·諸侯章
第三》："高而不危，所以長守貴也。滿而不溢，所以長守富也。富貴不離其身，
然後能保其社稷而和其民人。"疏曰："言居高位而不傾危，所以常守其富貴財貨
充，滿而不盈溢，所以長守其富，使富貴長久不去離其身，然後乃能安其國之社
稷。"〇然，底本作"㸐"，甲本作"然"，茲據文義逕録正，《古鈔》《研究》《輯
考》《導論》録作"然"，《全詩》校作"然"，茲從校。按："㸐，爲"然"字的
異體字。毛遠明《漢魏六朝碑刻異體字典》中指出"㸐"爲"然"字的異體字。
（第七四三頁）以下"然"字的異體字，逕録正，不再一一出校。

〔五〕忤，甲本"忏"，《古鈔》《研究》校作"忤"，茲從之；《導論》《全詩》
校作"忏"，不妥；《輯考》録作"□"。按：遼·釋行均編《龍龕手鏡·平聲卷
第一》中指出，"忏"，古安反，忏，擾也；"忤"，音悟，逆也，忤也。三國·劉
邵《人物志》卷中《利害》："智意之業本於原度，其道順而不忤。"注云："將順
時宜，何忤之有。"南朝梁·沈約撰《宋書》卷四四《謝晦傳》："亦何忤於天地，
備艱危而是丁。"《舊唐書》卷一七四《李德裕傳》云："忠雖不忤，善亦不從。"
此處作"何忤"義通。

〔六〕按：人安，即"民安"，因避唐太宗李世民諱改。王重民等編《敦煌變
文集》卷一《捉季布傳文一卷》亦有"昨奉聖慈舍季布，國泰人安喜氣新"一
句，"人安"即"民安"。（第六九頁）〇堯，底本作"尭"，甲本作"尭"，茲據
文義逕録正，《古鈔》《研究》《輯考》《全詩》校作"堯"，《導論》録作"堯"，
茲從校。按：尭，爲"堯"字俗寫。《箋注本切韵》一平聲蕭韵："尭，五聊反。"
《王一·蕭韵》（敦煌本殘卷）："□（堯），五聊反，商（高）。通俗作尭。"《王二》
（内府本）："堯，或作尭。"張涌泉《敦煌俗字研究》根據《隸辨·平聲》所引《周
公禮殿記》，"僥"字之"堯"已作"尭"，指出此時"堯"已或省書作"尭"。（第
三五〇頁）

〔七〕兢兢，底本"兢"字下施重文符號"〻"，甲本同，當逕補作"兢兢"，
《古鈔》《研究》《輯考》《導論》《全詩》録作"兢兢"，茲從之。按：《孝經·諸
侯章第三》："《詩》云：'戰戰兢兢，如臨深淵，如履薄冰。'"注曰："兢兢，戒
慎。"疏曰："兢兢，戒也。"

〔八〕冰，底本作"氷"，甲本同，兹據文義逕録正，《古鈔》《研究》《輯考》《導論》《全詩》録作"冰"，兹從之。按：氷，爲"冰"字俗寫。黃征《敦煌俗字典》"冰"字條下俗字有"氷"字。斯二八三二號《願文等範本・公》："伏惟公神降秀氣，英骨天然，氷（冰）霜足用。"又《字彙・水部》："氷，俗冰字。"《孝經・諸侯章第三》："《詩》云：'戰戰兢兢，如臨深淵，如履薄冰。'"疏曰："《詩》云：'至薄冰。'"以下"冰"字俗寫，逕録正，不再一一出校。

卿大夫章第四〔一〕

相國三臺輔〔二〕，官連九寺卿〔三〕。大夫依法服〔四〕，非道不曾行〔五〕。行滿無人怨〔六〕，言規有典刑〔七〕。事君仍匪懈〔八〕，夙夜在和羹〔九〕。

【校釋】

〔一〕卿，底本作"卿"，甲本作"卿"，兹據文義逕録正，《古鈔》《研究》《輯考》《導論》《全詩》録作"卿"，兹從之。按：卿和卿，爲"卿"字俗寫。黃征《敦煌俗字典》"卿"字條俗字有"卿""卿"等形。伯二九六五號《佛説生經》："吾之一國，智慧方便，無還（逮）卿（卿）者。"以下"卿"字俗寫，逕録正，不再一一出校。

〔二〕臺，底本作"台"，甲本同，兹據文義逕録正，《古鈔》《導論》《全詩》録作"臺"，兹從之；《研究》《輯考》録作"台"。按：台，通"臺"，爲古代中央官署名。漢・應劭《漢官儀》："尚書郎初入臺爲郎中。"晋・左思《魏都賦》："禁臺省中，連閣對廊。"《新唐書》卷四六《百官志一》："其官司之别，曰省，曰臺，曰寺，曰監，曰衛，曰府，各統其屬，以分職定位。"

〔三〕寺，甲本作"荨"，兹從底本及文義録作"寺"，《古鈔》《研究》《輯考》《全詩》校作"寺"，《導論》録作"寺"，兹從校。按：荨，爲"等"字俗寫。黃征《敦煌俗字典》"等"字條下俗字有"荨"字，俄弗九六號《雙恩記》："兄見珠金實荨（等）間，我於此捨最爲難。"寺，爲官署名。《説文・寸部》："寺，廷也。"《廣雅・釋官》："寺，官也。"又九寺，指九卿之官署。《左傳》卷四《隱公七年》："發幣於公卿。"孔穎達疏曰："自漢以来，三公所居謂之府，九卿之所居謂之寺。"《晋書》卷三九《荀勖傳》："若欲省官，私謂九寺可并於尚書，蘭臺宜省付三府。”《隋書》卷二七《百官志中》：“太常，光禄，衛尉，宗正，太僕，大理，鴻臚，司農，太府，是爲九寺。”

〔四〕依，底本作“扵”，甲本作“依”，兹據甲本及文義録作“依”，《古鈔》《研究》《全詩》校作“依”，《導論》録作“依”，兹從校；《輯考》録作“於”。按：“於”作介詞，相當於“根據”“按照”；“依”作動詞，意爲“遵循”“按照”，與“於”字義通。又法服，謂古代根據禮法規定的、不同等級的服飾。《孝經·卿大夫章第四》：“非先王之法服不敢服。”注云：“先王制五服，各有等差。”作動詞義勝，故從甲本及文義録作“依”。○服，底本作“𦙫”，甲本作“脹”。按：𦙫和脹，均爲“服”字俗寫。黄征《敦煌俗字典》“服”字條下俗字有“𦙫”字。斯八〇〇號《論語》：“叄分天下有其二，以𦙫（服）事殷。”又《孝經·卿大夫章第四》：“非先王之法不敢服……故非法不言，非道不行。”

〔五〕曾，底本作“曽”，甲本同，兹據文義徑録正，《古鈔》《研究》《輯考》《導論》《全詩》録作“曾”，兹從之。按：曽，爲“曾”字俗寫。《九經字樣·日部》：“曾曽：上《説文》，下經典相承隸省。”“曾”字手寫通常作“曽”。黄征《敦煌俗字典》“曾”字條下俗字有“曽”字。伯二一七三號《御注金剛般若波羅蜜經宣演卷上》：“我從昔來，所得惠眼，未曽（曾）得聞如是之經。”以下“曾”字俗寫，徑録正，不再一一出校。

〔六〕行，甲本脱，《古鈔》《研究》《輯考》《導論》《全詩》録作“行”，兹從之。○無人怨，底本作“人無怨”，甲本作“無人𢛯”，兹從甲本及文義徑録正，《研究》校作“無人怨”，兹從校；《輯考》《全詩》校作“人無怨”；《古鈔》校作“無怨惡”，《導論》録作“無怨惡”，非原形。按：怨和𢛯，爲“怨”字俗寫。斯三八八號《正名要録》：“𢛯（怨），右依顔監《字樣》甄録要用者，考定折衷，刊削紕繆。”《孝經·卿大夫章第四》：“口無擇言，身無擇行，言滿天下無口過，行滿天下無怨惡。”“無人怨”與“人無怨”義相近，“無人怨”與下句“有典形”正相對應，故從甲本録作“無人怨”。

〔七〕規，底本作“𧠖”，甲本作“規”，兹據文義徑録正，《古鈔》《研究》《輯考》《導論》《全詩》録作“規”，兹從之。按：𧠖和規，爲“規”字俗寫。黄征《敦煌俗字典》引俄弗九六號《雙恩記》：“汝莫傷歎，此蓋常𧠖（規）。”《干禄字書》：“𧠖規：上俗下正。”○形，甲本同，當作“刑”，《古鈔》《研究》

《全詩》校作“刑”，茲從校；《輯考》校作“型”，《導論》録作“型”，不妥。按：典刑，亦作“典型”，謂舊法、常規。《詩·大雅·蕩》：“雖無老成人，尚有典刑。”鄭玄箋：“猶有常事，故法可案用也。”

〔八〕匪，底本作“𢁜”，甲本作“𢁜”，《古鈔》《導論》録作“匪”，《研究》《輯考》《全詩》校作“匪”，茲從校。按：《孝經·卿大夫章第四》言：“《詩》云：‘夙夜匪懈，以事一人。’”疏曰：“匪，猶不也。”注云：“義取爲卿大夫能早夜不惰，敬事其君也。”正與此詩句義相符。

〔九〕夙，底本作“風”，甲本作“夙”，茲從甲本及文義作“夙”，《古鈔》《研究》《輯考》《全詩》校作“夙”，《導論》録作“夙”，茲從校。按：《孝經·卿大夫章第四》言：“《詩》云：夙夜匪懈，以事一人。”注云：“夙，早也。”疏曰：“言卿大夫當早起夜寐，以事天子，不得懈怠。”

士人章第五〔一〕

事父兼之母，資君愛敬同〔二〕。早晨長侍省〔三〕，夜寐念祇供〔四〕。竭力於家孝，傾心向國忠。如斯行孝道，實乃好門風〔五〕。

【校釋】

〔一〕士人章第五，甲本作“土人章第五”，乙本僅存“庶人”“第五”四字，茲從底本及文義作“士人章第五”，《研究》録作“士人章第五”，《輯考》《全詩》校作“士人章第五”，茲從校；《古鈔》校作“士章第五”，《導論》録作“士章第五”，非原形。

〔二〕敬，底本作“𢾴”，甲本脱，茲從底本及文義逕録正，《古鈔》《研究》《輯考》《全詩》校作“敬”，茲從校；《導論》録作“敬”。按：按，𢾴，爲“敬”字俗寫。斯三八八號《正名要録》：“敬敬，二同。”“右依顏監《字樣》甄録要用者，考定折衷，刊削紕繆。”《孝經·士章第五》：“資於事父以事母而愛同，資於事父以事君而敬同。”以下“敬”字俗寫，逕録正，不再一一出校。

〔三〕長，甲本同，《古鈔》《研究》《輯考》《全詩》録作“長”，茲從之；《導論》録作“常”，非原形。按：常，通“長”。清·朱駿聲《説文通訓定聲·壯部》：“常，叚借爲長。”《管子·七法》：“官無常，下怨上，而器械不功。”丁士涵云：

“常讀爲長。”兹從底本作“長”。

〔四〕寐，底本作“寐”，甲本作“寐”，兹據文義徑録正，《古鈔》《研究》《輯考》《導論》録作“寐”，《全詩》校作“寐”，兹從之。按：寐和寐，爲“寐”字俗寫。《龍龕》：“寐寐寐，三俗，莫庇反，正作‘寐’，寢也。”《干禄字書》：“寐寐寐：并上俗，中通，下正。”黄征《敦煌俗字典》“寐”字條下俗字有“寐”字。斯一〇號《詩經》：“寤言不寐（寐），願言則懷。”〇祇，底本作“祗”，甲本作“祗”，兹從文義徑録正，《古鈔》《研究》録作“祇”，兹從之；《輯考》校作“祇”，《導論》録作“祇”，《全詩》録作“祇”，非原形。按：祗和祗，爲“祇”字俗寫。《敦煌俗字研究》指出“氏”字的俗體，嚮兩個方嚮演變，一是變作“互”；二是變作“丘”。（第一一〇頁）《龍龕·一部》：“互，古文……又都奚反。”後一音義的“互”字即“氏”字俗寫。又《干禄字書》：“互氏：上通下正。諸從氏者并準此。”敦煌寫卷中經見寫作“互”的“氏”旁字。又《龍龕》：“祗，正音脂，敬也。”皆可參。

〔五〕乃，甲本作“是”，兹從底本及文義作“乃”，《古鈔》《研究》《輯考》《全詩》校作“乃”，《導論》録作“乃”，兹從校。

庶人章第六〔一〕

若用天之道〔二〕，何愁地不隨〔三〕。謹身風雨順〔四〕，剋儉感神祇〔五〕。分利供甘脆〔六〕，寒温又製衣〔七〕。孝無終始事〔八〕，永報衆人知〔九〕。

【校释】

〔一〕庶人章第六，底本作“庶人章第六”，其中‘人’字底本原作“十”，後在“十”字上塗改，并於下重寫“人”字，甲本作“庶人章第六”，乙本僅存“第六”二字，兹從底本及文義徑録正，《古鈔》《研究》《輯考》《導論》《全詩》録作“庶人章第六”，兹從之。按：庶和庶，爲“庶”字俗寫。黄征《敦煌俗字典》“庶”字條下俗字有“庶”“庶”等形。斯七九九號《隸古定尚書》：“既生魄，庶（庶）邦冢君，暨百工受命于（於）周。”北圖云二四號《八相變》：“王侯凡庶（庶）一般，死相亦無二種。”又《孝經·庶人章第六》疏云：“正義曰：‘庶者，衆也。謂天下衆人也。’皇侃云：‘不言衆民者，兼包府史之屬。通謂之庶人也。'嚴植之以爲士有員位，人無限極，故士以下，皆爲庶人。"

〔二〕若，底本作"若"，甲本同，兹從文義徑録正，《古鈔》《研究》《輯考》《導論》《全詩》録作"若"，兹從之。按：若，爲"若"字俗寫。《干禄字書》："若若：上通下正。"以下"若"字俗寫，徑録正，不再一一出校。

〔三〕地，底本作"他"，甲本作"地"，兹從甲本及文義録作"地"，《古鈔》《輯考》《全詩》校作"地"，《導論》録作"地"，兹從校；《研究》校作"他"，不妥。按：《孝經·庶人章第六》："用天之道，分地之利。"此處作"地"義通。○隨，底本作"𨔵"，甲本作"随"，兹據文義徑録正，《古鈔》《研究》《輯考》《導論》《全詩》録作"隨"，兹從之。按：𨔵和随，爲"隨"字俗寫。斯三八八號《正名要録》："隨随，（上）正，（下）通用。""右依顏監《字樣》甄録要用者，考定折衷，刊削紕繆。"

〔四〕謹，底本作"謹"，甲本作"𧫟"，兹從文義及底本録作"謹"，《古鈔》《研究》《輯考》《導論》《全詩》録作"謹"，兹從之。按：𧫟，爲"謹"字俗寫。黄征《敦煌俗字典》"謹"字條下俗字有"𧫟"字。斯六五三七號背《慈父遺書一道》："更莫相遺，𧫟（謹）例。"又《孝經·庶人章第六》："謹身節用以養父母，此庶人之孝也。"

〔五〕剋，底本作"尅"，甲本同，兹據文義徑録正，《古鈔》《研究》《輯考》《全詩》録作"尅"，不妥；《導論》録作"剋"，兹從之。按：尅，爲"剋"字俗寫。《字彙·寸部》："尅，同剋。"《正字通·寸部·寅上》："尅，同剋。"《增廣字學舉隅》卷二《正譌入聲》："剋，尅通。"《經典文字辨證書》："克，通。尅，俗。"

〔六〕分，底本作"𠫔"，甲本同，兹據文義徑録正，《古鈔》《研究》《輯考》《導論》《全詩》録作"分"，兹從之。按：𠫔，爲"分"字俗寫。《干禄字書·平聲》："𠫔分：上通下正。"斯三八八號《正名要録》："分𠫔，右正行者揩（楷），脚（腳）注稍訛。""𠫔，右依顏監《字樣》甄録要用者，考定折衷，刊削紕繆。"又《孝經·庶人章第六》："用天之道，分地之利。謹身節用以養父母，此庶人之孝也。"疏曰："分地五士，所宜之利。謹慎其身，節省其用，以供養父母，此則庶人之孝也。"以下"分"字俗寫，徑録正，不再一一出校。○脆，甲本作"脃"，兹從文義及底本録作"脆"，《古鈔》《研究》《輯考》《導論》《全詩》

録作“脆”，兹從之。按：甘脆，謂美味、佳餚。《戰國策》卷二七《韓策二》：“臣有老母，家貧，客游以爲狗屠，可旦夕得甘脆以養親。”此處作“脆”義通。

〔七〕製，底本作“制”，甲本作“製”，兹從甲本及文義徑録正，《古鈔》《研究》《輯考》《導論》《全詩》録作“製”，兹從校。按：《説文·衣部》：“製，裁也。”《集韻·祭韵》：“製，謂裁衣也。”《龍龕》云：“製：音制，作也，正也，斷也。裁衣也。”此處作“製”義通。

〔八〕始，甲本作“抬”，兹據文義底本録作“始”，《古鈔》《研究》《輯考》《導論》《全詩》録作“始”，兹從之。按：《孝經·庶人章第六》云：“故自天子至於庶人，孝無終始，而患不及者，未之有也。”

〔九〕永，底本作“㳂”，甲本作“永”，兹據文義徑録正，《古鈔》《研究》《輯考》《導論》《全詩》録作“永”，兹從之。按：㳂，爲“永”字俗寫。斯三八八號《正名要録》：“㲈永，二同。”“右依顏監《字樣》甄録要用者，考定折衷，刊削紕繆。”《四聲篇海》言：“㳂，于丙切。長也，遠也，久引也。”《正字通》言：“永：㳂本字。”以下“永”字俗寫，徑録正，不再一一出校。

三才章第七〔一〕

混沌初分了〔二〕，從兹曆蒙開〔三〕。天經通地義〔四〕，萬物屬三才〔五〕。行孝人爲本〔六〕，於身最善哉〔七〕。道之存禮樂〔八〕，風景就門來〔九〕。

【校釋】

〔一〕章第七，底本作“章第七”，甲本同，乙本僅存“第七”二字，《古鈔》《研究》《全詩》校作“章第七”，《輯考》《導論》録作“章第七”，兹從校。

〔二〕混沌，底本作“混〃”，甲本作“混沌”，兹文義及甲本徑録正，《古鈔》《研究》《輯考》《全詩》校作“混沌”，《導論》録作“混沌”，兹從校。按：“混〃”當爲“混沌”之省詞，非“混”字之重疊。如伯三八〇八號《長興四年中興殿應聖節講經文》“大乘所生功德”一句中，“功”字下亦施“〃”符號，此“功〃”亦爲“功德”之省詞，可參。又㳂，爲“沌”字俗寫。《字彙補·水部》云：“㳂，與沌同。”《切韵》殘葉四上聲混韵徒損反：“㳂，混沌。”“屯”旁俗書作“㲈”，故“沌”字右旁從之。又《龍龕·水部》：“㳂，徒本反，混㳂也。”漢·班固《白虎通·天地》："混沌相連，視之不見，聽之不聞，然後剖判。"《文選·班昭〈東征賦〉》："諒不登樔而杕蠡兮。"李善注引三國魏·曹植《遷都賦》："覽乾元之兆域兮，本人物乎上世；紛混沌而未分，與禽獸乎無別。"唐·儲光羲《仲夏入園中東陂》詩："暑雨若混沌，清明如空虛。"《雲笈七籤》卷二："《太始經》云：'昔二儀未分之時，號曰洪源。溟涬濛鴻，如雞子狀，名曰混沌。'"○初，底本作"𥘉"，甲本同，茲據文義徑錄正，《古鈔》《研究》《輯考》《導論》《全詩》錄作"初"，茲從之。按："𥘉"，爲"初"字俗寫。黄征《敦煌俗字典》"初"字條下俗字有"𥘉"字，敦博七二號《妙法蓮華經》卷四："安住𥘉（初）法，能於後世説《法華經》。"以下"初"字俗寫，徑錄正，不再一一出校。

〔三〕從，底本作"従"，甲本同，茲據文義徑錄正，《古鈔》《研究》《輯考》《導論》《全詩》錄作"從"，茲從之。按："従"，爲"從"字俗寫。《干禄字書·平聲》："従従從：上中通下正。"斯三八八號《正名要録》："従従，二同。""右依顏監《字樣》甄録要用者，考定折衷，刊削紕繆。"以下"從"字俗寫，徑錄正，不再一一出校。○茲，底本作"兹"，甲本同，茲據文義徑錄正，《古鈔》《研究》《輯考》《導論》《全詩》錄作"茲"，茲從之。按："兹"，爲"茲"字俗寫。《干禄字書》云："兹兹茲：上俗，中通，下正。"《墨子·尚同上》："是以一人則一義，二人則二義，十人則十義，其人兹衆，其所謂義者亦兹衆。"孫詒讓言："古正作茲，今相承作滋。"○曆，底本作"厤"，甲本同，茲據文義徑錄正，《古鈔》《研究》《輯考》《導論》《全詩》錄作"曆"，茲從之。按：厤，爲"曆"字俗寫。斯三八八號《正名要録》："曆厤，（上）正，（下）相承用。""右依顏監《字樣》甄録要用者，考定折衷，刊削紕繆。"《集韻·入聲》："曆：《説文》厤，象也。通作歷。"《字樣》："曆正，歷厤正，厤相承用。"張涌泉指出《字樣》例有脱誤，疑當校讀作："曆，正；厤，相承用。歷，正；厤相承用。"又伯二七二一號《新集孝經十八章皇帝感》："曆代已來無此帝，三教内外總宣揚。""曆"亦作"厤"字，可參。○開，底本作"𨵽"，甲本作"開"，茲據文義徑錄正，《古鈔》《研究》《輯考》《導論》《全詩》錄作"開"，茲從之。按：𨵽，爲"開"字俗寫。黄征《敦煌俗字典》"開"字條下俗字有"𨵽"字。伯二二九九號《太子成道經》："九龍吐水早是瞞，千輪足下有瑞連（蓮）𨵽（開）。"

〔四〕經，底本作"経"，甲本作"経"，兹據文義徑録正，《古鈔》《研究》《輯考》《導論》《全詩》録作"經"，兹從之。按：経和経，爲"經"字俗寫。黄征《敦煌俗字典》"經"字條下俗字有"経""経"等形。俄弗九六號《雙恩記》："経（經）：'太子白言'""永抛経（經）濟走塵埃。"又斯二一四號《燕子賦》："必其欲得磨堪，撿（檢）取《山海経（經）》一卷。"又《孝經·三才章第七》："子曰：'夫孝天之經也，地之義也，民之行也。'天地之經，而民是則之。"注曰："經，常也。"以下"經"字俗寫，徑録正，不再一一出校。

〔五〕屬，底本作"嘱"，甲本作"属"，兹據文義及甲本徑録正，《古鈔》《全詩》《研究》《導論》録作"屬"，兹從之，《輯考》録作"嘱"，不妥。按：属，爲"屬"字俗寫。屬，後作"嘱"。《廣韻·燭韻》："屬，付也。"《左傳》卷三《隱公三年》："宋穆公疾，召大司馬孔父而屬殤公焉。"《漢書》卷四〇《張良傳》："而漢王之將獨韓信可屬大事，當一面。"又《易·説卦》："是以立天之道曰陰與陽，立地之道曰柔與剛，立人之道曰仁與義。兼三才而兩之，故《易》六畫而成卦。"漢·王符《潛夫論·本訓》："是故天本諸陽，地本諸陰，人本中和。三才異務，相待而成。"

〔六〕爲，底本作"为"，甲本作"為"，兹據文義徑録正，《古鈔》《輯考》録作"爲"，兹從之；《研究》《導論》《全詩》録作"為"，不妥。按：为和為，爲"爲"字俗寫。明·郭一經撰《字學三正·體制上·俗書簡畫者》云："'爲'俗作'為'。"《四聲篇海·爪部》："'為'，俗作。"《王二》平聲支韻："爲，薳支反，作。通俗作為。"《玉篇·爪部》："爲，俗作為。"《五經文字》卷下爪部："爲，作為訛。"《音義》卷一二《大寶積經》第三十六卷："爲，從爪作爲，正也。經文作為，略也。"張涌泉《敦煌俗字研究》指出"爲"字上部從爪，作"為"蓋隸書之變。（第五七四~五七五頁）以下"爲"字俗寫，徑録正，不再一一出校。

〔七〕最，底本作"冣"，甲本作"冣"，兹據文義徑録正，《古鈔》《研究》《輯考》《導論》《全詩》録作"最"，兹從之。按：冣和冣，爲"最"字俗寫。黄征《敦煌俗字典》"最"字條下俗字有"冣"字。斯六五五七號《南陽和尚問答雜徵義》："問：'大乘冣（最）上乘，有何差別？'"《干禄字書·去聲》云："冣最：上通下正。"

〔八〕存，甲本同，《古鈔》《導論》録作“成”，非原形；《研究》《輯考》《全詩》録作“存”，兹從之。按：唐·澄觀《華嚴大疏鈔》卷三：“蓋不獲已情忘是非，設有破斥須存禮樂，不得自尊己德。”○禮，底本作“礼”，甲本同，兹據文義徑録正，《古鈔》《研究》《輯考》《導論》《全詩》録作“禮”，兹從之。按：礼，爲“禮”字俗寫。《干禄字書·上聲》云：“禮礼：并正，多行上字。”斯三八八號《正名要録》：“禮礼，左字形雖別，音義是同，古而典者居上，今而要者居下。”以下“禮”字俗寫，徑録正，不再一一出校。

〔九〕景，底本作“㬌”，甲本作“景”，兹據文義徑録正，《古鈔》《研究》《輯考》《導論》《全詩》録作“景”，兹從之。按：㬌和景，爲“景”字俗寫。黄征《敦煌俗字典》“景”字條下俗字有“景”字。伯二一七三號《御注金剛般若波羅蜜經宣演卷上》：“螢燭呈光，未助太陽之㬌（景）。”○就，底本作“𫘝”，甲本作“就”，兹據文義徑録正，《古鈔》《研究》《輯考》《導論》《全詩》録作“就”，兹從之。按：𫘝和就，爲“就”字俗寫。黄征《敦煌俗字典》“就”字條下俗字有“𫘝”“就”等形。敦研一八七號《太子瑞應本起經》：“傷我年已晚暮，當𫘝（就）後世。”敦研三六五號《大般涅槃經》卷一五：“猶如諸佛所成𫘝（就）戒。”○来，底本作“来”，甲本同，兹據文義徑録正，《古鈔》《研究》《輯考》《導論》《全詩》録作“來”，兹從之。按：来，爲“來”字俗寫。《切韵》殘葉二平聲哈韵：“來，落哀反。”《王一·哈韵》：“來，落哀反，回。通俗作‘来’。”《广韵·哈韵》：“來，俗作‘来’。”“來”本義爲麥名，卜辭中均借用爲“往來”之“來”，“来”字在汉碑及簡帛中已見。以下“來”字俗寫，徑録正，不再一一出校。

孝治章第八

昔者明王化〔一〕，無爲海更深〔二〕。八方歸順美〔三〕，萬國盡歡欽〔四〕。愛敬雖然寡〔五〕，平和善友宗〔六〕。高傳行孝治〔七〕，上下自心同〔八〕。

【校釋】

〔一〕昔，底本作“𦜔”，甲本作“昔”，兹據文義徑録正，《古鈔》《研究》《輯考》《導論》《全詩》録作“昔”，兹從之。按：𦜔，爲“昔”字俗寫。黄征

《敦煌俗字典》"昔"字條下俗字有"㫺"字。斯二○七三號《廬山遠公話》："㫺（昔）時聲身少，貌似春花；今既老來，何殊秋草。"

〔二〕無爲，底本作"為無"，"為"字右側施乙正符號"√"，甲本作"無為"，今謹據此符號，并參考甲本乙正，《古鈔》《研究》《全詩》校作"無為"，《輯考》《導論》錄作"無爲"，茲從校。○海，底本作"海"，甲本"海"，茲據文義逕錄正，《古鈔》《研究》《輯考》《導論》《全詩》錄作"海"，茲從之。按：海和海，爲"海"字俗寫。黃征《敦煌俗字典》"海"字條下俗字有"海"字。敦研一五○號（1-1）《小品般若波羅蜜經》："色如大海，受想行識如大海（海）。"又《王二·上聲·賄韵》："毎，頻。俗作'每'。""每"字《説文》中從中，母聲。作"毎"，隸變作"毎"，又作"每"。以下"海"字俗寫，逕錄正，不再一一出校。

〔三〕八，底本作"人"，甲本作"入"，當作"八"，《古鈔》《輯考》《全詩》校作"八"，《研究》《導論》錄作"八"，茲從校。按：《逸周書·武寤》："王赫奮烈，八方咸發。"《漢書》卷五七《司馬相如傳下》："是以六合之内，八方之外，浸潯衍溢。"顏師古注："四方四維，謂之八方也。"《雲笈七籤》卷一："登丘陵而盼八方，覽參辰而見日月。"此處作"八"義通。○歸，底本作"埽"，甲本同，茲據文義逕錄正，《古鈔》《研究》《輯考》《導論》《全詩》錄作"歸"，茲從之。按：埽，爲"歸"字俗寫。斯三八八號《正名要錄》云："埽歸，（上）正，（下）相承用。"以下"歸"字俗寫，逕錄正，不再一一出校。○美，底本作"羙"，甲本作"羙"。《古鈔》《研究》《輯考》《導論》《全詩》錄作"美"，茲從之。按：羙和羙，爲"美"字俗寫。王重民等編《敦煌變文集》卷一《李陵變文》有："單于聞語，深美李陵。"以下"美"字俗寫，逕錄正，不再一一出校。

〔四〕盡，底本作"盡"，甲本作"書"，茲據文義及底本逕錄正，《古鈔》《輯考》《全詩》校作"盡"，《研究》《導論》錄作"盡"，茲從校。按：盡，爲"盡"字俗寫。黃征《敦煌俗字典》"盡"字條下俗字有"盡"字。敦研二五六號《佛經》："昔有人寄主人五百斤鐵，云：'鼠噉盡（盡）鐵。'"以下"盡"字俗寫，逕錄正，不再一一出校。○欽，底本作"欽"，甲本同。《古鈔》錄作"心"，非原形；《研究》《導論》《全詩》校作"欽"，《輯考》錄作"欽"，茲從校。按：胡雲翼選注《宋詞選》收宋·蘇軾《水調歌頭》云："丙辰仲秋，歡欽達旦，大醉，作此篇兼懷子由。”

〔五〕寡，底本作“寬”，甲本作“寯”，茲據文義徑録正，《研究》《輯考》《導論》《全詩》校作“寡”，茲從校；《古鈔》録作“寬”，不妥。按：依詩律，此字當爲仄聲字，此處應作“寡”。又寬，爲“寬”字俗寫。斯三八八號《正名要録》：“寬寬，右正行者揩（楷），脚（腳）注稍訛。”以下“寬”字俗寫，徑録正，不再一一出校。

〔六〕平和，甲本作“和平”，茲從底本及文義録作“平和”，《古鈔》《導論》録作“和平”，非原形；《研究》録作“平和”，《輯考》《全詩》校作“平和”，茲從校。

〔七〕高，底本作“髙”，甲本作“高”，茲據文義徑録正，《古鈔》《研究》《輯考》《導論》《全詩》録作“高”，茲從之。按：髙和高，爲“高”字俗寫。《古今韵會舉要・豪韵》：“高，俗作髙。”《王一》平聲豪韵：“高，古勞反，上出。通俗作‘髙’。”《王二・豪韵》：“高。或作髙。”《九經字樣・口部》：“髙高：上《説文》，下隷省。”以下“高”字俗寫，徑録正，不再一一出校。

〔八〕自，甲本同，《古鈔》録作“此”，非原形；《研究》《輯考》録作“自”，《導論》《全詩》校作“自”，茲從校。

聖治章第九

聖德高難問[一]，明王以配天。周公安社稷[二]，孝義乃爲先。宇宙人爲貴[三]，君親最年（嚴）焉[四]。從來邦有道[五]，不及大中年。

【校釋】

〔一〕德，底本作“德”，甲本作“得”，茲據文義及底本徑録正，《古鈔》《研究》《輯考》《全詩》校作“德”，《導論》録作“德”，茲從校。按：德，爲“德”字俗寫。斯三八八號《正名要録》：“悳德，右字形雖别，音義是同。古而典者居上，今而要者居下。”《孝經・聖治章第九》：“曾子曰：‘敢問聖人之德，無以加於孝乎。’”以下“德”字俗寫，徑録正，不再一一出校。

〔二〕安，底本作“安”，甲本作“安”，茲據文義徑録正，《古鈔》《研究》《輯考》《導論》《全詩》録作“安”，茲從之。按：安，爲“安”字俗寫。

黄征《敦煌俗字典》"安"字條下俗字有"㝁"字。斯二八三二號《願文等範本·公》："文行守志，温恭惠和；有匡時救人之才，懷俗㝁（安）人之術。"以下"安"字俗寫，徑録正，不再一一出校。○社，底本作"祏"，甲本作"祇"，兹據文義徑録正，《古鈔》《研究》《輯考》《導論》《全詩》録作"社"，兹從之。按：祏和祇，爲"社"字俗寫。黄征《敦煌俗字典》"社"條下俗字有"祏"字。俄弗九六號《雙恩記》："匡扶祏（社）稷咸忠政（正），陶鑄生靈盡叶（葉）和。"○稷，底本作"褪"，甲本同，兹據文義徑録正，《古鈔》《研究》《輯考》《導論》《全詩》録作"稷"，兹從之。按：褪，爲"稷"字俗寫。《干禄字書·入聲》："褪稷：上俗下正。"

〔三〕宇，底本此字見於二紙相銜接之處，僅存"宇"字殘畫，甲本作"宇"，兹從甲本及文義録作"宇"，《古鈔》《全詩》校作"宇"，《研究》《輯考》《導論》録作"宇"，兹從校。

〔四〕最，底本作"㝡"，甲本作"寂"，兹據文義徑録正，《古鈔》《研究》《輯考》《導論》《全詩》録作"最"，兹從之。按：㝡和寂，爲"最"字俗寫。黄征《敦煌俗字典》"最"字條下俗字有"㝡""寂"等形。斯六五五七號《南陽和尚問答雜徵義》："問：'大乘㝡（最）上乘，有何差别？'"又俄弗九六號《雙恩記》："一切法門中寂（最）勝故。""寂（最）後有一大臣，精神爽明，詞辨分明。"○年，底本作"秊"，甲本作"秊"，當作"嚴"，《古鈔》《導論》録作"嚴"，《研究》《全詩》校作"嚴"，兹從校；《輯考》録作"年"，不妥。按：秊和秊，均爲"年"字俗寫。斯三八八號《正名要録》云："秊秊，右字形雖别，音義是同。古而典者居上，今而要者居下。""右依顏監《字樣》甄録要用者，考定折衷，刊削紕繆。"《隸辨·平聲》言："秊：華山廟碑百有餘年。按《九經字樣》云：'經典相承，隸辨。'"六朝碑刻中已多見"秊"字，漢碑亦偶或見，爲"年"字之變。以下"年"字俗寫，徑録正，不再一一出校。又《孝經·聖治章第九》："人之行莫大於孝，孝莫大於嚴父，嚴父莫大於配天，則周公其人也。"正與此章内容一致，則此處當作"嚴"。

〔五〕邦，底本作"邦"，甲本作"邦"，兹據文義徑録正，《古鈔》《研究》《輯考》《導論》《全詩》録作"邦"，兹從之。按：邦和邦，爲"邦"字俗寫。《干禄字書·平聲》："邦邦：并上俗下正。"黄征《敦煌俗字典》"邦"字條下俗字有"邩"字。斯七九九號《隸古定尚書》："王曰：'嗟，我友邦（邦）冢君！'""大邦（邦）畏其力，小邦（邦）懷其德。""邦（邦）甸侯衛，駿奔走。"

紀孝行章第十[一]

父母專承事[二]，方知莫遠遊[三]。安居存致敬[四]，疾病則懷憂[五]。五者須圓備[六]，三牲不要修[七]。若能學董永[八]，萬代是風流[九]。

【校釋】

〔一〕紀，底本作"記"，甲本作"紀"，當作"紀"，《古鈔》《導論》錄作"紀"，《研究》《全詩》校作"紀"，茲從校；《輯考》錄作"記"，不妥。按：紀，通"記"，記載。《釋名・釋言語》："紀，記也，記識之也。"畢阮疏證曰："紀、記二字古通。"《左傳》卷五《桓公二年》："文物以紀之，聲明以發之。"《孝經》中爲"紀孝行章"，疏曰："此章紀録孝子事親之行也……故君子皆由事親之心，所引孝行可紀也。"則此處當爲"紀"字。

〔二〕承，底本作"丞"，甲本作"承"，茲據文義徑録正，《古鈔》《研究》《輯考》《導論》録作"承"，《全詩》校作"承"，茲從校。按：丞和承，爲"承"字俗寫。黃征《敦煌俗字典》中"承"字條下俗字有"承""丞""承"等形。斯三八八號《正名要録》："其有字書不載、久共傳行者，乃云相承（承）共用。"又承，同"承"。《集韵・蒸韵》："承，《説文》：'奉也，受也。'或作承。"

〔三〕知，甲本作"之"，茲據文義及底本作"知"，《古鈔》《研究》《輯考》《全詩》校作"知"，《導論》録作"知"，茲從校。○遠，底本作"远"，甲本作"遠"，茲據文義徑録正，《古鈔》《研究》《輯考》《導論》《全詩》録作"遠"，茲從之。按：远和遠，爲"遠"字俗寫。黃征《敦煌俗字典》"遠"字條下俗字有"远"字。斯二〇七三號《盧山遠公話》標題："盧山遠（遠）公話。"以下"遠"字俗寫，徑録正，不再一一出校。○遊，底本作"遊"，甲本同，茲據文義徑録正，《古鈔》《研究》《輯考》《導論》《全詩》録作"遊"，茲從之。按：遊，爲"遊"字俗寫。《龍龕・辵部》："遊，通；遊，正。"黃征《敦煌俗字典》"遊"字條下俗字有"趏"。俄弗九六號《雙恩記》："汝比出趏（遊）行，今何故不

樂？”張涌泉《敦煌俗字研究》引希麟《續音義》卷二《新大方廣佛花嚴經》第
五卷謂“遊”字“經文作游，俗字非正”，可參。又《學林》卷十“參”條云：
“草書方字類才字，故於字改爲扵，遊字改爲遊。”王觀國認爲“扵”“遊”等字
是俚俗“據草書而改變隸體”形成的俗體，近是。（第六〇〇、八二八頁）

〔四〕安，底本作“妄”，甲本作“安”，兹從文義甲本作“安”，《古鈔》《研
究》《輯考》《全詩》校作“安”，《導論》録作“安”，兹從校。〇致，底本作
“𦤝”，甲本作“𦤝”，兹據文義徑録正，《古鈔》《研究》《輯考》《導論》《全詩》
録作“致”，兹從之。按：𦤝和𦤝，爲“致”字俗寫。斯三八八號《正名要録》：
“𦤝致，（上）正，（下）從文（攴）聲。攴音張履。此相承用。”“右依顏監《字
樣》甄録要用者，考定折衷，刊削紕繆。”〇敬，底本作“𢙾”，甲本作“敬”，
兹據文義徑録正，《古鈔》《研究》《輯考》《導論》《全詩》録作“敬”，兹從之。
按：𢙾和敬，爲“敬”字俗寫。斯三八八號《正名要録》：“敬敬，二同。”“右
依顏監《字樣》甄録要用者，考定折衷，刊削紕繆。”《孝經·紀孝行章第十》：
“子曰：‘孝子之事親也，居則致其敬，養則致其樂，病則致其憂，喪則致其哀，
祭則致其嚴，五者備矣，然後能事親。’”注云：“平居必盡其敬。”

〔五〕懷，底本作“懐”，甲本作“懷”，兹據文義徑録正，《古鈔》《研究》
《輯考》《導論》《全詩》録作“懷”，兹從之。按：懐和懷，爲“懷”字俗寫。
黃征《敦煌俗字典》“懷”字條下俗字有“懷”“懐”等形。伯二九六五號《佛説
生經》：“女即懐（懷）任，十月生男，男大端政（正）。”又伯二一七三號《御注
金剛般若波羅蜜經宣演卷上》：“伏覽聖謨，載懐（懷）抃（抃）躍。”《干禄字
書·平聲》：“懐懷：上通下正。”以下“懷”字俗寫，徑録正，不再一一出校。

〔六〕圓，底本作“圓”，甲本同，兹據文義徑録正，《古鈔》《研究》《輯考》
《導論》《全詩》録作“圓”，兹從之。按：圓，爲“圓”字俗寫。張涌泉《敦煌
俗字研究》指出：“俗書方口尖口不分，故‘員’俗作‘貟’。”《字鑒》卷二僊
韵：“員，俗作貟。”漢碑已見“貟”字。《字鑒》“圓”作“圓”。（第三七九、
三九九頁）〇備，底本作“俻”，甲本同，兹據文義徑録正，《古鈔》《研究》《導
論》《全詩》録作“備”，《輯考》校作“備”，兹從校。按：俻，爲“備”字俗寫。
斯三八八號《正名要録》：“備俻，右正行者揩（楷），脚（腳）注稍訛。”《干禄
字書·去聲》：“俻偹備：并上俗，中通，下正。”又《孝經·紀孝行章第十》：“子

曰：‘孝子之事親也，居則致其敬，養則致其樂，病則致其憂，喪則致其哀，祭則致其嚴，五者備矣，然後能事親。’”以下“備”字俗寫，徑録正，不再一一出校。

〔七〕修，底本作“脩”，甲本作“脩”，兹據文義徑録正，《古鈔》《研究》《輯考》《導論》《全詩》録作“修”，兹從之。按：脩和脩，爲“修”字俗寫。斯三八八號《正名要録》：“脩（修），營。”“右本音雖同字義各别例。”《干禄字書·平聲》：“脩修：上束脩，下修飾。”

〔八〕能，底本作“能”，甲本脱，兹據文義徑録正，《古鈔》《導論》録作“能”，《研究》《輯考》《全詩》校作“能”，兹從校。按：能，爲“能”字俗寫。斯三八八號《正名要録》：“能能，右正行者揩（楷），脚（脚）注稍訛。”《干禄字書·平聲》：“能能：上通下正。”以下“能”字俗寫，徑録正，不再一一出校。

〔九〕代，甲本作“伐”，兹據文義徑録正，《古鈔》《研究》《輯考》《導論》《全詩》録作“代”，兹從之。按：伐，爲“代”字俗寫。黄征《敦煌俗字典》“代”字條下俗字有“伐”字。斯一〇八六號《兔園策府》：“良以前王無懷遠之威，歷伐（代）寡牢籠之略。”敦煌寫本“代”“伐”二字多有相亂之例，具有“趨同”傾嚮，皆作“伐”，絶非偶然。〇是，甲本作“昰”，兹據文義徑録正，《古鈔》《研究》《輯考》《導論》《全詩》録作“是”，兹從之。按：昰，爲“是”字俗寫。黄征《敦煌俗字典》“是”字條下俗字有“昰”字。敦研三五號《妙法蓮華經》：“昰（是）時日月燈明佛從三昧起，因妙光菩薩説大乘經。”〇流，底本作“流”，甲本同，兹據文義徑録正，《古鈔》《研究》《輯考》《導論》《全詩》録作“流”，兹從之。按：流，爲“流”字俗寫。《干禄字書·平聲》云：“流流：上俗下正。”“流”字爲“流”字的省點字。

五刑章第十一〔一〕

五形（刑）根原重〔二〕，三千罪不輕〔三〕。無親極大亂〔四〕，非法更加刑〔五〕。背父輕慈母〔六〕，憐兒侵弟兄〔七〕。鄉川存此輩〔八〕，終是惡人形〔九〕。

【校釋】

〔一〕刑，乙本同，甲本作“形”，兹據底本、乙本及文義録作“刑”，《古鈔》

《研究》《輯考》《全詩》校作"刑"，《導論》錄作"刑"，兹從校。按：《孝經·五刑章第十一》云："五刑之屬三千，而罪莫大於不孝。"注云："五刑謂墨劓剕宮人辟也。"疏曰："正義曰：'五刑者，言刑名有五也。'"

〔二〕形，甲本作"迸"，當作"刑"，《古鈔》《研究》《輯考》《全詩》校作"刑"，《導論》錄作"刑"，兹從校。按：迸，爲"逆"字俗寫。黃征《敦煌俗字典》"逆"字條下俗字有"迸"字。斯四六四二號《發願文範本等》："生不作福，没後難知未盡。少無男女，老復孤遺。莫保百年，迸（逆）修某七道場。"《孝經·五刑章第十一》云："五刑之屬三千，而罪莫大於不孝。"疏曰："五刑，至不孝。"此處作"刑"義通。

〔三〕輕，底本作"軭"，甲本作"軭"，兹據文義徑錄正，《古鈔》《研究》《輯考》《導論》《全詩》錄作"輕"，兹從之。按：軭和軭，爲"輕"字俗寫。黃征《敦煌俗字典》"輕"字條下俗字有"軭""軭"等形。俄弗九六號《雙恩記》："身披妙服，軭（輕）可三銖六銖。"又斯五二七號《顯德六年正月三日女人社再立條件》："其主人看侍，不諫（揀）厚薄軭（輕）重，亦無罰責。"以下"輕"字俗寫，徑錄正，不再一一出校。

〔四〕無，底本作"炁"，甲本作"無"，兹據文義徑錄正，《古鈔》《研究》《輯考》《導論》《全詩》錄作"無"，兹從之。按：炁，爲"無"字俗寫。黃征《敦煌俗字典》"無"字條下俗字有"藝"字。斯三四三號《願文範本》："餐法喜而藝（無）煩惠命。"《孝經·五刑章第十一》："非聖人者無法，非孝者無親，此大亂之道也。"注云："善事父母爲孝，而敢非之，是無親也。"○親，甲本同，《古鈔》《研究》《導論》《全詩》錄作"親"，兹從之；《輯考》錄作"輕"，非原形。按：《孝經·五刑章第十一》"非孝者無親"疏曰："孝者，百行之本，事親爲先。今乃非之，是無心愛其親也。卉木無情，尚感君政，禽獸無禮，尚知戀親。"○極，底本作"㣴"，甲本作"㣴"，兹據文義徑錄正，《古鈔》《研究》《輯考》《導論》《全詩》錄作"極"，兹從之。按：㣴和㣴，爲"極"字俗寫。黃征《敦煌俗字典》"極"字條下俗字有"㥛""㥛"等形。斯六一〇號《啓（啓）顏錄》："覺其味㥛（極）酢澀。"又斯七八號《失名類書》："固㥛（極）。"又斯四五三號《禮懺文》："壽逾南山，福㦲（極）西溟。"○亂，底本作"乱"，甲本同，兹據文義徑錄正，《古鈔》《研究》《輯考》《導論》《全詩》錄作"亂"，兹從之。按：乱，爲"亂"字俗寫。《廣韵·換韵》："亂，俗作乱。"斯三八八號《正名要録》："亂乱，右正行者揩（楷），脚（脚）注稍訛。"《干禄字書·去聲》："乱亂：上俗下正。"《孝經·五刑章第十一》："非聖人者無法，非孝者無親，此大亂之道也。"疏曰："逆亂之道，此爲大焉，故曰：'此大亂之道也。'"

〔五〕刑，底本作"刑"，甲本作"形"，當作"刑"，《古鈔》《研究》《輯考》《全詩》録作"刑"，兹從校。

〔六〕背，甲本作"皆"，兹據底本及文義録作"背"，《古鈔》《研究》《輯考》《全詩》《導論》録作"背"，兹從校。按：《後漢書》卷一〇二《董卓傳》："母罵之曰：'若背父之逆子，弑君之桀賊，天地豈久容。'"此處作"背"義通。

〔七〕憐，底本作"怜"，甲本同，兹據文義徑録正，《古鈔》《研究》《輯考》《導論》《全詩》録作"憐"，兹從之。按：怜，爲"憐"字俗寫。斯三八八號《正名要録》："憐怜，右字形雖別，音義是同。古而典者居上，今而要者居下。"《干禄字書》："怜憐：上俗下正。"○兒，底本作"兒"，甲本作"妻"。《古鈔》《輯考》《導論》録作"兒"，兹從校；《研究》《全詩》録作"妻"，不妥。

〔八〕川，底本作"氘"，甲本作"𣲖"，兹據文義徑録正，《古鈔》《研究》《輯考》《導論》《全詩》録作"川"，兹從之。按：𣲖，爲"川"字俗寫。黄征《敦煌俗字典》"川"字條下俗字有"𣲖"字。敦研一〇五號（5-3）《妙法蓮華經》："大海江河、山𣲖（川）林藪，燒大寶香。"○此，底本作"屮"，甲本作"屮"，兹據文義及甲本，《古鈔》《研究》《輯考》《導論》《全詩》録作"此"，兹從之。按：屮和屮，爲"此"字俗寫。黄征《敦煌俗字典》"此"字條下俗字有"屮"字。敦研二三四號《大般涅槃經》卷三九："唯屮（此）爲實，餘妄語者。"○輩，底本作"𦘒"，甲本作"𦘒"，兹據文義徑録正，《古鈔》《研究》《輯考》《導論》《全詩》録作"輩"，兹從之。按：𦘒和𦘒，爲"輩"字俗寫。黄征《敦煌俗字典》"輩"字條下俗字有"𦘒"字。俄弗九六號《雙恩記》："經中菩薩者，不同此𦘒（輩）。"

〔九〕惡，底本作"惡"，甲本同，兹據文義徑録正，《古鈔》《研究》《輯考》《導論》《全詩》録作"惡"，兹從之。按：惡，爲"惡"字俗寫。斯三八八號《正名要録》："惡惡，右正行者揩（楷），脚（脚）注稍訛。"《干禄字書》："惡惡：并上俗下正。"

廣要道章第十二〔一〕

要道如何廣，須知禮義宗。父慈傳子孝，兄友弟須恭〔二〕。鰥寡非輕侮〔三〕，歡欽萬里同〔四〕。子游能易俗〔五〕，實是好門風。

【校釋】

〔一〕廣要道章第，底本作"廣要道章第"，甲本同，乙本僅存"廣要道章"四字，"弟"字僅存"〭"殘畫。《古鈔》《研究》《輯考》《導論》《全詩》錄作"廣要道章第"，茲從之。按：甲本抄錄未完，僅抄錄此題，以下另抄有題記"辛巳年正月五日氾員昌、龍賓上"一行終卷。氾，甲本作"氻"，爲"氾"字俗寫，茲據文義徑錄正。○員，甲本作"貟"，爲"員"字俗寫，茲據文義徑錄正。○龍，底本作"𪚚"，《古鈔》錄作"□"，言"饒先生將其强釋爲'就'，余猶恐其非是"；《研究》錄作"钞（鈔）"，非原形；《輯考》錄作"就"，《全詩》錄作"韓"，不妥。按：𪚚，爲"龍"字俗寫。黃征《敦煌俗字典》"龍"字條下俗字有"𪚔""𪚚"字。敦研三二號《四分律》："伊羅婆尼𪚚（龍）象王供給天帝釋。""是中有七大𪚚（龍）象王兄弟共住。"○賓，《古鈔》《全詩》錄作"賓"，茲從之；《研究》錄作"竟"，非原形；《輯考》錄作"賽"，不妥。

〔二〕恭，底本僅存"恭"字右側殘畫，茲據文義錄作"恭"，《古鈔》《研究》《輯考》《導論》《全詩》錄作"恭"，茲從之。按：《史記》卷一《五帝本紀》："舉八元，使布五教於四方，父義，母慈，兄友，弟恭，子孝，內平外成。"

〔三〕鰥，底本"鰥"字"魚"部略殘，茲據文義錄作"鰥"，《古鈔》《全詩》校作"鰥"，《研究》《導論》錄作"鰥"，茲從之；《輯考》校作"瓓"，俟考。○寡，底本作"寡"，茲據文義徑錄正，《古鈔》《輯考》校作"寡"，《研究》《導論》《全詩》錄作"寡"，茲從校。按：寡，爲"寡"字俗寫。黃征《敦煌俗字典》"寡"字條下俗字有"寡"字。斯一八九號《老子道德經》："人之所惡，唯孤、寡（寡）、不穀，而王公以自名。"又斯五五八四號《開蒙要訓》："孤悍鰥寡（寡），老弱衰憚。"○侮，底本作"悔"，當作"侮"，《古鈔》《研究》校作"侮"，《輯考》《導論》《全詩》錄作"侮"，茲從校。按：輕侮，謂輕慢、欺侮。《管子》卷五《重令》："兵雖彊，不輕侮諸侯。"《尚書》卷九《無逸第十七》："乃逸乃諺，既誕，否則侮厥父母曰：'昔之人無聞知'"注云："既不知父母之勞，乃爲逸豫遊戲，乃叛諺不恭巳，欺誕父母，不欺則輕侮其父母曰：‘古老之人無所聞知。’”

〔四〕欽，底本作“欽”，《研究》《全詩》校作“欽”，《輯考》《導論》録作“欽”，兹從之；《古鈔》校作“心”，非原形。按：元·謝應芳《龜巢稿》卷一七《聖節賢表》：“致雍熙之治，春秋鼎盛，夷夏咸歡欽。”此處作“欽”義通。

〔五〕游，底本作“游”，兹據文義徑録正，《古鈔》《研究》《輯考》《導論》《全詩》録作“游”，兹從之。按：游，爲“游”字俗寫。《龍龕·水部》：“游：俗；游：正音由浮也。隨水流皃（貌）也，又姓。”

廣至德章第十三〔一〕

至德先王禮〔二〕，非家日見之。親能行孝敬，不使孝無（有）虧〔三〕。禮樂留今古〔四〕，寒温世代稀。此天風化遠，率土盡皆歸〔五〕。

【校釋】

〔一〕至德，底本原作“楊名”，後在此二字上塗改，於右側書“至德”，兹據文義徑録正，《古鈔》《研究》《輯考》《導論》録作“至德”，《全詩》校作“至德”，兹從之。按：《孝經·廣至德章第十二》疏曰：“正義曰：‘首章標至德之目，此章明廣至德之義，故以名章，次廣要道之後。’”

〔二〕王，底本作“王”，《古鈔》《研究》《導論》《全詩》録作“王”；兹從之《輯考》録作“至”，非原形。

〔三〕無，底本作“無”，當作“有”，《古鈔》《研究》《導論》録作“有”，兹從之；《輯考》《全詩》録作“無”，不妥。按：“不使孝有虧”，此處作“有”義通。

〔四〕留，底本作“畱”，兹據文義徑録正，《研究》《輯考》《導論》《全詩》録作“留”，兹從校；《古鈔》録作“流”，非原形。按：畱，爲“留”字俗寫。黃征《敦煌俗字典》“留”字條下俗字有“畱”字。伯二三〇五號《妙法蓮華經講經文》：“要去任王歸國去，下官決定不相畱（留）。”〇今，底本作“今”，兹據文義徑録正，《古鈔》《研究》《輯考》《導論》《全詩》録作“今”，兹從之。按：今，爲“今”字俗寫。黃征《敦煌俗字典》“今”字條下俗字有

“令”字。敦研二一九號《道行般若經》卷十：“過去當来令（今）現在悉等入三昧。”

〔五〕土，底本作“圡”，茲據文義逕録正，《古鈔》《研究》《輯考》《導論》《全詩》録作“土”，茲從之。按：圡，爲“土”字俗寫。黄征《敦煌俗字典》“土”字條下俗字有“圡”字。斯七九九號《隸古定尚書》：“光於四方，顯於西圡。”《干禄字書》：“圡土：上通下正。”

廣揚名章第十四〔一〕

　　莫怪揚名廣〔二〕，貧（含）弘禮（體）性寬〔三〕。可移於故里〔四〕，兄弟莫爲難〔五〕。治理居家長，人而善事官。行成於此内〔六〕，方見子孫安。

【校釋】

〔一〕章，底本作“章”，《研究》《輯考》《全詩》録作“章”，茲從之；《古鈔》《導論》未録。

〔二〕怪，底本作“㤾”，茲據文義逕録正，《導論》《全詩》校作“怪”，《研究》録作“㤾”，茲從校；《古鈔》録作“悝”，非原形；《輯考》校作“恠”，非原形。按：㤾，爲“怪”字俗寫。《新唐書》卷一九五《孝友傳》：“繁昌朱㤾，歙縣黄芮。”宋·董衡釋音：“㤾，抄監切，又作悆。”用作人名。又《可洪音義》卷一九：“無㤾：古壞反。㤾，异也。正作恠也。”此“㤾”字爲“恠（怪）”字之俗訛，與《新唐書》用作人名的“㤾”同形。

〔三〕貧，底本作“貧”，當作“含”，《導論》《全詩》録作“含”，茲從之；《古鈔》《研究》録作“貧”，不妥；《輯考》録作“貪”，非原形。按：含弘，謂器量寬厚。嵇康《幽憤詩》：“大人含弘，藏垢懷恥。”晋·葛洪《抱朴子·外篇》卷五《君道》：“雖務含弘，必清耳於浸潤，民之飢寒，則哀彼責。”此處作“含”義通。○禮，底本作“禮”，當作“體”，《古鈔》《研究》《輯考》録作“禮”，不妥；《導論》《全詩》校作“體”，茲從校。按：體性，即性情。周·固樸《大道論·心行章》：“迷境心者有二，迷真境心，迷妄境心，真境則大道妙本自然之體性也。”《文選》卷四七袁宏《三國名臣序贊》云：“子瑜都長，體性純懿。”

〔四〕故，底本作“故”，《研究》《輯考》《導論》《全詩》録作“故”，兹從校；《古鈔》校作“敬”，非原形。○裏，底本作“裛”，《古鈔》録作“裏”，兹從之；《研究》《導論》校作“里”，非原形；《輯考》録作“□”。按：裛，爲“裏”字俗寫。黄征《敦煌俗字典》“裏”字條下俗字有“裛”字。俄弗九六號《雙恩記》：“定裛（裏）長栽（栽）覺樹榮。”《干禄字書》：“裛裏：上俗下正。”

〔五〕弟，底本作“弟”，《研究》《輯考》《導論》《全詩》録作“弟”，兹從之；《古鈔》校作“悌”，非原形。

〔六〕内，底本作“内”，兹據文義徑録正，《古鈔》《研究》《輯考》《導論》《全詩》録作“内”，兹從之。按：内，爲“内”字俗寫。《字學三正·體制上·俗書點畫相等者》：“内，俗作内。”《字彙》：“内，俗從人。”又《孝經·廣揚名章第十四》：“子曰：‘君子之事親孝，故忠可移於君。事兄弟悌，故順可移於長。居家理，故治可移於官，是以行成於内，而名立於後世矣。’”

諫諍章第十五

曾子偏慈愛，論中第一人。則聞揚名易〔一〕，恭敬自安親〔二〕。父過脱由子，君非諫在臣。世間何事貴，忠孝是名珍〔三〕。

【校釋】

〔一〕聞，底本作“闻”，兹據文義徑録正，《研究》《輯考》録作“聞”，《導論》《全詩》校作“聞”，兹從校；《古鈔》録作“闔”，非原形。按：闻，爲“聞”字俗寫。黄征《敦煌俗字典》“聞”字條下俗字有“闻”字。斯二八三二號《願文等範本》：“設三乘教綱，群生遇以心開。廣演五部之衆經，六趣闻（聞）道。”又《孝經·諫諍章第十五》：“曾子曰：‘若夫慈愛恭敬，安親揚名，則聞名矣。’”

〔二〕恭，底本作“恭”，兹據文義徑録正，《古鈔》《研究》《輯考》《導論》《全詩》録作“恭”，兹從之。按：恭，爲“恭”字俗寫。斯三八八號《正名要録》“各依脚注”類“恭”下脚注“從心”。《五代本切韻》一平聲冬韵：“恭，恭敬。”“恭”字俗書下變從小。《干禄字書》：“恭恭：上俗下正。”又《孝經·諫諍章第十五》：“曾子曰：‘若夫慈愛恭敬，安親揚名，則聞名矣。’”

〔三〕珍，底本作"珎"，兹據文義徑録正，《古鈔》《研究》《輯考》《導論》《全詩》録作"珍"，兹從之。按：珎，爲"珍"字俗寫。《玉篇·玉部》："珍，張陳切，寶也，貴也，美也。又重也。珎同上，俗。""珎"爲敦煌寫本中"珍"常見之俗字。

感應章第十六

孝義通天地，情深感應章〔一〕。嚴冰泉湧出〔二〕，魚躍爲王祥。義重三荆茂〔三〕，終於四海光。鬼神先著矣〔四〕，生死共稱陽（揚）〔五〕。

【校釋】

〔一〕章，底本作"章"，《輯考》《全詩》録作"章"，兹從之；《古鈔》《研究》校作"彰"，《導論》録作"彰"，非原形。按：章，有顯露、顯著之義。如《易·姤》："天地相遇，品物咸章也。"《淮南子·説山》："鍾之與磬也，近之則鍾音充，遠之則磬音章。"此處作"章"義通。

〔二〕湧，底本作"涌"，兹據文義徑録正，《研究》《全詩》録作"湧"，兹從之；《輯考》《導論》録作"涌"，不妥；《古鈔》録作"滿"，非原形。按：涌，爲"湧"字俗寫。又湧，同"涌"。《集韵·腫韵》："涌，或作湧。"

〔三〕三，底本作"二"，當爲"三"字之誤，《導論》《全詩》校作"三"，兹從校；《研究》《輯考》録作"二"，不妥；《古鈔》校作"如"，非原形。按："三荆"與下句"四海"相對，爲田真兄弟事，見宋·李昉《太平御覽》卷四二一《人事部六二·義中》引《續齊諧記》："田真兄弟三人，家巨富而殊不睦。忽共議分財，金銀珍物。各以斛量，田業生賚，平均如一。唯堂前一株紫荆樹，花葉美茂，共議欲破爲三，人各一分，待明就截之。爾夕樹即枯死，狀火燃，葉萎枝摧，根莖燋瘁。真至攜門而往之，大驚，謂語弟曰：'樹木同株，聞當分析，所以燋瘁，是人不如樹木也。'因悲不自勝，便不復解書，樹應聲遂更青翠，華色繁美。兄弟相感，更合財産，遂成純孝之門。"○茂，底本作"茂"，《古鈔》《研究》《導論》録作"茂"，《全詩》校作"茂"，兹從校；《輯考》録作"花"，非原形。

〔四〕鬼，底本作"鬼"，兹據文義徑録正，《古鈔》《研究》《輯考》《導論》《全詩》録作"鬼"，兹從之。按：鬼，爲"鬼"字俗寫。《正字通》："鬼，古；鬼，今。"又《孝經・感應章第十六》："宗廟致敬不忘親也，修身慎行恐辱先也，宗廟致敬，鬼神著矣，孝悌之至，通於神明，光於四海，無所不通。"

〔五〕稱，底本作"稱"，兹據文義逕録正，《古鈔》《研究》《輯考》《導論》《全詩》録作"稱"，兹從之。按：稱，爲"稱"字俗寫。黃征《敦煌俗字典》"稱"字條下俗字有"稱"字。斯八〇〇號《論語》："三以天下讓，民無得而稱（稱）焉。"〇陽，底本作"陽"，當作"揚"，《古鈔》《研究》《全詩》校作"揚"，《導論》録作"揚"，兹從校；《輯考》録作"陽"，不妥。按：稱揚，謂稱許贊揚。見《禮記・祭統》："夫鼎有銘，銘者自名也。自名以稱揚其先祖之美，而明著之後世者也。"《漢書》卷八九《循吏傳・黃霸傳》："天子以霸治行終長者，下詔稱揚。"唐・劉得仁《寄謝觀》詩："得失天難問，稱揚鬼亦聞。"

事君章第十七

君子皆懷德，謙謙備紀綱〔一〕。進思於上下，竭力奉明王。將順和爲美〔二〕，忠心萬物藏〔三〕。報恩何日忘，匡救是尋常〔四〕。

【校釋】

〔一〕謙謙，底本"謙"字下施重文符號"〻"，兹逕補。《古鈔》《研究》《輯考》《導論》《全詩》録作"謙謙"，兹從之。

〔二〕將，底本作"將"，兹據文義逕録正，《古鈔》《研究》《輯考》《導論》《全詩》録作"將"，兹從之。按：將，爲"將"字俗寫。斯三八八號《正名要録》："將將，右正行者揩（楷），脚（腳）注稍訛。"又《孝經・事君章第十七》："子曰：'孝子之事上也，進思盡忠，退思補過，將順其美，匡救其惡。'"

〔三〕藏，底本作"蔵"，兹據文義逕録正，《古鈔》《研究》《輯考》《導論》《全詩》録作"藏"，兹從之。按：蔵，爲"藏"字俗寫。又蔵，同"藏"。《龍龕・草部》："蔵，藏莨。莨尾草也。"又《雲笈七籤》卷一一一："戢此靈鳳羽，藏我華龍鱗。"

〔四〕匡，底本作"圭"，兹據文義逕録正，《古鈔》《研究》《輯考》《導論》

《全詩》録作"匡"，兹從之。按：迋，爲"匡"字俗寫。斯三八八號《正名要録》："匡迋，右正行者揩（楷），脚（腳）注稍訛。"又《孝經·事君章第十七》："子曰：'孝子之事上也，進思盡忠，退思補過，將順其美，匡救其惡。'"

喪親章第十八〔一〕

先（失）天尋常事〔二〕，喪儀禮法多。哀哉移晦朔，攀慕自遄娥（我）〔三〕。祭祀安宗廟〔四〕，春秋痛奈何。賣身學董永，孝道不如他。

【校釋】

〔一〕喪，底本作"衰"，兹據文義徑録正，《古鈔》《研究》《輯考》《導論》《全詩》録作"喪"，兹從之。按：衰，爲"喪"字俗寫。黄征《敦煌俗字典》"喪"字條下俗字有"衺"字。敦研二三七號《太子瑞應本起經》："遍念衆生老耄專愚，不勉（免）疾病死衺（喪）之痛，欲令解脱。"

〔二〕先天，底本作"先无"，當作"失天"，《導論》《全詩》校作"失天"，兹從校；《古鈔》《研究》録作"先天"，兹從之；《輯考》録作"先無"，不妥。按："先"爲"失"字之形誤，當讀作"失"。按："失天"即"喪親"。《毛詩正義》卷三《鄘風·柏舟》："母也天只，不諒人只。"注云："天謂父也。"

〔三〕遄娥，底本作"遄娥"，當作"遄我"，《古鈔》《研究》校作"喘哦"；《導論》録作"喘哦"，言底本作"遄娥"，俟校；《輯考》《全詩》録作"遄娥"。按：《周易·下經》："六四損其疾使遄有喜無咎。四，大臣也。以初九之陽剛益己，而損其陰柔之疾。夫初方我遄我，不可自遄乎？必速於遷改，則有日新之喜，無悟終之咎矣。"唐·李賀《昌穀集》卷一《上周益公》："贈我百草芳，遄我趑趄征。"據此"遄娥"當讀作"遄我"。明·劉三吾《坦齋文集》卷上："仲魯喘哦爲病，誠刺然恒見得此疾者。"

〔四〕廟，底本作"庿"，兹據文義徑録正，《導論》《全詩》校作"廟"，兹從校；《古鈔》《研究》《輯考》録作"厝"，不妥。按：庿，爲"廟"字俗寫。斯三八八號《正名要録》："廟庿，二同。""右依顏監《字樣》甄録要用者，考定折衷，刊削紕繆。"又《孝經·喪親章第十八》中正有"爲之宗廟，以鬼享之"之語，則此字當爲"廟"字。

楊滿山咏孝經一十八章〔一〕

【校釋】

〔一〕按：底本此後抄有"維大晋天福七年壬寅歲七月廿二日三界寺學士郎張富䍺（盈）記"，及"戊辰年十月卅日三界寺學士 計寫兩卷文書 心裏些些不疑自要心身懇切 更要師父闍梨"兩條内容。○䍺，《古鈔》録作"□"，言"饒先生將其强釋爲'炎'而附一'？'號，余猶信其必非'炎'字"，《研究》録作"䍺"，《輯考》録作"盈"，《全詩》録作"㿱"。

（三）伯三九一〇號

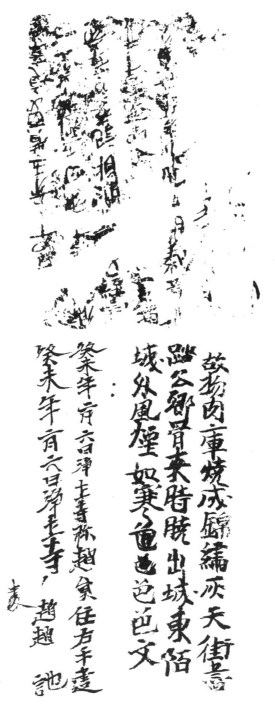

下編　研究篇

第一章
《楊滿山咏孝經壹拾捌章》
的作者與時代考訂

《楊滿山咏孝經壹拾捌章》作者與時代的考訂，不僅對進一步分析此書性質、編撰背景提供一定研究基礎，也對探討其中蘊含的思想價值具有重要意義。因此，本書在前輩學者所作研究、考證的基礎上，結合新出土的碑志資料，試對《楊滿山咏孝經壹拾捌章》的作者與時代進行考論。

第一節　《楊滿山咏孝經壹拾捌章》的作者考略

鑒於《楊滿山咏孝經壹拾捌章》一書的作者史志載籍未見記載，則其作者之考略，試分寫卷題記及碑志資料二題論述如次，概論其實。

一　寫卷題記情況

關於《楊滿山咏孝經壹拾捌章》一書的記載未見史籍，相關寫卷對其作者的記載亦僅表現在寫卷首題、尾題之中，爲考訂其作者提供了研究方嚮。通過梳理相關寫卷及研究論著，涉及是書作者信息者，概有二端，兹臚列如下：

其一，相關寫卷所見標示。《楊滿山咏孝經壹拾捌章》後世亡佚，賴敦煌遺書伯三三八六號+伯三五八二號、伯二六三三號、伯三九一〇號等三件寫本得以保存，是以今人得見其書之原貌。然史志載籍均未見此書的著録，相關寫卷均見有作者標示，伯三三八六號＋伯三五八二號首題“楊滿川咏孝經壹拾捌章 五言 一名滿山”，尾題“楊滿山咏孝經一十八章”；伯二六三三號題“楊蒲山咏孝經壹拾捌章”；伯三九一〇號殘卷也可見“楊滿”“經壹拾”“滿川”等字樣〔一〕。

　　其二，敦煌遺書存目著録。研究著録、圖録論著對《楊滿山咏孝經壹拾捌章》的相關寫卷進行了初步的整理和説明，對分析《楊滿山咏孝經壹拾捌章》的作者具有一定的價值。如《敦煌遺書總目索引》一書中，王重民的《伯希和劫經録》伯三三八六號＋伯三五八二號題作“楊滿山咏孝經一十八章”〔二〕；伯二六三三號題作“雜文集”，有《楊滿山咏孝經十八章》〔三〕。《寶藏》中，伯三三八六號＋伯三五八二號則題作“咏孝經”〔四〕；伯二六三三號題作“楊蒲山咏孝經一十八章”〔五〕。日本學者池田温編《中國古代寫本識語集録》中伯二六三三號著録有“楊蒲山咏孝經十八章”〔六〕；伯三五八二號著録有“楊滿山咏孝經十八章三界寺學士題記後録詩”〔七〕。《敦煌遺書總目索引新編》中伯三三八六號＋伯三五八二號題“楊滿山（川）咏孝經一十八章五言（尾題）”〔八〕；伯二六三三號e題作“楊滿山咏孝經十八章”〔九〕；對伯三九一〇號p題作“殘片一”〔一〇〕。《法藏》伯三三八六號＋伯三五八二號定作“楊滿川咏孝經

〔一〕 按：研究篇所録寫卷内容及信息，均以校釋篇爲基礎，以下不再一一説明。

〔二〕 王重民：《伯希和劫經録》，收入《索引》，第二八六頁。

〔三〕 王重民：《伯希和劫經録》，收入《索引》，第二六九頁。

〔四〕《寶藏》第一二八册，第一二五頁。

〔五〕《寶藏》第一二三册，第五〇頁。

〔六〕［日］池田温編：《中國古代寫本識語集録》，（日本）東京：東京大學東洋文化研究所，一九九〇年，第四六四頁。

〔七〕［日］池田温編：《中國古代寫本識語集録》，第五〇一頁。

〔八〕《索引新編》，第二八〇頁。

〔九〕《索引新編》，第二四七頁。

〔一〇〕《索引新編》，第三〇四頁。

壹拾捌章"〔一〕；伯二六三三號定作"楊蒲山咏孝經壹拾捌章"〔二〕。

依上文所引，相關文獻對於《楊滿山咏孝經壹拾捌章》一書作者的著録，說明了兩點情況：一是，相關寫卷所題中的"楊滿（蒲）山（川）"當爲此書作者；二是，不同寫卷所記所題作者尚存在差異，對是書作者的考訂，除寫卷題記內容而外，尚需其他資料以資參考。兹僅就《楊滿山咏孝經壹拾捌章》相關寫卷中的題記，試作如下兩點分析：

第一，關於《楊滿山咏孝經壹拾捌章》的作者，相關寫卷與著録情況中，可見"楊滿山""楊滿川"之別。如伯三三八六號＋伯三五八二號中首題作"楊滿川咏孝經壹拾捌章 五言 一名滿山"，尾題又作"楊滿山"，而伯三九一〇號可見"楊滿""滿川"等字樣〔三〕。則其作者有"楊滿山""楊滿川"之別，於寫卷抄録時，已見歧説。又《廣韻》言"山"（所閒切）、"川"（昌緣切）二字，韵部均屬"元部"，"山"爲"山"韵，"川"爲"仙"韵，雖聲母有異，但二字韵母相近，則此二字蓋爲音近而有異，則其作者當爲楊滿山。

第二，《楊滿山咏孝經壹拾捌章》的相關寫卷中，亦有"楊滿山""楊蒲山"之別。相關寫卷作"楊蒲山"者，當爲伯二六三三號寫卷，今檢此寫卷首題之字作"蒲"字，是爲"蒲"字。然"滿"與"蒲"二字，在唐鈔本中時時混用〔四〕，蓋因"滿"字下部爲"兩"，敦煌寫卷中"兩""雨"二字亦多不分〔五〕，如斯二六〇七號中《浪濤沙》："五兩竿頭風欲平，長帆舉棹覺船行。"伯三九一〇號《新合千文皇帝感辭》"福源善慶滿鄉鄰"，伯二七二一號《開元皇帝贊》"鴈塔龍宮滿化天"；《新集孝經十八章 皇帝感》"言滿天下無怨惡"

〔一〕《法藏》第二四册，第四九～五〇頁。
〔二〕《法藏》第一七册，第一七頁。
〔三〕 按：伯二六三三號中作"楊蒲山"，與所論"滿山""滿川"之別無關，容於下點説明。
〔四〕 饒宗頤：《孝順觀念與敦煌佛曲》，收入香港新亞研究所敦煌學會編輯：《敦煌學》第一輯，香港新亞研究所敦煌學會，一九七四年，第七五頁。
〔五〕 詳參鄭阿財：《敦煌孝道文學研究》，石門圖書公司，一九八二年，第五五九頁。

等寫卷中〔一〕，"滿"字原卷中均作"蒲"字，因之"滿"字俗寫作"蒲"，敦煌寫卷中亦多見。

又如蕭統撰《文選》卷四四《檄·司馬長卿〈難蜀父老〉》則言："略斯榆，舉苞蒲。"〔二〕又根據日本東京細川氏永青文庫所藏之天壤孤本——敦煌本《文選注》殘卷〔三〕，其中《司馬長卿〈難蜀父老〉》此句作"略斯榆，舉苞滿"。羅國威在箋證中指出："'滿'，集注本、《史記·司馬相如傳》并同；尤本、胡刻本、五臣本、袁本、四部叢刊本、《漢書·司馬相如傳下》并作"蒲"……'苞滿'，蜀地名"〔四〕，則以"滿"爲"蒲"，正可爲證。

據上，則相關寫卷所見"楊滿山""楊蒲山"當爲一人。若參伯三三八六號＋伯三五八二號、伯三九一〇號寫卷中所題作者姓名者，則伯二六三三號寫卷中的"楊蒲山"當爲"楊滿山"，近是。

二　碑志資料信息

碑志中保存了大量可信史料，可證史書之罅漏，校史傳之誤訛，補載籍之缺略。隨着近年來碑志圖録、滙編等研究成果的陸續出版，不僅爲历史研究提供了新的研究資料，也爲充分使用碑志這一寶貴史料提供了可能。

〔一〕 斯二六〇七號，見《英藏》第四卷，第一一三頁；伯三九一〇號，見《法藏》第二九册，第二〇一頁；伯二七二一號，見《法藏》第一七册，第三五九頁。

〔二〕（漢）司馬相如：《難蜀父老》，收入（南朝·梁）蕭統編，（唐）李善注：《文選》卷四四《檄·司馬長卿難蜀父老》，上海古籍出版社，二〇一一年，第一九九二頁。

〔三〕 按：《敦煌本文選注》附有神田喜一郎解説，於日本昭和四十年（一九六五）影印刊行。詳參（梁）昭明太子編：《敦煌本文選注》，（日本）昭和四十年（一九六五）永青文庫影印本（藏中國國家圖書館）。

〔四〕 按：《史記》卷一一七《司馬相如傳》言："略斯榆，舉苞滿。"《索隱》亦言："'滿'字或作'蒲'也。"《漢書》卷五七下《司馬相如傳》作："略斯榆，舉苞蒲。"《史記》《漢書》中亦見"苞滿""苞蒲"之别。詳參（漢）司馬遷撰：《史記》卷一一七《司馬相如傳》，中華書局，一九五九年，第三〇四九頁；（漢）班固撰：《漢書》卷五七下《司馬相如傳》，第二五八三頁；羅國威箋證：《敦煌本〈文選注〉箋證》，巴蜀書社，二〇〇〇年，第一八三頁。

通過梳理近年來新獲碑志文獻資料，涉及《楊滿山咏孝經壹拾捌章》作者"楊滿山"的墓志圖録概有兩種，一是《北京大學圖書館藏歷代墓志拓片目録》；二是《秦晋豫新出墓志搜佚續編》，二書中著録、收録了唐代楊滿山所撰《李敬回墓志》，昭蘇久湮之碑志資料不僅爲考訂《楊滿山咏孝經壹拾捌章》的作者以及其生存時代、身份等提供了重要的文獻基礎，也爲相關研究提供了新的啓示，兹分別論述如次：

其一，《北京大學圖書館藏歷代墓志拓片目録》。此書收録了大量近二十年來新出土墓志，著録了不少未曾披露過的新資料[一]，是最早著録唐代楊滿山撰《李敬回墓志銘并序》的墓志目録。其中，唐代墓志中著録有"李敬回墓志并蓋"拓片[二]，兹攝其與"楊滿山"相關者，録如下：

首題：唐故右神策軍衙前兵馬使兼樂營副兵馬使銀青光禄大夫檢校國子祭酒侍御史李府君墓志銘并序；蓋題：大唐故李府君墓志銘。
（唐）楊滿山撰。唐咸通十一年（八七〇）五月九日葬。陝西西安出土[三]。

此書對"李敬回墓志并蓋"等相關信息進行了初步的説明，但未收録墓志拓片，未見墓志内容。從上述所引，作爲爲数不多涉及"楊滿山"的墓志資料，可試作以下兩點推論：

一是不見於史傳載籍之楊滿山，其人確存於唐代；二是志主李敬回葬於唐懿宗咸通十一年（八七〇），考慮到唐懿宗咸通年間（八六〇~八七三）僅有十三年的情況，則可推斷墓志撰者楊滿山，其人大致生存於唐宣宗大中至唐懿宗咸通年間（八四七~八七三）。

〔一〕 北京大學圖書館金石組，胡海帆、湯燕、陶誠著：《北京大學圖書館藏歷代墓志拓片目録》上册，上海古籍出版社，二〇一三年，前言第三頁。
〔二〕 按：《李敬回墓志并蓋》拓片藏北京大學圖書館古籍特藏庫，二〇一一年拓，典藏號爲D302：8010。
〔三〕 北京大學圖書館金石組，胡海帆、湯燕、陶誠著：《北京大學圖書館藏歷代墓志拓片目録》上册，第七五三頁。

其二,《秦晋豫新出墓志搜佚續編》。是書收録了近年来新出土或以前出土未曾著録的墓志,具有極高的文史價值,并從墓志名稱、首題、志蓋内容及尺寸、卒葬年月、撰書鑄者、出土時地等方面,對墓志進行了較爲精確的描述,對充分發掘碑志資料的價值具有重要作用。是書收録了《李敬回墓志并蓋》的志蓋和墓志拓片(圖一)[一],爲分析其撰者楊滿山提供了更爲豐富的資料。

图一 《李敬回墓志并蓋》拓片

此書墓志拓片下著録的信息,與《北京大學圖書館藏歷代墓志拓片目録》大致相同:

> 首題:"唐故右神策軍衙前兵馬使兼樂營副兵馬使銀青光禄大夫檢校國子祭酒侍御史李府君墓志銘并序"
> ……
> 志蓋篆書:"大唐故李府君墓志銘。"
> 咸通十一年(八七〇)三月八日卒,五月九日葬,楊滿山撰。

〔一〕 趙文成、趙君平編:《秦晋豫新出墓志搜佚續編》第五册,國家圖書館出版社,二〇一五年,第一二七五~一二七六頁。

出土時地不詳，據云出土於陝西省西安市長安區〔一〕。

爲之後論述之便，附載《李敬回墓志銘》之釋文，以資論證焉〔二〕：

志蓋：大唐故/李府君/墓志銘/

釋文：唐故右神策軍衙前兵馬使兼樂營副兵馬使銀青光禄/大夫檢校國子祭酒侍御史李府君墓志銘并序。/

契賜紫金魚袋楊滿山撰。/

公諱敬回，字恭亞，姓李氏，其先隴西人，得姓之由，史册多/顯，故略而不書。曾祖光、祖麈，皆性樂丘園，身辭禄利，追蹤/巢許，委志老莊。父偓興，元□從雲麾將軍，守左金吾衞中/郎，自家形國，移孝於忠。公即中郎之嗣子也。故夏臺劉公/知公韜略承家，辟在戎幕，右廣魚公知公藝能越衆〔三〕，徵/作詞臣，遂授正將〔四〕。武宗皇帝因佳玉韵，仍錫銀章。/嗟乎，迭泰有時，聖賢不免，徵因悮旨，暫謫邊陲〔五〕。/今上嗣位之初，惟新景命〔六〕，軍容論奏，却起天軍〔七〕，遂授/别敕正將，咸通二年（八六一）遷散兵馬使，九年（八六八）改授衙前兵馬使，/兼樂營副兵馬使，精鑒無群，攝政有二〔八〕，極品露猛，提之/切福星翻，吞禍之因，天也不言，與善奚爽。十一年（八七〇）三月八/日以疾終於頒政里私第，享齡六十有三，操心特達，知/人急難，救弊薦能，甚己之切，故聞之者皆痛惜，如喪骨肉/矣。夫人薩氏，專貞温惠，立性和柔，佐君子有儀，

〔一〕　趙文成、趙君平編：《秦晋豫新出墓志搜佚續編》第五册，第一二七六頁。

〔二〕　按：墓志中俗寫字徑録正，不再一一注釋。肖游《〈秦晋豫新出墓志蒐佚續編〉晚唐墓志整理及詞語專題研究》中有録文可參。詳見肖游：《〈秦晋豫新出墓志蒐佚續編〉晚唐墓志整理及詞語專題研究》，西南大學碩士學位論文，二〇一八年，第八六～八七頁。

〔三〕　按："廣"字下有空一格，兹接排。

〔四〕　按："將"字下有敬空三格，兹接排。

〔五〕　按："陲"字下有敬空三格，兹接排。

〔六〕　按："命"字下有空一格，兹接排。

〔七〕　按："起"字下有空一格，兹接排。

〔八〕　按："二"字下有空一格，兹接排。

誨家人以/道，悲難夜慟，剗恨孤沉。有子二人，長曰歸明，次曰歸中，皆/仰思遺訓，哀毀過傷。即以其年五月九日遷神於長安縣/胡趙村，近先塋，禮也。歸明等委余分密，過海浮名，卅年泥/瀉，悲腸泣淚，傷心數百字，開襟説後，土藏地底之文，屈鐵/書時，墨入山邊之石。其銘曰：/

章兮奕奕，□超重席，

徹上久知，英中一雙，

禮合軌儀，歿應/神假，

生人□□，掩送黄泉，

下忍同常，流待掃灑。

“墓志濫觴與漢魏，成熟於南北朝，鼎盛於大唐”[一]，爲研究有唐一代歷史文化，提供了大量的新資料。在《北京大學圖書館藏歷代墓志拓片目録》的基礎上，就墓志的内容而言，可作如下幾點推論：

一是，墓志中有“過海浮名，卅年泥瀉”之語，此句言“卅年”，當指“四十年”，志主“享齡六十有三”，據文義可知，此“過海浮名，卅年泥瀉”之語，當爲墓志撰者楊滿山對自己所作評價，自言其雖聲名遠播，但袛是虛名而已，稱自己四十年來智少力劣，如不生草木的瀉土般無用。“泥”謂“少才力”。《爾雅》卷十《釋獸》：“威夷，長脊而泥。”郭璞注：“泥，少才力。”邢昺疏：“泥，弱也。”[二]清人錢大昕《答問七》：“問：‘威夷，長脊而泥。’郭訓‘泥’爲‘少才力’，何也？曰：‘泥當爲𡰪，聲相近而借用也。’《說文》：‘𡰪，智少力劣也。’”[三]“瀉”通“潟”，謂鹽城地。漢代王充《論衡》卷二八《書解》：“山無林則爲土山，地無毛則爲潟土。”[四]則“泥瀉”當是其

────────────

〔一〕北京大學圖書館金石組，胡海帆、湯燕、陶誠著：《北京大學圖書館藏歷代墓志拓片目録》上册，前言第六頁。

〔二〕（晋）郭璞注，（宋）邢昺疏：《爾雅注疏》卷十《釋獸第十八》，上海古籍出版社，一九九〇年，第一九〇頁。

〔三〕（清）錢大昕著：《潛研堂文集》卷十《問答七》，商務印書館，一九三五年，第一四二頁。

〔四〕（漢）王充：《論衡》卷二八《書解》，上海古籍出版社，一九九〇年，第二六九頁。

自謙之語。又志主葬於唐懿宗咸通十一年（八七〇），則楊滿山生於唐文宗大和三年（八二九）。若此"卌年"非實數，則可推知楊滿山大概生於唐憲宗元和十五年（八二〇）至唐文宗大和三年（八二九）之間。根據前面所作推斷，楊滿山主要活動於唐宣宗大中至唐懿宗咸通年間（八四七～八七四），正相符合。

此外，據《楊滿山咏孝經壹拾捌章》相關寫卷中的《聖治章第九》，其中有"從來邦有道，不及大中年"之語，用詩歌的形式贊揚了大中年間的盛世，"大中"爲唐宣宗時年號，則可知其《楊滿山咏孝經壹拾捌章》作者楊滿山大概生活於唐宣宗大中年間（八四七～八五九），與撰《李敬回墓志銘并序》之"楊滿山"生存時代正相符合，則此"楊滿山"與《楊滿山咏孝經壹拾捌章》作者楊滿山有爲同一人的可能。

其二，墓志中題"契賜紫金魚袋楊滿山撰"，據《舊唐書》卷四五《輿服志》：

> 高祖武德元年九月，改銀莬符爲銀魚符。高宗永徽二年五月，開府儀同三司及京官文武職事四品、五品，并給隨身魚。咸亨三年五月，五品已上賜新魚袋，并飾以銀……垂拱二年正月，諸州都督刺史，并准京官帶魚袋。天授元年九月，改內外所佩魚并作龜。久視元年十月，職事三品已上龜袋，宜用金飾，四品用銀飾，五品用銅飾……神龍元年二月，內外官五品已上依舊佩魚袋。六月，郡王、嗣王特許佩金魚袋。景龍三年八月，令特進佩魚。散職佩魚，自此始也。自武德已來，皆正員帶闕官始佩魚袋，員外、判試、檢校自則天、中宗後始有之，皆不佩魚。雖正員官得佩，亦去任及致仕即解去魚袋。至開元九年，張嘉貞爲中書令，奏諸致仕許終身佩魚，以爲榮寵。以理去任，亦聽佩魚袋。自後恩制賜賞緋紫，例兼魚袋，謂之章服，因之佩魚袋、服朱紫者衆矣[一]。

又《新唐書》卷二四《百官志》："隨身魚符者，以明貴賤，應召命……官有貳者加左右，皆盛以魚袋，三品以上飾以金，五品以上飾以銀。刻姓名

〔一〕《舊唐書》卷四五《輿服志》，第一九五四頁。

者，去官納之，不刻者傳佩相付。"〔一〕唐玄宗開元以後，官員獲得官職的同時，照例也會被賜予袍服、魚袋。

唐代咸通年間墓志撰者屬"賜紫金魚袋"者，事例尚多，兹聊舉數例，以實所言，如《唐故懷州録事參軍清河崔府君後夫人范陽盧氏墓志銘并序》，撰此志時署"猶子朝議郎、守尚書刑部郎中、賜紫金魚袋（崔）峴撰"〔二〕;《故楚國夫人贈貴妃楊氏墓志銘并序》，奉敕撰此志時署"翰林學士、朝議郎、守尚書户部郎中、知制誥、賜紫金魚袋臣劉允章奉敕撰"〔三〕;《唐故内莊宅使銀青光禄大夫行内侍省内侍員外置同正員上柱國彭城縣開國子食邑五百户賜紫金魚袋贈左監門衛大將軍劉公墓志銘并序》，署"翰林承旨學士、將仕郎、守尚書户部侍郎、知制誥、賜紫金魚袋劉瞻撰"〔四〕;《唐故開府儀同三司守太傅致仕上柱國太原郡開國公食邑二千户贈太尉白公墓志銘并序》，署"門吏翰林學士承旨、朝議郎、守尚書□部侍郎、知制誥柱國、賜紫金魚袋高璩撰"〔五〕;《唐故贈魏國夫人墓志銘并序》，署"翰林學士、朝議郎、守尚書户部郎中、知制誥柱國、賜紫金魚袋臣裴璩奉敕撰"〔六〕，等等。

依上文所引，從唐代咸通年間墓志撰者屬"賜紫金魚袋"者的情況，以及從墓志中"賜紫金魚袋"之語來看，推知楊滿山可能爲三品以上朝官。然史載不詳，無以確言〔七〕。又"賜紫金魚袋"前有一"契"字，且未見於其他

〔一〕（宋）歐陽修，（宋）宋祁撰:《新唐書》卷二四《百官志》，第五二五頁。

〔二〕周紹良主編:《唐代墓志彙編》下册《咸通〇一五》，上海古籍出版社，一九九二年，第二三八九頁。

〔三〕周紹良主編:《唐代墓志彙編》下册《咸通〇四一》，第二四一〇頁。

〔四〕周紹良主編:《唐代墓志彙編》下册《咸通〇七二》，第二四三五頁。

〔五〕周紹良、趙超主編:《唐代墓志彙編續集·咸通〇〇五》，上海古籍出版社，二〇〇一年，第一〇三三頁。

〔六〕周紹良、趙超主編:《唐代墓志彙編續集·咸通〇三一》，第一〇五七頁。

〔七〕按:至宋代分"賜製"爲六等，以獎有功及宿舊。《宋史》卷一七〇《職官十·賜六》言:"劍履上殿，詔書不名，贊拜不名，入朝不趨，紫金魚袋，緋魚袋。右升朝官該恩。著録二十周年賜緋魚袋，着緋及二十周年賜紫金魚袋（特旨者，係臨時指揮）。"詳參（元）脱脱等撰:《宋史》卷一七〇《職官十·賜六》，中華書局，一九七七年，第四〇七五頁。

墓志之中，"契"通"挈"，含"取""持"之義，如《荀子》卷十《議兵篇》："掎契司詐，權謀傾覆，未免盜兵也。"[一]唐代楊倞注："契讀爲挈。挈，持也。"[二]若"挈賜"，如《景文集》卷四八《舞熊説》："自是蘭子挈賜物，婤嬛郡縣，頤指褝袒，撫熊益甚，遠近閲者亦争玩之。"[三]則墓志中之"契賜"可能爲"挈賜"，以强調撰墓志者楊滿山"賜紫金魚袋"之情況。

其三，請托他人撰寫墓志，受請托者往往熟悉志主的情況。舉凡同僚、故舊、門生、屬吏等，均在選擇範圍之中[四]。楊滿山於墓志中言："歸明等委余分密，過海浮名，卌年泥瀉，悲腸泣淚，傷心數百字，開襟説後。"自其"分密""悲腸泣淚""心數百字"之語，可知楊滿山熟知志主，且與志主情意相投、親近和睦，故授志主李敬回子李歸明等人之托，撰寫墓志。此外，在選擇撰寫墓志者時，撰者的文章水平也是請托者考慮的重要方面之一，從楊滿山所撰墓志來看，其當爲善文者無疑，可當志主親人之托，則其有作"咏孝經壹拾捌章"之文學基礎。

值得注意的是，楊滿山所撰墓志中有"自家形國，移孝於忠"之語[五]，言李敬回能够於家謹孝，可移孝於忠。楊滿山所撰墓志對志主李敬回所作評價與描寫，在一定程度上反映了其對忠孝觀念的重視，"移孝於忠"的思想與儒家經典《孝經·廣揚名章第十四》中"君子之事親孝，故忠可移於君"之語，所表達的忠孝思想相一致[六]，亦與《楊滿山咏孝經壹拾捌章》中"竭力於家

〔一〕（唐）楊倞注：《荀子》卷十《議兵篇》，上海古籍出版社，二〇一四年，第一七一頁。

〔二〕（唐）楊倞注：《荀子》卷十《議兵篇》，第一七六頁。

〔三〕（宋）宋祁撰：《景文集》卷四八《舞熊説》，中華書局，一九八五年，第六一五頁。

〔四〕 詳參江波：《唐代墓志撰書人及相關文化問題研究》，吉林大學博士學位論文，二〇一〇年，第一〇六頁。

〔五〕 按："自家形國"，見唐代司馬貞《史記索隱》："萬石謹孝，自家形國。"詳參（唐）司馬貞撰：《史記索隱》卷三〇《萬石張叔列傳》，中華書局，一九九一年，第三三七頁。

〔六〕（唐）李隆基注，（宋）邢昺疏：《孝經注疏》卷七《廣揚名章第十四》，元泰定三年（一三二六）刻本（藏中國國家圖書館），第二簡頁。

孝，傾心向國忠""世間何事貴，忠孝是名珍"所蘊含的忠孝思想相一致。就其對於忠孝觀念的重視情況，則楊滿山具有創作以"孝"爲中心、歌咏《孝經》的作品《楊滿山咏孝經壹拾捌章》之思想基礎。

概括上述，《李敬回墓志銘并序》的作者楊滿山與《楊滿山咏孝經壹拾捌章》作者楊滿山應爲同一人，可由此推知楊滿山大概生於唐憲中元和十五年（八二〇）至唐文宗大和三年（八二九）之間，且主要活動於唐宣宗大中至唐懿宗咸通年間（八四七～八七四）。

第二節 《楊滿山咏孝經壹拾捌章》的時代考訂

關於《楊滿山咏孝經壹拾捌章》一書之時代，雖史傳不詳，無可確言，然從其寫卷內容及寫卷題記，尚存信息可資考察。是以，欲考察其成書時代及抄寫時代，則需根據寫卷內容及題記，對是書大致成書及抄寫時代試作考訂。

一 成書時代考訂

關於《楊滿山咏孝經壹拾捌章》成書時代的考定，主要從以下兩個方面進行論析：

其一，寫卷內容。《楊滿山咏孝經壹拾捌章》的相關寫卷中，伯二六三三號與此書同抄的《正月孟春猶寒》中，於尾題"正月孟春猶寒一本"之前，抄有《宣宗皇帝御製勸百寮》一篇，從其與《楊滿山咏孝經壹拾捌章》同抄的情況看，此二者出現的時間應相距不遠，當均出現於唐宣宗大中年間（八四七～八五九）。

此外，通過第一節對作者楊滿山生存時代的分析，可知楊滿山主要活動於唐宣宗大中至唐懿宗咸通年間（八四七～八七四），則《楊滿山咏孝經壹拾捌章》很有可能成書於唐宣宗大中年間（八四七～八五九）。

其二，所咏內容。《楊滿山咏孝經壹拾捌章》中的《聖治章第九》，曾言及"從來邦有道，不及大中年"。據其所咏內容，所得推論，概有兩點：一是，詩中"大中"之語，當爲唐宣宗時年號，則可推知《楊滿山咏孝經壹拾捌章》當成書於唐宣宗大中年間（八四七～八五九）。二是，《楊滿山咏孝經壹拾捌章》中的《聖治章第九》，用詩歌的形式，對大中年間的盛世進行了贊美，反映了作者楊滿山對於唐宣宗大中年間（八四七～八五九）政績、百姓生活情況的肯定，認爲大中年間"邦有道"。宋代司馬光《資治通鑒》卷二四九《唐紀六十五·大中十三年》云："宣宗性明察沈斷，用法無私，從諫如流，重惜官賞，恭謹節儉，惠愛民物。故大中之政，訖於唐亡，人思咏之，謂之小太宗。"〔一〕清代史夢蘭《异號類編》卷一四《帝王類》"小太宗"條亦指出："《通鑒》：唐宣宗性明察沈斷，用法無私，從諫如流，重惜官賞，恭謹節儉，惠愛民物。故大中之政，訖於唐亡。人思咏之，謂之小太宗。"〔二〕均言唐宣宗有"小太宗"之美譽，則可證《楊滿山咏孝經壹拾捌章》中所作"邦有道"的贊美有所憑藉，從其所咏推斷其成書時代當爲唐宣宗大中年間（八四七～八五九）。另據南唐劉崇遠《金華子》卷上有云："宣宗臨御逾於一紀，而憂勤之道，始終一致……以上之恭儉明德，始無异心……輿論謂上爲'小太宗'。"〔三〕宋代王讜著《唐語林》卷二《政事下》云："宣宗在位逾一紀，憂勤無怠……時稱'小太宗'。"〔四〕其概言唐宣宗禦極"一紀"，猶指十二年，至有"小太宗"之美稱，則唐宣宗政績成果顯現需要一定的時間，由此可將《楊滿山咏孝經壹拾捌章》的成書時間範圍縮短到唐宣宗大中十二年（八五八）至大中十三年（八五九）的兩年之間。

由於缺少更爲明確的證據，尚不能得出具體的結論，但綜其本末，《楊滿山咏孝經壹拾捌章》成書時代大致在唐宣宗大中年間（八四七～八五九），當可無疑。

〔一〕（宋）司馬光編著：《資治通鑒》卷二四九《唐紀六十五》"大中十三年"條，中華書局，一九五六年，第八〇七六頁。

〔二〕（清）史夢蘭原著，石向騫主編：《史夢蘭集》第四冊《异號類編》，天津古籍出版社，二〇一五年，第二一〇頁。

〔三〕（唐）失名等撰：《玉泉子 金華子》，中華書局，一九五八年，第四一頁。

〔四〕（宋）王讜著：《唐語林》卷二《政事下》，中華書局，一九五七年，第四一頁。

二 抄寫時代考訂

《楊滿山咏孝經壹拾捌章》的相關寫卷，計有三件：伯三三八六號＋伯三五八二號、伯二六三三號、伯三九一〇號。其中，卷中的題記對於考訂其抄寫時代具有重要的意義，茲僅以此三件寫卷爲基礎，撮録與抄寫時代相關内容，臚列如下：

伯三三八六號＋伯三五八二號：維大晋天福七年壬寅歲七月廿二日三界寺學士郎張富盈記

伯三三八六號＋伯三五八二號：戊辰年十月卅日三界寺學士 計寫兩卷文書 心裏些些不疑，自要心身懇切 更要師父闍梨

伯二六三三號：辛巳年正月五日氾員昌、龍賓上

伯三九一〇號：己卯年正月十八日陰奴兒黑榮子

伯三九一〇號：癸未年二月六日、净土寺彌趙員住右手書 癸未年二月六日净土寺趙趙 觟

依上文所引，相關寫卷題記中的時間信息，可主要分爲兩類，要之如下：

其一，具有明確時代信息。伯三三八六號＋伯三五八二號寫卷中含有的"維大晋天福七年"題記，保存了明確的時代信息，"天福"爲後晋年號，"天福七年"爲九四二年，則其抄録時間當爲後晋天福七年（九四二）。

其二，存干支紀年的信息。除上述"維大晋天福七年"的題記之外，相關寫卷的題記中均未見中朝年號，僅存干支紀年而已，尚需根據其他内容對其抄寫時間進行考訂。

通過前文對《楊滿山咏孝經壹拾捌章》成書時代的考訂，可以大致推知其成書時代爲唐宣宗大中年間（八四七～八五九），則其抄寫時代應在唐宣宗改元之後。

考慮到敦煌文獻具有的特殊歷史、地理特點，敦煌地區在唐宣宗大中年間（八四七～八五九）經歷了兩個時期：一是蕃占時期。從唐德宗建中二年（七八一）到宣宗大中二年（八四八），長達六十多年間，敦煌地區被吐蕃占

領，是爲蕃占時期〔一〕。二是歸義軍時期。從大中二年（八四八）張議潮起義成功，推翻吐蕃統治，到北宋景祐三年（一〇三六）西夏占領瓜沙地區，長達二百八十八年時間裏，敦煌地區由歸義軍管轄〔二〕，則稱爲歸義軍時期。這一時期，中原王朝先後經歷了龐勳、黃巢兩次大規模起義，繼而五代更迭，十國紛亂，中原地區長無寧日。而此時的敦煌地區距紛爭之地較遠，經濟、文化、教育等方面均得以繼續發展，尤其在學校教育方面取得了很大進步。如歸義軍時期，敦煌寺學得到了很大發展，出現了蓮臺寺學、金光明寺學、龍興寺學、永安寺學等。其中，净土寺學存在的時間爲八七〇～九七三年；三界寺學存在的時間爲九二五～九七五年〔三〕，與伯三三八六號+伯三五八二號寫卷題記中的後晉天福七年（九四二）所記"三界寺學士郎"題記，正可爲證。

從相關寫卷均祇有干支紀年，而未見中朝年號的情況來看，相關寫卷應存於敦煌陷蕃之時〔四〕，應在唐宣宗大中二年（八四八）之前。然據伯三三八六號+伯三五八二號、伯三九一〇號中學郎題記中敦煌寺學"三界寺"與"净土寺"學郎題記，可以推知伯三三八六號+伯三五八二號、伯三九一〇號寫卷當抄於歸義軍時期，根據干支紀年，可對相關寫卷抄寫時間試作如下推論：

一是，伯三三八六號+伯三五八二號題記"戊辰年十月卅日三界寺學士"中所記"戊辰年"應爲九六八年，另據《宋大詔令集》卷一一九《乾德六年南郊改開寶元年赦天下制（十一月）》載："可大赦天下，改乾德六年爲開寶元年，自今年十一月二十四日昧爽已前天下犯罪人於戲。"〔五〕宋太祖改元開寶

〔一〕 參見李正宇：《唐宋時代的敦煌學校》，《敦煌研究》一九八六年第一期，第四一頁。

〔二〕 參見李正宇：《唐宋時代的敦煌學校》，《敦煌研究》一九八六年第一期，第四二頁。

〔三〕 參見李正宇：《唐宋時代的敦煌學校》，《敦煌研究》一九八六年第一期，第四五頁。

〔四〕 詳參任半塘編著：《敦煌歌辭總編》卷五《定格聯章》，上海古籍出版社，一九八七年，第一二九〇頁。

〔五〕 司義祖整理：《宋大詔令集》卷一一九《乾德六年南郊改開寶元年赦天下制》，中華書局，一九六二年，第四〇七頁。

於宋乾德六年十一月，又其抄寫時間爲"十月卅日"，則其抄寫時代在改元之前，應爲宋乾德六年（九六八）。

二是，伯三九一〇號中所記"癸未年二月六日"及"净土寺"信息，"癸未年"應爲九二三年。據《資治通鑒》卷二七二《後唐紀》"同光元年"條載："晋王築壇於魏州牙城之南，夏，四月，己巳，升壇，祭告上帝，遂即皇帝位，國號大唐，大赦，改元。"[一] 則改元當在四月，在寫卷抄寫時間"二月"之後，則其應爲後梁龍德三年（九二三）。又伯三九一〇號中《茶酒論一卷》前題有"己卯年正月十八日陰奴兒黑榮子"題記一條，抄於"癸未年二月六日"題記及内容之前，應與後梁龍德三年（九二三）時間相近，按干支推斷，則所記"己卯年"當爲後梁貞明五年（九一九）[二]。

三是，關於伯二六三三號寫卷，與《楊滿山咏孝經壹拾捌章》同抄的《正月孟春猶寒》尾題"正月孟春猶寒一本"前又抄有《宣宗皇帝御製勸百寮》一文，則其應抄於唐宣宗大中之後不遠的某年。又伯二六三三號背抄有："辛巳年二月十三立契。慈惠鄉百性（姓）康不子爲緣家内欠少疋（匹）帛遂於莫鄉百姓索骨子面上貸黄絲生絹壹，長三仗（丈）柒尺五寸，福（幅）闊（闊）貳。"[三] 此契稿中貸絹人及絹主均注爲某某鄉人，如"慈惠鄉"及"莫鄉"，與蕃占時期所見"某某部落百姓"的用語，具有明顯的差異，當爲張議潮起義成功之後，在沙洲地區恢復唐鄉里建制傳統的結果[四]，則契稿應屬歸義軍時期。由此推斷，寫卷中的"辛巳年"可能爲唐懿宗咸通二年（八六一）

〔一〕《資治通鑒》卷二七二《後唐紀一》同光元年條，第八八八一~八八八二頁。

〔二〕按：李正宇《敦煌學郎題記輯注》一文中指出"己卯年"爲九七九年。參見李正宇：《敦煌學郎題記輯注》，第三七頁。

〔三〕沙知録校：《敦煌契約文書輯校》，江蘇古籍出版社，一九九八年，第一七九頁。按：劉復《敦煌掇瑣》中亦有著録："辛巳年二月十三立契慈惠鄉百性康不子爲緣家内欠少疋（匹）帛遂於莫鄉百性索骨子面上借黄絲生絹壹長三仗柒尺五寸福闊貳（下闊）。"參見劉復：《敦煌掇瑣》，收入黄永武編：《敦煌叢刊初集（十五）》，新文豐出版股份有限公司，一九八五年，第二五三頁。

〔四〕參見陳國燦：《敦煌所出諸借契年代考》，《敦煌學輯刊》一九八四年第一期，第五頁。

或後梁貞明七年（九二一）契稿，但尚無法明確其具體的抄寫時間。

　　合而言之，則《楊滿山咏孝經壹拾捌章》相關寫卷的抄寫時間大致在唐咸通二年（八六一）至宋乾德六年（九六八）之間，或後梁貞明五年（九一九）至宋乾德六年（九六八）之間。從其抄寫的時間範圍來看，《楊滿山咏孝經壹拾捌章》在四十或一百餘年間，均有寫本流傳，可見其在歸義軍時期的敦煌地區，得到了較爲普遍的認可和使用，能夠符合此時此地的使用需求，從而得以傳播與流傳。

第二章
《楊滿山咏孝經壹拾捌章》
的内容與性質

　　就《楊滿山咏孝經壹拾捌章》的内容而言，從其之名不難推知是書的内容，此書當爲歌咏《孝經》之作，内容亦根本於《孝經》一書。對其所咏《孝經》的分析，有助於更好的認識《楊滿山咏孝經壹拾捌章》的内容與特點。

　　關於《楊滿山咏孝經壹拾捌章》一書的性質，學界尚有不同的認識，本章在前輩學者研究成果的基礎上，試從敦煌寫卷的角度出發，依據《楊滿山咏孝經壹拾捌章》相關寫卷的情況、學郎雜寫情況的兩個方面，對此書性質進行分析。

第一節　《楊滿山咏孝經壹拾捌章》的内容

　　從《楊滿山咏孝經壹拾捌章》之名，不難推知是書爲歌咏《孝經》之作，其内容亦根本於《孝經》一書。就其所咏的《孝經》而言，作爲具有宣揚孝道及孝治觀念著作，集中闡釋了"孝"的内涵及具體做法。

　　對於《孝經》一書之名，後人多有詮釋，如《漢書・藝文志》言："夫孝，天之經，地之義，民之行也。舉大者言，故曰《孝經》。"[一]然《孝經》篇

〔一〕《漢書》卷三〇《藝文志》，第一七一九頁。

幅短小，文字簡約，其版本之爭却較爲複雜。總體而言，歷來《孝經》之版本，概有二種：一是古文本《孝經》；二是今文本《孝經》。爲了更好地分析《楊滿山咏孝經壹拾捌章》的内容，須先明確其所咏《孝經》之版本。

一 《楊滿山咏孝經壹拾捌章》所咏《孝經》

《孝經》版本之爭較爲複雜，本研究擇其與《楊滿山咏孝經壹拾捌章》相關者，論述如下：

其一，古文本《孝經》。《漢書·藝文志》云："武帝末，魯共王壞孔子宅，欲以廣其宮。而得《古文尚書》及《禮記》《論語》《孝經》凡數十篇，皆古字也。"〔一〕言《古文孝經》與《古文尚書》同出孔壁。同卷又著録有："《孝經古孔氏》一篇，二十二章。"〔二〕由此可見，此《古文孝經》共二十二章，顏師古注言："《庶人章》分爲二也，《曾子敢問章》爲三，又多一章，凡二十二章。"〔三〕又《隋書·經籍志》言："又有《古文孝經》，與《古文尚書》同出，而長孫有《閨門》一章，其餘經文，大較相似，篇簡缺解，又有衍出三章，并前合爲二十二章，孔安國爲之傳。"〔四〕從上所引，《古文孝經》凡二十二章，與《楊滿山咏孝經壹拾捌章》中所咏之"十八章"，章數有異，則其所咏之《孝經》，顯然并非二十二章之《古文孝經》。

其二，今文本《孝經》。《漢書·藝文志》著録有："《孝經》一篇，十八章。"〔五〕《隋書·經籍志》云："遭秦焚書，（《孝經》）爲河間人顏芝所藏。漢初，芝子貞出之，凡十八章……至劉向典校經籍，以顏本比古文，除其繁惑，以十八章爲定。"〔六〕言秦焚書時，《孝經》一書爲顏芝所藏，其後芝子貞獻出，共十八章，又經劉向較之古文本《孝經》，去其繁惑，定爲十八章。東漢末，

〔一〕《漢書》卷三〇《藝文志》，第一七〇六頁。

〔二〕《漢書》卷三〇《藝文志》，第一七一八頁。

〔三〕《漢書》卷三〇《藝文志》，第一七一九頁。

〔四〕（唐）魏徵等撰：《隋書》卷三二《經籍志》，第九三五頁。

〔五〕《漢書》卷三〇《藝文志》，第一七一八頁。

〔六〕《隋書》卷三二《經籍志》，第九三五頁。

有鄭氏注本出現，傳爲鄭玄所注。至唐玄宗開元七年（七一九），因鄭注今文本《孝經》與隋代後得古文孔安國注本宗旨踳駁〔一〕，故下令着諸儒質定古今。時左庶子劉知幾力主古文，而要求廢鄭行孔；而國子祭酒司馬貞言《古文孝經》已佚，今傳者當爲僞作，故倡今文。唐玄宗詔采用貞説，主今文者占據上風〔二〕。

　　其後，唐玄宗又親注《孝經》，并頒行於天下。《舊唐書》卷八《玄宗本紀上》開元十年（七二二）條載："六月辛丑，上訓注《孝經》，頒行天下。"〔三〕《唐會要》卷三六《修撰》亦言："（開元）十年（七二二）六月二日，上注《孝經》，頒於天下及國子學。至天寶二年（七四三）五月二十二日，上重注，亦頒於天下。"〔四〕天寶二年，唐玄宗再爲《孝經》作注，重新頒行於天下。《唐會要》卷三五《經籍》"天寶三載"條言："其載十二月，敕自今已後，宜令天下家藏《孝經》一本，精勤教習，學校之中。倍加傳授。州縣官長，明申勸課焉。"〔五〕天寶四年（七四五），唐玄宗親書刻石，以御注之《孝經》刻石於太學〔六〕。之後又因"《孝經》書疏，雖粗發明，幽賾無遺，未能該備"〔七〕，於天寶五載（七四六）二月二十四日詔曰："今更敷暢，以廣闕文，仍令集賢院具寫，送付所司，頒示中外。"〔八〕亦以《今文孝經》爲本，又因其以朝廷之名頒之於外，是故今文行而古文廢〔九〕。

　　〔一〕　詳參周予同：《群經概論·孝經》，收入周予同：《中國經學史論著選編》，復旦大學出版社，二〇一五年，第二三五～二三六頁。
　　〔二〕　按：質定古今之事，詳載《唐會要》卷七七《論經義》。參見（宋）王溥撰：《唐會要》卷七七《論經義》，中華書局，一九五五年，第一四〇五～一四一〇頁。
　　〔三〕　（後晋）劉昫等撰：《舊唐書》卷八《玄宗本紀上》，第一八三頁。
　　〔四〕　《唐會要》卷三六《修撰》，第六五八頁。
　　〔五〕　《唐會要》卷三五《經籍》，第六四五頁。
　　〔六〕　按：是爲《石臺孝經》，今尚存陝西西安碑林，哈佛大學圖書館藏有唐玄宗天寶四年（七四五）刻《石臺孝經》清末拓本。
　　〔七〕　《唐會要》卷七七《論經義》，第一四一一頁。
　　〔八〕　《唐會要》卷七七《論經義》，第一四一一頁。
　　〔九〕　吳平、李善强、霍艷榮主編：《孝經文獻集成》第一册，廣陵書社，二〇一一年，前言第六頁。

從《楊滿山咏孝經壹拾捌章》成書於唐宣宗大中年間（八四七～八五九），及其所咏《孝經》共十八章之章數，則其所咏《孝經》當爲今文本《孝經》，更明確的説，當爲唐玄宗御注之《今文孝經》。

二　《楊滿山咏孝經壹拾捌章》歌咏内容與特點

《楊滿山咏孝經壹拾捌章》一書，驟括《孝經》之内容而成，采用五言八句之形式，對《孝經》一書逐章進行了歌咏，共分爲十八章，主要包括六部分内容，依次爲：

第一部分包括"開宗明義章第一"。《孝經正義》言："開，張也。宗，本，也。明，顯也。義，理也。"〔一〕此章於開篇便將《楊滿山咏孝經壹拾捌章》的核心内容與思想——"孝"清楚地表明出來，亦説明了《楊滿山咏孝經壹拾捌章》以"孝"爲總的綱領及核心，闡釋了《孝經》一書的重要性，言"欲得成人子，先須讀《孝經》"，强調了"孝"對於成人、立身、揚名具有重要的價值。

第二部分包括第二章至第六章，爲了更好地使不同的人認識到明孝道、盡孝心的基本要求和基礎，此部分從天子、諸侯、卿大夫、士人、庶人等五個角度，分别論述了"孝"對此五種人的不同要求，即"五孝"：天子之孝即"一心思愛敬，不許慢於人"；諸侯之孝則是"在上君臣合，諸侯盡不驕"；卿大夫之孝則是"事君仍匪懈，夙夜在和羹"；士人之孝便是"事父兼之母，資君愛敬同"；庶人之孝便是"用天之道""謹身""克儉"。正與《孝經序》所言"五孝者，天子、諸侯、卿大夫、士、庶人五等所行孝也"之語相符合〔二〕。雖然"五孝"有尊卑等級之分，但是觀其背後所藴含的思想根源是一致的，均本於孝道。

第三部分爲第七章至第九章，主要闡釋了歷代統治者所倡導的"以孝治天下"主張，及其對於穩定國家統治、安定社會生活的重要意義和價值，并

〔一〕（唐）李隆基注，（宋）邢昺疏：《孝經注疏》卷一《開宗明義章第一》，第一筒頁。

〔二〕《孝經注疏·孝經序》，第七筒頁。

將 "孝" 提到了 "天之經，地之義" 的高度[一]。

第四部分爲第十章至第十一章，闡釋了孝道作爲治國方略的内容之一，與社會教化之間具有密切的關係，并進一步闡釋了應如何行孝的問題。指出 "五刑根原重，三千罪不輕"，與孔子所言 "五刑之屬三千，而罪莫大於不孝" 是一脉相承的[二]，强調了對於不孝者的懲罰是十分嚴厲的。

第五部分包括第十二章至第十四章，將《孝經》第一章中 "先王有至德要道，以順天下民用，和睦上下無怨" "揚名於後世以顯父母" 中論及的 "至德" "要道" "揚名" 三方面内容[三]，而未能詳悉之事，於此部分進一步申演。

第六部分爲第十五章至第十八章，則從臣子諫諍之事、孝子事君之事、孝子事親之事三個方面，論述了行孝道的具體做法，并通過 "嚴冰泉湧出，魚躍爲王祥" "賣身學董永，孝道不如他" 描述，用王祥、董永的孝行故事，對如何行孝道進行了説明。

此外，《楊滿山咏孝經壹拾捌章》一書之内容，除宣傳忠孝之外，尚有關於禮法制度的内容。如《五刑章第十一》中的 "五刑根原重，三千罪不輕。無親極大亂，非法更加刑。"《尚書·吕刑》："墨罰之屬千，劓罰之屬千，剕罰之屬五百，宮罰之屬三百，大辟之罰，其屬二百，五刑之屬三千。"[四]又《喪親章第十八》言："失天尋常事，喪儀禮法多。哀哉移晦朔，攀慕自喘哦。"喪禮是孝的一部分，《禮記·間傳》云："斬衰之哭若往而不反，齊衰之哭若往而反，大功之哭三曲而偯，小功、緦麻哀容可也。此哀之發於聲音者也。"[五]而父母之喪則服斬衰。不僅是孝道思想在禮法制度方面的具體表現，也反映了《孝經》

〔一〕《漢書》卷三〇《藝文志》，第一七一九頁。

〔二〕《孝經注疏》卷六《五刑章第十一》，第二筒頁。

〔三〕《孝經注疏》卷一《開宗明義章第一》，第二~三筒頁。

〔四〕（漢）孔安國傳，（唐）孔穎達等正義：《尚書正義》卷一九《周書·吕刑》，收入（清）阮元校刻：《十三經註疏》，第二四九頁。

〔五〕（清）孫希旦撰，沈嘯寰、王星賢點校：《禮記集解》卷五五《間傳》，中華書局，一九八九年，第一三六五頁。

在教孝、倡孝過程中的重要地位。

較之其所咏《孝經》，是書主要具有以下兩個特點：

一是，強調了孝的基礎性。較之《孝經》，《楊滿山咏孝經壹拾捌章》十八章更着重强調了孝最爲基礎的内涵與意義。就孝的内涵而言，"孝"主要包括三個層面的内容：一是物質上的贍養和態度上的恭敬，這一層面是孝最原始也是最核心的内涵；二是行爲上的順從和奠祭上的哀切；三是將孝擴大化，由孝到仁，從而擴大到整個社會體系與國家治理層面，具有政治性，并不局限於孝的本身，而是將其擴大化、政治化，如"以孝事君則忠，以敬事長則順"的觀念便是如此[一]。從《楊滿山咏孝經壹拾捌章》的内容來看，是書更强調孝的第一層含義，將贍養與恭敬放在十分重要的位置上，主張"父母專承事，方知莫遠遊。安居存致敬，疾病則懷憂"。

二是，突出了孝的具體化。將行孝的具體做法與要求清楚説明，使孝與世人的日常生活相聯繫，并將孝道的思想融入其中，同時通過董永、王祥、子游等人的事迹，"賣身學董永，孝道不如他""若能學董永，萬代是風流""嚴冰泉湧出，魚躍爲王祥""子游能易俗，實是好門風"，樹立行孝的典型，并對其事迹進行了重點歌咏，以便對世人進行宣教。

因此，雖然《楊滿山咏孝經壹拾捌章》一書以《孝經》爲歌咏對象，其内容自然與《孝經》一脉相承，但較之其所咏《孝經》，是書仍具有其獨特的特點。

第二節　《楊滿山咏孝經壹拾捌章》的性質

就相關研究成果而言，關於《楊滿山咏孝經壹拾捌章》一書的性質，學界尚有不同的認識，主要有三種觀點：一是文學作品；二是童蒙讀物；三是唱誦作品。此節將在前輩學者研究成果的基礎上，試從《楊滿山咏孝經壹拾捌章》相關寫卷的角度，對此書性質進行分析。

〔一〕　胡平生譯注：《孝經譯注》，中華書局，一九九六年，第一〇頁。

一 相關寫卷的情況

雖然此書的相關寫卷數量很少，僅有伯三三八六號+伯三五八二號、伯二六三三號、伯三九一〇號三件文書，但從其相關寫卷情況、學郎雜寫情況兩個方面，仍可窺見其性質。

細檢敦煌遺書，可以確定爲《楊滿山咏孝經壹拾捌章》之寫本者，計有伯三三八六號+伯三五八二號〔一〕、伯二六三三號〔二〕、伯三九一〇號等三件寫本〔三〕，均皮藏於法國巴黎國家圖書館。兹僅就其涉及《楊滿山咏孝經壹拾捌章》性質者，分別叙録如下：

其一，與伯三三八六號+伯三五八二號《楊滿山咏孝經壹拾捌章》與《大漢三年季布罵陣詞文》同抄。其二，伯二六三三號正面共抄録五件文書，《楊滿山咏孝經壹拾捌章》上接四件文書，依次爲《齖䶗新婦文》、《正月孟春猶寒》（其後抄有《宣宗皇帝御製勸百寮》）〔四〕、《酒賦一本》、《崔氏夫人要女文一本》；背面亦存有上下混抄之雜寫數行，如"然（燃）燈文""酒賦一本""正月孟春猶""太公家教""崔氏夫人訓女聞"等內容。其三，伯三九一〇號爲對折冊頁裝，《楊滿山咏孝經壹拾捌章》的部分內容抄於此件文書的首頁，其後抄有《茶酒論一卷》《新合千文皇帝感辭》《新合孝經皇帝感

〔一〕《法藏》第一七冊，第二〇六～二〇七頁。

〔二〕《法藏》第一七冊，第一七頁。

〔三〕《法藏》第二九冊，第一九七頁。

〔四〕 按：《宣宗皇帝御製勸百寮》一文，又見於斯五五五八號、伯二九一四號背、伯三七三八號殘片、伯三八〇六號背（此寫卷未見《宣宗皇帝御製勸百寮》之題目），此文《法藏》伯二六三三號、伯三八〇六號背均未著録，伯二九一四號背定作"宣宗皇帝御製勸百僚文"，伯三七三八號殘片定作"宣宗皇帝御製勸百寮試文"，"試文"二字書於"宣宗皇帝御製勸百寮"之上，此文書當爲"宣宗皇帝御製勸百寮"，《全唐文》《全唐文補編》未録未收，鄭驥、瞿萍《敦煌歌辭〈發憤長歌十二時〉寫本細讀研究》有録文可參。詳參《英藏》第八卷，第一五頁；《法藏》第二〇冊，第五三頁；《法藏》第二八冊，第一一三頁；鄭驥、瞿萍：《敦煌歌辭〈發憤長歌十二時〉寫本細讀研究》，收入伏俊璉、徐正英主編：《古代文學特色文獻研究》第一輯，第二〇二頁；張錫厚輯：《王梵志詩研究彙録》，上海古籍出版社，一九九〇年，第二八八頁。

辭》《秦婦吟》等四種文書。

由上可知，與《楊滿山咏孝經壹拾捌章》同抄的文書有《大漢三年季布罵陣詞文》《齖䶗新婦文》《正月孟春猶寒》《宣宗皇帝御製勸百寮》《酒賦》《崔氏夫人要（訓）女文》《茶酒論》《新合千文皇帝感辭》《新合孝經皇帝感辭》《秦婦吟》等十件文書。從其內容來看，多爲童蒙讀物，可主要分爲以下三種形式，茲擇其與性質相關者，論述如次：

（一）同抄文書性質

其一，女子教育的童蒙讀物。如《崔氏夫人要（訓）女文》與《齖䶗新婦文》。《崔氏夫人要（訓）女文》爲七言的通俗韵文，是敦煌蒙書中爲數不多的女子教育資料，也是現今所見最早、最通俗的女子教育篇章[一]。內容大要不出《女孝經》《女論語》的範圍，是專爲訓示女子臨嫁而編的、流行於唐代民間的通俗讀物。與《崔氏夫人要（訓）女文》不同，《齖䶗新婦文》是敦煌蒙書中十分特別的一種，淋漓盡致地描寫了不守婦德、行爲乖張的醜惡新婦形象，這與蒙書中正面的女子教育形成了鮮明的對比，更加突顯了女子教育的重要性[二]。

其二，寓言故事類童蒙讀物。《茶酒論》（見圖二）爲敦煌文獻中的童話寓言[三]，爲四六行文，偶有工整的對句，多爲隔句對，采用擬人的手法，生動形象地刻畫了茶、酒、水三個角色。且此篇作品充滿了幻想，有助於培養兒童的想象力。

〔一〕 朱鳳玉：《敦煌家訓蒙書所見唐代女子生活教育》，收入金瀅坤主編：《童蒙文化研究》第四卷，人民出版社，二〇一八年，第一一六頁。

〔二〕 朱鳳玉：《敦煌家訓蒙書所見唐代女子生活教育》，收入金瀅坤主編：《童蒙文化研究》第四卷，第一二六～一二七頁；〔日〕高田時雄：《五姓を説く敦煌資料》，收入《國立民族學博物館研究報告別冊》（一四號），（日本）吹田：國立民族學博物館，一九九一年，第二五六頁；〔日〕高田時雄著，鍾翀等譯：《敦煌・民族・語言》，中華書局，二〇〇五年，第三三三頁。

〔三〕 雷僑雲：《敦煌兒童文學》，學生書局，一九八五年，第一六〇頁。

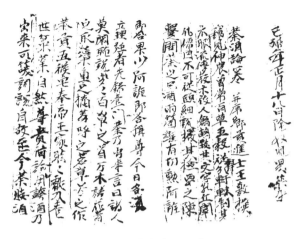

圖二 伯三九一〇號

　　其三,歌咏經典的童蒙讀物。《新合千文皇帝感辭》(見圖三)隳括南朝周興嗣的《千字文》而成,并在《千字文》基礎上,以唐代流行歌辭《皇帝感》的形式,通過增加新字、調整順序的方式進行擴編〔一〕。《千字文》是唐代敦煌地區重要的識字類蒙書〔二〕,則《新合千文皇帝感辭》亦應屬於蒙書的範疇。其言"新合",表明其經過了重新編集,不僅體現了唐五代敦煌地區通俗讀物、詩歌不斷改易、新編的特點,也反映了這一時期童蒙教育及蒙書編撰的靈活性。與其類似的是《新合孝經皇帝感辭》(見圖四),對《孝經》的内容及唐玄宗御注《孝經》的事迹進行了歌咏。此篇又見於斯五七八〇號、伯二七二一號、斯二八九號寫卷,任半塘的《敦煌歌辭總編》將其與斯五七八〇號、伯二七二一號、斯二八九號相關《皇帝感》的内容輯入《皇帝感·新集〈孝經〉十八章》之中〔三〕。又伯二七二一號中《皇帝感·新集〈孝經〉十八章》之前抄有《雜抄一卷》,又名《珠玉抄》,爲敦煌寫本綜合知識類蒙書〔四〕,且抄寫質量一般,字迹較爲幼稚,當爲兒童抄

　　〔一〕 詳參鄭阿財、朱鳳玉:《開蒙養正:敦煌的學校教育》,甘肅教育出版社,二〇〇七年,第二五~二七頁。

　　〔二〕 詳參鄭阿財、朱鳳玉:《敦煌蒙書研究》,甘肅教育出版社,二〇〇二年,第一一頁。

　　〔三〕 詳參任半塘編著:《敦煌歌辭總編》卷三《雜曲·普通聯章》,上海古籍出版社,一九八七年,第七三四~七四三頁。

　　〔四〕 詳參鄭阿財、朱鳳玉:《敦煌蒙書研究》,第一六五頁。

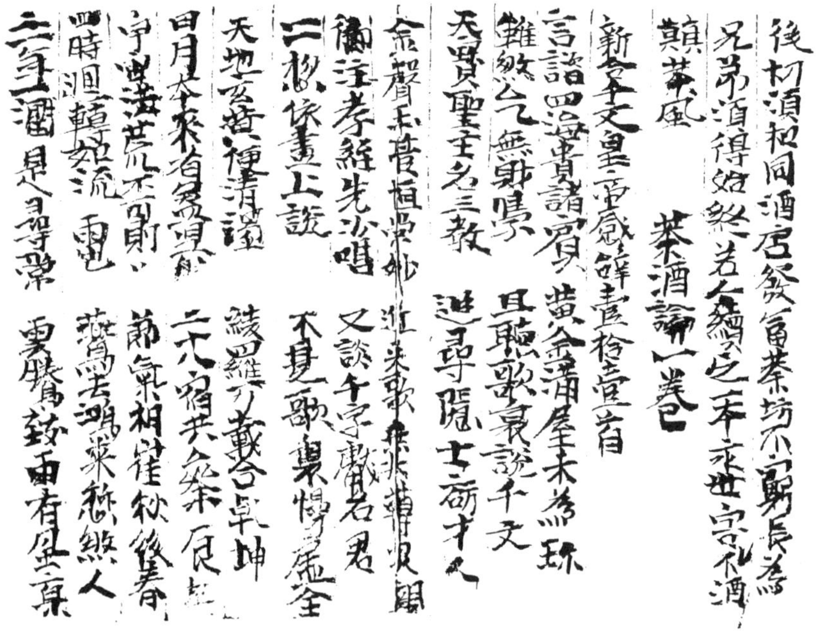

圖三　伯三九一〇號

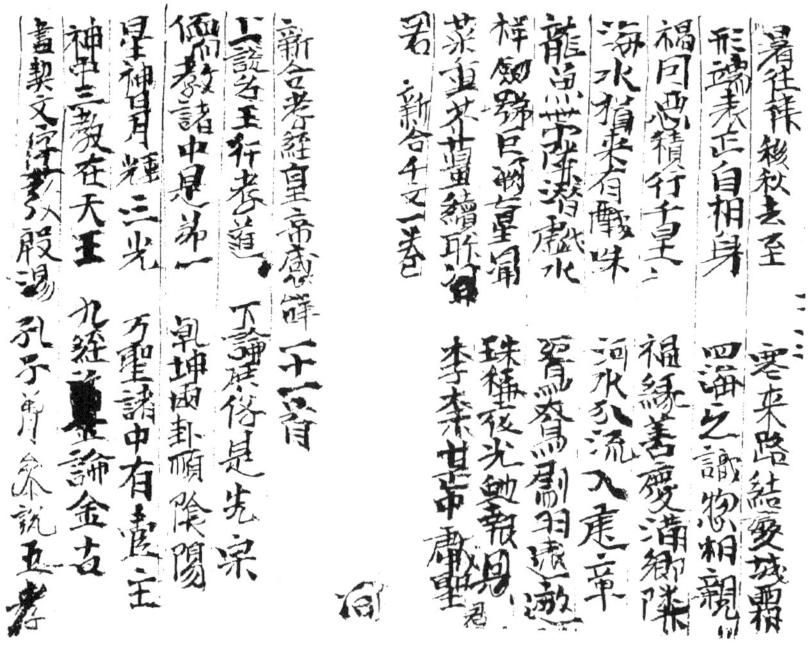

圖四　伯三九一〇號

寫〔一〕。因此，《新合孝經皇帝感辭》也應是常見的兒童讀物。

　　值得注意的是，與《楊滿山咏孝經壹拾捌章》同抄的《正月孟春猶寒》，此篇文書尾題之前，抄有《宣宗皇帝御製勸百寮》一文，此文又見於斯五五五八號、伯二九一四號背、伯三七三八號殘片、伯三八〇六號背〔二〕，《法藏》伯二九一四號背定作"宣宗皇帝御製勸百僚文"；伯三七三八號殘片定作"宣宗皇帝御製勸百寮試文"〔三〕；伯二六三三號、伯三八〇六號背中未見著録，《全唐文》《全唐文補編》均未録未收。兹以伯二六三三號爲原本，抄録此文如下，以便説明：

《宣宗皇帝御製勸百寮》

　　遠非道之財，誠過度之酒〔四〕。傲慢莫起於心，讒佞勿宣於口〔五〕。學必近善〔六〕，交義擇友〔七〕。骨肉貧者莫疏，他門雖富勿厚。常思己過之非，每慮之未來各〔八〕。尅己儉約爲先，處衆［謙］恭爲首〔九〕。暫食禄而忝切

_____

　　〔一〕　詳參金瀅坤：《唐五代敦煌蒙書編撰與孝道啓蒙教育——以〈孝經〉爲中心》，《首都師範大學學報（社會科學版）》二〇一九年第五期，第一五頁。

　　〔二〕《英藏》第八卷，第一五頁；《法藏》第二〇册，第五三頁；《法藏》第二七册，第一九八頁；《法藏》第二八册，第一一三頁。

　　〔三〕　按："試文"二字書於"宣宗皇帝御製勸百寮"之上，此文書當爲"宣宗皇帝御製勸百寮"。

　　〔四〕　誠，伯二六三三號作"誡"，斯五五五八號、伯三八〇六號背同，伯三七三八號殘片作"戒"。

　　〔五〕　佞，伯二六三三號作"侫"，伯三七三八號殘片同，爲"佞"字的俗寫，兹徑録正。

　　〔六〕　學，伯二六三三號作"孝"，爲"學"字的俗寫，兹徑録正。

　　〔七〕　義，伯二六三三號作"義"，斯五五五八號、伯三八〇六號背同，伯三七三八號殘片作"儀"。

　　〔八〕　之未來各，伯二六三三號作"之未來各"，伯三七三八號殘片"各"字左側旁施"卜"形删除符號，伯二九一四號作"未來之各"，兹從伯二六三三號。

　　〔九〕　處，伯二六三三號作"恥"，斯五五五八號作"處"，伯三八〇六號背同，爲"處"字俗寫，兹據文義徑録正。謙，伯二六三三號脱，斯五五五八號作"謙"，伯三七三八號殘片、伯三八〇六號背同，兹據文義及斯五五五八號、伯三七三八號殘片及伯三八〇六號背補。

（竊）〔一〕，效農力而未有。

從其内容來看，主要説明了學習、擇友、待人處事等方面的方法與原則，且語言淺顯易懂，應屬於蒙書範疇，當爲用於進行道德訓導的童蒙讀物。又伯三八〇六號背《宣宗皇帝御製勸百寮》一文之後〔二〕，抄有《上大夫》"上大夫，丘乙己，化三千，七十士，二小生，八九子，可知其禮也"的内容。而《上大夫》是童蒙的通俗讀物，同時也是學童學習漢字的仿書，屬於童蒙讀物的性質〔三〕，則其與《上大夫》同抄，也在一定程度上反映出了《宣宗皇帝御製勸百寮》一文，用於教育活動和兒童學習的情況。而《正月孟春猶寒》依次介紹了十二個月暑往寒來的天氣變化〔四〕，語言亦通俗易懂，以問答體的形式，解説了四時八節、山川地理等常識性的知識内容，亦應具有童蒙讀物的性質。

通過分析與《楊滿山用孝經壹拾捌章》同抄的不同文書，除《大漢三年季布駡陣詞文》《酒賦》《秦婦吟》三種文書外，其餘均與思想道德、知識等童蒙教育相關，具有童蒙讀物的性質，則不難窺見與其同抄的《楊滿山咏孝經壹拾捌章》一書，同樣具有的蒙書性質。此書在當時的敦煌地區，應與其他童蒙讀物一樣，是供初學者使用的童蒙書。

（二）寫卷裝幀情況

敦煌遺書的裝幀形式，也能夠在一定程度上反映出其用途及其在社會生活中扮演着什麼樣的角色。因此，敦煌遺書的裝幀形式，對於分析其性質具有重要價值。除同抄文書的性質之外，伯三九一〇號的裝幀情況，亦有助於探討《楊滿山咏孝經壹拾捌章》之性質。

〔一〕切，伯二六三三號作"切"，當讀作"竊"，概因音近而致誤。按："忝竊"，謙言辱居其位或愧得其名。如晋·羊祜《讓開府表》言："且臣忝竊雖久，未若今日兼文武之極寵，等宰輔之高位也。"唐·杜甫《長沙送李十一》云："李杜齊名真忝竊，朔雲寒菊倍離憂。"

〔二〕《法藏》第二八册，第一一三頁。

〔三〕按：關於《上大夫》的性質，詳參鄭阿財、朱鳳玉：《敦煌蒙書研究》，第一四四～一四九頁。

〔四〕鄭驥、瞿萍：《敦煌歌辭〈發憤長歌十二時〉寫本細讀研究》，收入伏俊璉、徐正英主編：《古代文學特色文獻研究》第一輯，第二〇〇～二〇一頁。

　　細檢《楊滿山咏孝經壹拾捌章》的相關寫卷發現，伯三九一〇號爲册頁裝，較之其他相關寫卷，更易於翻閱和携帶。伯三九一〇號用綫繩縫續書葉，使其成册，迄今裝幀完好，裝訂綫、穿綫孔猶存，部分頁面可見明顯絳紅色裝訂綫。其中，絳紅色裝訂綫沿書脊中間孔處豎穿（見圖五、圖六），且封面、封底葉右側，上、中、下均可見用兩股撚成的白色裝訂綫橫索書脊（見圖七、圖八）。

　　這種用綫繩將書葉裝訂成册的縫續方式[一]，不僅能够達到固定書葉的目的，也便於翻閱而不致錯亂或折裂。從其將不同文書裝訂在一起的情況來看，

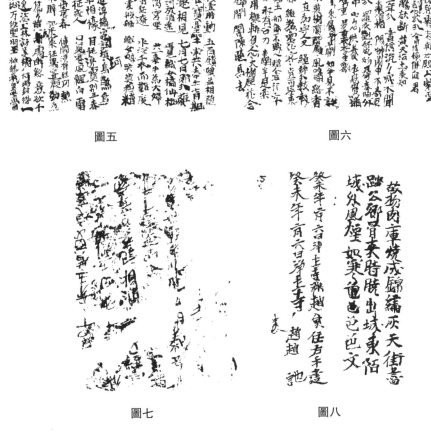

圖五　　　　　　　　　　　　　　圖六

圖七　　　　　　　　　　　　　　圖八

────────────

　　〔一〕 按：關於 “綫裝” 與 “縫續”，詳參李致忠：《敦煌遺書中的裝幀形式與書史研究中的裝幀形制》，收入李致忠：《昌平集》卷三，上海古籍出版社，二〇一二年，第一八六～一八八頁。

這些同抄的文書應具有相似的功用或相似的内容，因而能够通過這種裝幀形式完整地保存下來。且此書册體積較小，便於携帶和使用，抄於此書册之首的《楊滿山咏孝經壹拾捌章》，雖僅爲此書的部分章節題目，但從與其抄録的文書情況來看，多爲童蒙讀物，可見這些同抄的文書在當時人心目中，它們是同類的作品，具有相同的性質，則《楊滿山咏孝經壹拾捌章》顯然爲唐五代時期民間童蒙讀物，以供兒童學習之用。

依上所述，就《楊滿山咏孝經壹拾捌章》的相關寫卷而言，通過分析寫卷中的同抄文書及裝幀形式，均不難窺見其蒙書的性質，其顯然爲唐五代時期敦煌寺學中童蒙讀物。

二 學郎雜寫的情況

敦煌地區學生生活、學習的相關資料，多保存於學郎雜寫之中。學郎雜寫主要包括學郎題記、學郎詩抄兩個方面的内容，不僅對判定敦煌遺書的年代、人物傳記考證等方面具有重要的價值，也爲分析《楊滿山咏孝經壹拾捌章》的性質提供了寶貴的資料，兹分别論述如下：

（一）學郎題記情況

敦煌地區學校之中的學生雖然年齡不一，身份有别，亦包括寺院沙彌[一]，但多自稱學郎或學士郎。"敦煌學郎題記是古代敦煌的一種特殊歷史資料"[二]，學郎書寫的題記不僅爲推斷寫卷的抄寫時代，提供了重要的信息，也爲探究寫卷性質提供了重要的啓示與方嚮。《楊滿山咏孝經壹拾捌章》的相關寫卷中，便可見多條學郎題記，如"三界寺學士郎張富盈記"（伯三三八六號+伯三五八二號）、"戊辰年十月卅日三界寺學士"（伯三三八六號+伯三五八二號）、"净土寺彌趙員住右手書"（伯三九一〇號）、"净土寺趙趙訑"（伯三九一〇號）。

就題記中的内容而言，主要有以下兩點信息：一是"三界寺"和"净土

〔一〕 詳參劉全波、楊園甲：《法藏敦煌藏文文獻所見漢文學郎雜寫輯考》，收入金瀅坤主編：《童蒙文化研究》第四卷，第一七四頁。

〔二〕 李正宇：《敦煌學郎題記輯注》，《敦煌學輯刊》一九八七年第一期，第二六頁。

寺"。净土寺學和三界寺學是敦煌寺學的重要組成部分。唐五代寺院不僅是士大夫論學讀書的地方，也是重要的童蒙教育場所[一]，因而保存了大量學郎題記的童蒙讀物，以及與童蒙教育相關的資料。二是"學士郎""學士"。唐五代時期，敦煌寺學是敦煌私學教育的重要組成部分之一。就寺學學生的身份而言，歸義軍時期，在寺學就學、學習外典的士子，稱爲學士；十世紀以後，有稱學士（仕）郎、學郎[二]。從題記中所署"學士郎""學士"的身份來看，應爲寺學學生所記，則其抄寫的文書，應爲當時寺學中的讀物或作業。

此外，就題記抄録情況而言，筆迹略顯稚嫩，用墨較重，字體大小不一，抄録者書法水平顯然有限，當爲處於初學階段的兒童書寫，則其書寫的文書當爲其學習的内容。

概括上述，敦煌寺學是重要的童蒙教育場所，而其主要的教育對象是兒童，則《楊滿山咏孝經壹拾捌章》應是寺學學生題記的童蒙讀物。而從其在三界寺學和净土寺學中均有抄録的情況來看，此書得到了不同寺學的認可和使用，可以推斷其符合敦煌寺學教育的目標與要求，從而在寺學教育中具有一定的地位。

（二）學郎詩抄情況

《楊滿山咏孝經壹拾捌章》的相關寫卷中，唯伯三三八六號+伯三五八二號卷末中存有學郎詩抄一首，其内容爲："計寫兩件文書，心裏些些不疑。自要身心懇切，更要師父闍梨。"詩前面抄有"三界寺學士郎張富盈記""戊辰年十月卅日三界寺學士"的題記。從上述内容可知以下兩點信息：一是，詩中所言"兩件文書"應指其抄録的《大漢三年季布罵陣詞文》與《楊滿山咏孝經壹拾捌章》；二是，詩抄作者及文書抄録者當爲寺學學郎。

寺學教育中，讓學郎抄寫文書或教材是學郎學習生活的主要内容之一，

〔一〕 金瀅坤：《唐五代科舉制度對童蒙教育的影響》，收入金瀅坤：《唐五代科舉的世界》，復旦大學出版社，二〇一四年，第一二八頁。
〔二〕 詳參高明士：《唐代敦煌的教育》,《漢學研究（敦煌學國際研討會論文專號）》一九八六年第四卷第二期，第二五六頁。

唐五代時期，印刷術尚未普及，因而學生所用教材仍主要依靠抄寫[一]。但是對學郎而言，抄寫課本往往是一件枯燥、乏味的事情，因而學郎在抄寫之餘，會將自己的所感所想，通過學郎詩的形式表達出來，在一定程度上反映了抄寫者當時的真實感受和學習實況。就學郎詩抄的內容而言，寺學學郎在學習過程中，由僧人擔任師父[二]，通過抄寫文書的方式，以穩定學習情緒，加上師父的開導與幫助，學郎的嚮學之心得以漸趨堅定。由此，可推知學郎詩抄應爲學郎創作的通俗詩歌[三]，而其抄錄的兩件文書當爲寺學學習的內容，則不難發現《楊滿山咏孝經壹拾捌章》是敦煌寺學教育中的內容之一。

（三）卷背雜寫情況

關於《楊滿山咏孝經壹拾捌章》的寫卷中，伯二六三三號卷背存有上下混抄之雜寫數行（見圖九、圖一〇），茲擇其與其性質相關者，錄如下：

酒賦一本　江州刺史劉長
正月孟春猶
崔氏夫人訓女聞（文）
黝新婦文壹卷并
孝經一卷并矛（序）
太公家教壹卷
孝經孝大太太太大大大
之之之之之之義儀美美
日之之之之之之之之

〔一〕楊秀清：《淺淡唐、宋時期敦煌地區的學生生活——以學郎詩和學郎題記爲中心》，《敦煌研究》一九九九年第四期，第一四三頁。

〔二〕詳參鄭阿財、朱鳳玉：《開蒙養正：敦煌的學校教育》，第一四一頁。

〔三〕按：敦煌學郎詩抄主要包括四種情況：一是學郎創作的童謠兒歌；二是學郎學習吟誦的通俗詩歌；三是學郎創作、改作的民間俗詩；四是文人詩作。詳參徐俊：《敦煌學郎詩作者問題考略》，《文獻》一九九四年第二期，第二二頁。

圖九　伯二六三三號背

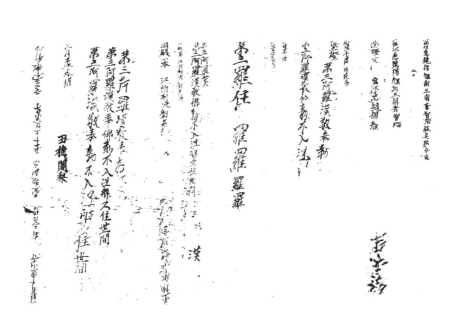

圖一〇　伯二六三三號背

弟（第）三羅住羅羅羅羅

　　從寫卷卷背所存字樣來看，多與童蒙教育內容相關，可主要分爲兩種情況：一是涉及寫卷正面文書的雜寫。如"酒賦""正月孟春猶""崔氏夫人訓女聞（文）""觚觚新婦文壹卷并"，與伯二六三三號寫卷正面抄寫的《觚觚新婦文》《正月孟春猶寒》《酒賦》《崔氏夫人要（訓）女文》正相符合。從其所抄的"孝經一卷并矛（序）""太公家教壹卷"字樣，并結合伯二六三三號寫卷所抄錄的文書內容來看，可以推定此寫卷殘缺處當抄有《太公家教》和《孝經》的內容。可見，伯二六三三號寫卷抄錄了多種童蒙讀物，則其應是敦煌地區兒童童蒙讀物的合集，而其抄寫的文書同樣具有蒙書的性質。因此，寫卷中的《楊滿山咏孝經壹拾捌章》是童蒙讀物可無疑矣，且應是兒童學習《孝經》的輔助用書。

　　二是兒童習字雜寫。唐五代的學校教育，多以識字、習字作爲兒童初學階段學習的主要內容。其中，習字不僅有助於鞏固兒童識字的效果，也可以練習書法。伯二六三三號卷背中抄有"孝經孝大太太太太大大大""之之之之之之義儀美美""日之之之之之之之之""弟（第）三羅住羅羅羅羅"的內容，於同一行多次重複習寫了"大""太""之""羅"字，除"羅"字之外，習寫之字均爲筆畫較少的獨體字。可見，習寫者的識字、習字水平有限。加之筆跡較爲幼稚，應係兒童在初學階段習字過程中，練習書法、鞏固識字效果的習作。

　　此外，有關研究表明，敦煌寺學學生是有僧有俗，教師也是有僧有俗[一]，且學校又設於寺院中，學生學習的內容也勢必會受到的影響。而且佛教作爲外來的宗教，想要在中國扎下根來，首先需要做的便是對中國的傳統文化有所瞭解；其次，爲了儒、釋之間辯論的需要，對儒家思想的典籍有所瞭解亦不可少。《楊滿山咏孝經壹拾捌章》作爲傳統的童蒙讀物，與涉及佛教的內容同抄，也在一定程度上反映了唐五代時期儒、釋相互融合的趨勢[二]。如與《楊滿山咏孝經壹拾

　　〔一〕 詳參郝春文：《唐後期五代宋初中印文化對敦煌寺院的影響》，收入項楚、鄭阿財主編：《新世紀敦煌學論集》，巴蜀書社，二〇〇三年，第三三三頁。
　　〔二〕 詳參郝春文：《唐後期五代宋初中印文化對敦煌寺院的影響》，收入項楚、鄭阿財主編：《新世紀敦煌學論集》，第三三三頁。

捌章》同抄伯二六三三號寫卷，卷背有如下字樣（見圖一○、圖一一）：

然（燃）燈文 竊以惠鏡楊（揚）輝，朗三明者智炬
即日一千僧 住在山林寺 百鳥同科宿 相看見兄弟[一]

圖一一　伯二六三三號背

〔一〕 按："科"字據劉復《敦煌掇瑣》瑣三三《禪詩四首》伯三六三三號録，伯
二六三三號作"**材**"，似"材"，俟考。此詩又見伯三六三三號，俄敦一○○九號略同。其
中，俄敦一○○九號中作："即司一千僧，遠卻四山林。百鳥同課速，相看如兄弟。趙二
擬手尋。"伯三六三三號《法藏》定作"辛未年七月沙州百姓一萬人上回鶻大聖天可汗
狀"，未及此詩。俄敦一○○九號《俄藏》定作"變文"。此詩劉復《敦煌掇瑣》、張錫厚
主編《全敦煌詩》第一編《詩歌》卷八九無名氏《即日一千僧》中有録文可參。詳見劉
復：《敦煌掇瑣》，收入黃永武編：《敦煌叢刊初集（十五）》，第一九九頁；《法藏》第二六
册，第五三頁；俄羅斯科學院東方研究所聖彼德堡分所、俄羅斯科學出版社東方文學部、
上海古籍出版社編：《俄羅斯科學院東方研究所聖彼德堡分所藏敦煌文獻》第七册，上海
古籍出版社，一九九二年，第二六四頁；張錫厚主編：《全敦煌詩》第一編《詩歌》卷
八九無名氏《即日一千僧》，作家出版社，二○○六年，第三七九一～三七九二頁。

爲涉及佛教的雜寫，如《燃燈文》題目和開篇内容，以及禪詩《即日一千僧》的雜寫。唐朝正月十五燃燈已成定式〔一〕，而《燃燈文》便是專爲"歲首窟上燃燈"儀式所撰之文〔二〕。劉復《敦煌掇瑣》中將《即日一千僧》定爲"禪詩"〔三〕。從此類雜寫來看，具有儒家思想的内容是敦煌寺學學生抄寫，以供誦讀之用。唐五代寺學在教授傳統的儒家經典同時，亦涉及與佛教有關的内容，而其對佛教的宣傳，亦融合了儒家思想，大力宣傳孝道，以便争取民衆的信仰，反映了當時社會儒釋合流的趨勢〔四〕。

依上文所述，就《楊滿山咏孝經壹拾捌章》的學郎雜寫而言，不論是學郎題記，還是學郎詩抄，亦或是卷背雜寫，均多與童蒙教育相關，則宜將其視爲童蒙讀物，具有通俗讀物特點，兼具訓誡、輔助性作用的蒙書。

〔一〕劉長文編：《劉銘恕考古文集》上册，河南人民出版社，二○一三年，第三八三頁。

〔二〕李金田、戴恩來主編：《敦煌文化與中醫學》，中國中醫藥出版社，二○一七年，第一七頁。

〔三〕劉復：《敦煌掇瑣》，收入黄永武編：《敦煌叢刊初集（十五）》，第一九九頁。

〔四〕參見孫修身：《敦煌三界寺》，收入楊曾文、杜斗城主編：《中國敦煌學百年文庫·宗教卷（一）》，甘肅文化出版社，一九九九年，第五五頁。

第三章
《楊滿山咏孝經壹拾捌章》
與蒙書編撰

　　《楊滿山咏孝經壹拾捌章》是特定歷史時期與社會文化的産物，其出現必然與歷史發展、社會文化之間存在着密切聯繫。本章主要依據其蒙書性質，在分析其編撰背景的基礎上，從蒙書的角度出發，探討其編撰特點，分析其與蒙書編撰的關係，及其對後世蒙書編撰的影響。

第一節　《楊滿山咏孝經壹拾捌章》的編撰背景

　　由於社會歷史環境，牽涉範圍廣泛，旁涉内容繁雜，爲更好地分析《楊滿山咏孝經壹拾捌章》編撰情況，故僅從蒙書編撰的角度，對《楊滿山咏孝經壹拾捌章》的編撰背景進行分析，主要表現在兩個方面，一是蒙書編撰對《孝經》的重視；二是科舉制度對蒙書編撰的影響。兹依此二題，分別論述如下。

一　蒙書編撰對《孝經》的重視

　　《楊滿山咏孝經壹拾捌章》以《孝經》一書中心，采用詩歌的形式，驪括《孝經》的内容，則其編撰自然與《孝經》存在着密切的聯繫。有唐一代，《孝經》一書地位的强化，使蒙書在編撰過程中多重視《孝經》，其這一時期的蒙書編撰中，亦較爲集中地反映了對《孝經》的重視。

《楊滿山咏孝經壹拾捌章》圍繞《孝經》一書進行編撰，究其原因，蓋因唐代統治者對《孝經》一書的重視和推崇及其對《孝經》中蘊含孝道思想的宣揚與肯定。

儒家思想中的孝道思想，自漢代以來，便得到了歷代統治者的重視與推崇。有唐一代，統治者亦本歷代以孝治天下之傳統，重視對孝道孝行的宣傳。唐高祖時起，便大力宣揚孝道，《旌表孝友詔》言："民稟五常，仁義斯重；士有百行，孝敬爲先。"〔一〕強調了"孝"的重要性。唐太宗也曾指出："百行之本，要道惟孝……齊禮道德，恥格之義斯在。"〔二〕肯定了孝道的重要價值和作用。而統治者孝道的重視，較爲集中地表現在對於《孝經》一書的重視與推崇上，主要包括以下兩個方面，要之如下：

一是統治者通過詔令鼓勵、注重獎勉對《孝經》學習。如武德七年（六二三），唐高祖曾專門下詔，獎拔史孝謙二幼子"講習《孝經》，咸暢厥旨"〔三〕，強調"義方之訓，實堪勵俗，故從優秩，賞以不次"〔四〕。可見，統治者對《孝經》學習與教育的重視程度。唐玄宗亦十分重視學校中《孝經》的教育，《天寶三載（七四四）親祭九宮壇大赦天下制》云："天下家藏《孝經》一本，精勤誦習。鄉學之中，倍增教授，郡縣官長，明申勸課。"〔五〕《唐會要》卷三五《經籍》天寶三載條亦言："其載十二月，敕自今已後，宜令天下家藏《孝經》一本，精勤教習，學校之中。倍加傳授。州縣官長，明申勸課焉。"〔六〕進一步肯定了《孝經》的地位，要求世人"精勤誦習"《孝經》，重視對《孝經》的學習，強調學校加強對《孝經》的傳授，郡縣官員亦須勸導、鼓勵與督責世人學習《孝經》。凡此種種，均不難想見唐玄宗對於宣揚孝道的苦心。

〔一〕（清）董誥等編：《全唐文》卷一高祖皇帝《旌表孝友詔》，中華書局，一九八三年，第二四頁。
〔二〕《全唐文》卷五太宗皇帝《賜孝義高年粟帛詔》，第五八頁。
〔三〕《全唐文》卷三高祖皇帝《擢史孝謙詔》，第三七頁。
〔四〕《全唐文》卷三高祖皇帝《擢史孝謙詔》，第三七頁。
〔五〕《全唐文》卷三一〇孫逖《天寶三載親祭九宮壇大赦天下制》，第三一五〇頁。
〔六〕《唐會要》卷三五《經籍》，第六四五頁。

　　二是統治者通過對《孝經》作注，提高并鞏固其地位。如唐高宗儀鳳三年（六七八）詔："自今已後，《道德經》（與《孝經》）并爲上經，貢舉人皆須兼通。其餘經及《論語》，任依常式。"〔一〕《唐會要》卷七五《明經》儀鳳三年條亦載："自今已後，《道德經》《孝經》并爲上經，貢舉皆須兼通。其餘經及《論語》，任依恒式。"〔二〕詔令《道德經》與《孝經》并爲上經，將《孝經》一書提高至與《道德經》同等地位。其後，《孝經》的地位通過御注的形式，得到了進一步的提高和鞏固。如《舊唐書》卷八《玄宗本紀上》開元十年（七二二）條載："六月辛丑，上訓注《孝經》，頒行天下。"〔三〕唐玄宗親注《孝經》并頒行於天下的做法，足見統治者對《孝經》一書的重視程度。《唐會要》卷三六《修撰》亦言："（開元）十年六月二日，上注《孝經》，頒於天下及國子學。至天寶二年（七四三）五月二十二日，上重注，亦頒於天下。"〔四〕天寶二年，唐玄宗再爲《孝經》作注，并重新頒行於天下。天寶四年（七四五），唐玄宗親書刻石，以御注之《孝經》刻石於太學。其後又因"《孝經》書疏，雖粗發明，幽賾無遺，未能該備"〔五〕，於天寶五年（七四六）二月二十四日詔曰："今更敷暢，以廣闕文，仍令集賢院具寫，送付所司，頒示中外。"〔六〕亦可見統治者對《孝經》的重視程度，將《孝經》一書提到十分重要的地位。

　　依上文所引，均可見統治者對於《孝經》一書的重視與推崇。推尋其故，蓋不出安天下、固統治及由孝而忠之考慮，以避免破壞統治的情況發生。是以，《禮記》卷六一《鄉飲酒義》云："民入孝弟，出尊長養老，而後成教，成教而後國可安也。"〔七〕認爲能盡孝於親者，亦能盡忠與天子，能於内盡孝

　　〔一〕《舊唐書》卷二四《禮儀四》，第九一八頁。

　　〔二〕《唐會要》卷七五《明經》，第一三七三頁。按：《舊唐書》中言此詔爲"儀鳳三年五月"，《唐會要》中爲"儀鳳三年三月"。

　　〔三〕《舊唐書》卷八《玄宗本紀上》，第一八三頁。

　　〔四〕《唐會要》卷三六《修撰》，第六五八頁。

　　〔五〕《唐會要》卷七七《論經義》，第一四一一頁。

　　〔六〕《唐會要》卷七七《論經義》，第一四一一頁。

　　〔七〕（漢）鄭玄注，（唐）孔穎達疏：《禮記注疏》卷六一《鄉飲酒義》，收入（清）阮元校刻：《十三經注疏》，第一六八三頁。

者，於外則無勸忠之慮，其本一也。正是因爲統治者的推崇與宣傳，使《孝經》的地位得到了不斷鞏固與提升，也促進了以《孝經》内容爲中心的蒙書編撰，爲《楊滿山咏孝經壹拾捌章》的産生提供了有利條件。

二　科舉制度對蒙書編撰的影響

唐承隋制，興建官學，大力發展學校教育，對教育的發展起到了良好的促進作用，加之科舉制的不斷發展，教育與科舉考試聯繫日益緊密，極大提升了世人對教育的重視程度。而童蒙教育作爲教育的一部分，同樣得到了世人的重視，極大地促進了蒙書的編撰。就蒙書編撰而言，科舉制度對《楊滿山咏孝經壹拾捌章》産生的影響，主要表現在兩個方面，要之如下：

其一，隋唐時期確立了科舉制度，考試内容以《九經》爲主，兼試《孝經》《論語》，使《孝經》一書在童蒙教育中的基本地位得以確立起來。唐五代明經、進士等常科考試，均須兼修《孝經》《論語》[一]。也便意味着舉子若想獲得科名必須從小修習《論語》《孝經》兩部經書。因此，世人普遍對二經之一的《孝經》啓蒙教育十分重視。開元天寶以後，進士出身成爲選拔卿相的第一出身，在科舉考試中的地位日漸崇重，使得《孝經》在童蒙教育中的地位得以不斷鞏固和强化。

科舉制度對《楊滿山咏孝經壹拾捌章》編撰的影響，尤以童子科考試爲要。《唐會要》卷七六《貢舉中·童子》云："大曆三年（七六八）四月二十五日敕，童子舉人，取十歲以下者，習一經兼《論語》《孝經》，每卷誦文十科全通者，與出身。"[二]由此可見，唐代針對兒童設置的童子科考試，最主要内容是《孝經》《論語》。童子科考試不僅極大地促進了童蒙教育的發展，也直接刺激了兒童學習這兩部經書的積極性。由於童蒙教育需要順應科舉考試的要求，蒙書編撰多以爲科舉服務爲宗旨[三]。是以，蒙書編撰出現了多以

〔一〕（唐）李林甫等撰，陳仲夫點校：《唐六典》卷二《尚書·吏部》，中華書局，一九九二年，第四五頁。

〔二〕《唐會要》卷七六《貢舉中·童子》，第一三九九頁。

〔三〕詳參金瀅坤：《唐五代科舉的世界》，第一三六頁。

《孝經》内容爲重的特點，以幫助兒童學習《孝經》。

且唐五代童蒙教育通常以《孝經》爲先，如薛魯魯“五歲能誦《孝經》十八章，七歲通《論語》廿二篇”〔一〕。又元衮“六歲入小學，讀《孝經》”，“七歲學《論語》”〔二〕。五代袁逢吉四歲“能誦《爾雅》《孝經》，七歲兼通《論語》《尚書》，周太祖召見，發篇試之，賜束帛以賞其精習”〔三〕。唐代兒童學習《孝經》之事例尚多，此不悉列。從唐五代兒童學習《論語》與《孝經》的年齡或順序來看，亦可見時人學習《孝經》的重視程度。因此，唐代出現了對《孝經》内容進行改編、引用、摘録等童蒙讀物，以便初學兒童使用，幫助兒童學習與掌握《孝經》，《楊滿山咏孝經壹拾捌》便是其中之一。

需要明確的是，童子舉於廣德二年（七六四）暫停，至大曆三年（七六八）恢復，大曆十年（七七五）再停科，旋又恢復，文宗開成三年（八三八）敕停，不久又復置，文宗大中十年（八五六）童子舉暫停三年〔四〕。依前考訂，《楊滿山咏孝經壹拾捌章》大致成書於唐宣宗大中年間（八四七～八五九），是書編撰時代在童子舉舉行的時期，從童子舉暫停、恢復的情況看，童子舉對廣大的童子依然具有很大的吸引力，於此書的編撰仍然具有一定的影響。

其二，詩賦在進士科雜文試中占據重要地位，社會普遍重視詩賦，對採用詩歌體歌咏《孝經》的《楊滿山咏孝經壹拾捌章》出現産生了重要影響。唐代科舉雜文試的範圍，概不出箋、表、議、論、銘、頌、箴、檄、

〔一〕（唐）李硎：《河東薛氏殤子（魯魯）墓志銘并序》，收入吴鋼主編：《全唐文補遺（千唐志齋新藏專輯）》，三秦出版社，二〇〇六年，第三三四頁。

〔二〕周紹良、趙超主編：《唐代墓志彙編續集》元和二三號《唐故鄂嶽觀察推官監察禦史裏行上柱國元公墓銘并序》，第八一六頁。

〔三〕《宋史》卷二七七《袁逢吉傳》，第九四四一頁。

〔四〕按：《唐會要》卷七六《貢舉中·童子》云：“廣德二年（七六四）五月二十四日敕……童子每歲貢者亦停。童子仍限十歲以下者。至大曆三年（七六八）四月二十五日敕，童子舉人，取十歲以下者，習一經兼《論語》《孝經》，每卷誦文十科全通者，與出身……至十年五月二十日敕，童子科宜停。開成三年（八三八）十二月敕，諸道應薦萬言童子等……起今以後，不得更有聞薦，俾由正路，禁絕倖門。”注云：“雖有是命，而以童子爲薦者，比比有之。”亦可見童子舉之影響。詳參《唐會要》卷七六《貢舉中·童子》，第一三九九頁；金瀅坤：《唐五代科舉的世界》，第一三五頁。

詩、賦等十種文體，因而是最能體現進士科文學特性的試項[一]。詩賦在開始時，僅是雜文試内容的一部分，但是隨着科舉制度的不斷發展與完善，雜文試中專用詩賦的格局，於唐玄宗開元、天寶之際已大致奠定。如清代徐松所撰《登科記考》卷二永隆二年八月詔"進士試雜文兩首"下，有按語言：

> 按雜文兩首，謂箴銘論表之類。開元間，始以賦居其一，或以詩居其一，亦有用詩賦者，非定制也。雜文之專用詩賦，當在天寶之季[二]。

可見，進士科雜文試由起初的不限於詩賦二體，到常用詩賦却非定制，至後來的專用詩賦，是一個不斷發展的過程。由於玄宗朝時已奠定了進士科雜文試中詩賦的地位，加之社會尚文的風氣影響，詩賦在雜文試中的地位日益提升。《楊滿山咏孝經壹拾捌章》以五言八句的詩歌形式出現，在一定程度上滿足了科舉考試重文的需要，讓兒童從小受到詩歌韵律的熏陶，有助於對兒童進行詩學啓蒙教育。

需要説明的是，進士科增設雜文試之後，更多地表顯現出文學化的特點，而雜文試漸以詩賦爲要，録取標準亦以詩賦爲重，加之中唐以後，進士出身逐漸成爲高級官吏的主要來源，使進士科雜文試的弊端日益顯現，如《新唐書》卷四四《選舉志》載：

> 大抵衆科之選，進士尤貴，其得人亦最爲盛焉……及其後世，俗益偷薄，上下交疑，因以謂按其聲病，可以爲有司之責，舍是則汗漫而無所守，遂不復能易……然進士科當唐之晚節，尤爲浮薄，世所爲患也[三]。

〔一〕詳參徐曉峰：《唐代科舉與應試詩研究》，北京大學出版社，二〇一五年，第六五頁。

〔二〕（清）徐松撰：《登科記考》卷二"永隆二年"條，中華書局，一九八四年，第七〇頁。

〔三〕《新唐書》卷四四《選舉志》，第一一六六、一一六九頁。

由於進士科雜文試世俗浮薄，弊端漸生，從而產生了改革科舉之風氣的討論，而改革的重點便是進士科雜文試的内容。雖然進士科雜文試在唐德宗建中二年（七八一）〔一〕，以及唐文宗大和七年（八三三）有取消詩賦的嘗試和實踐，但進士科雜文試詩賦，均旋即復舊，詩賦在進士科雜文試中依然具有一定的地位。是以，仍在社會中具有一定的影響。

從相關議論及改革的時間及情況來看，主要涉及了唐文宗大和年間的改革，《册府元龜》卷九〇《帝王度·赦宥第九》載：

> 七年八月庚寅……制曰："……其進士舉，宜先試帖經，并略問大義，精通者次試議、論各一道，文理高者便與及第。其所試賦并停。"〔二〕

《資治通鑒》卷二四四大和七年七月亦載："上患近世文士不通經術，李德裕請依楊綰，進士試論議，不試詩賦。"〔三〕將詩賦各一首改爲議、論各一首。并於大和八年（八三四）得到實施：

> （大和）八年正月，禮部侍郎李漢奏："準大和七年八月敕：'貢舉人不要試詩賦、策，且先帖大經、小經，共二十帖，次對正義十道，次試議、論各一首訖，考核放及第。'"〔四〕

〔一〕按：《唐會要》卷七六《貢舉中·進士》載："建中二年（七八一），中書舍人權知貢舉趙贊奏：'進士先時試詩賦各一篇，時務策五道。明經策三道。今請以箴、論、表、贊代詩賦，仍試策三道。'"是雜文試取消詩賦的實踐。清代徐松《登科記考》卷一一"建中二年條"載："次年進士試《學官箴》，是罷詩賦自三年始，第不知復於何年用詩賦。考《文苑英華》載貞元四年試《曲江亭望慈恩寺杏園花發》詩，大約貞元之初，即復舊制。故大和間禮部奏言'國初以來試詩賦，中間或暫改更，旋即復舊'是也。"則貞元初，雜文試詩賦已恢復。由於此非本研究所論，兹不贅述。詳見《唐會要》卷七六《貢舉中·進士》，第一三八〇頁；《登科記考》卷一一"建中二年"條，第四一八頁。
〔二〕（宋）王欽若等撰：《册府元龜》卷九〇《帝王度·赦宥第九》，中華書局，一九六〇年，第一〇八四頁。
〔三〕《資治通鑒》卷二四四"大和七年"條，第七八八六頁。
〔四〕《唐會要》卷七六《貢舉中·進士》，第一三八一頁。

但是據《册府元龜》卷六四一《貢舉部·條制第三》開成元年（八三六）條載："宰臣奏事於紫宸殿，帝曰：'從來文格非佳，昨試進士題目是朕自出，所見詩賦似勝去年。'"〔一〕其既言開成元年"所見詩賦似勝去年"，則可以推知，唐文宗大和九年（八三五）進士科試詩賦，而并未依大和七年（八三三）停詩賦的改制之奏。因此，進士雜文仍試詩賦。根據《楊滿山咏孝經壹拾捌章》大致成書於唐宣宗大中年間（八四七～八五九）來看，當仍在進士科試詩賦的時期，則進士科雜文試詩賦之情況，亦對此書的産生具有一定的影響。

此外，唐代詩歌的發展，也在一定程度上促進了《楊滿山咏孝經壹拾捌章》的産生。唐代詩歌在民間的流傳，反映了唐代詩歌的社會化特點〔二〕，隨着唐代詩歌的興盛，民衆文化水平的普遍提升，詩歌的審美主體也逐漸由具有較高文化素養的文人，擴大社會的不同階層，融入到人們的日常生活之中。爲《楊滿山咏孝經壹拾捌章》提供了範圍更爲廣闊的受衆和傳播空間。

需要明確的是，《楊滿山咏孝經壹拾捌章》的出現，從根本上來説是受到了唐五代特定的歷史時期與社會發展等多種因素的影響，其産生的背景，并不限於上有所述内容，唐代文學、社會經濟、市民文化意識等方面的發展，均在一定程度上，爲此書的産生創造了適宜的環境，從而促進了此書的産生。同時，是書的産生也在一定程度上適應了當時社會的文化需求——適應學習《孝經》的教育需求，滿足唐代科舉考試重文的需要，使其得以在唐五代敦煌地區傳播與流傳。

第二節 《楊滿山咏孝經壹拾捌章》的編撰特點

《楊滿山咏孝經壹拾捌章》全書共分爲十八章，采用分章立目，約義標題的體制，顯然受到了《孝經》一書的影響。於此，前輩學者在論述其内容的過程中，均多有論述，此不多贅。兹僅從蒙書編撰的角度，主要通過考察《楊滿山咏孝經壹拾捌章》與《孝經》之間的差異，藉以探討其特點。

〔一〕《册府元龜》卷六四一《貢舉部·條制第三》，第七六八四頁。

〔二〕 詳參梁海燕：《唐代俗體詩研究》，中國社會科學出版社，二〇一五年，第六九頁。

　　從蒙書編撰的角度看，此書主要具有以下四個特點，要之如下：

　　其一，對經典蒙書進行改編。自漢代以來，童蒙教育大致以《孝經》《論語》爲基礎[一]，重視《孝經》成爲童蒙教育的傳統。《孝經》一書適應了"蒙以養正"的觀念[二]，從而得到了社會的普遍認可和使用。隋唐以降，隨着科舉制度的確立與不斷完善，以及統治者的推崇，進一步強化了《孝經》在童蒙教育中的基礎地位，提高了兒童學習《孝經》的積極性。《孝經》一書，爲了增強其説服力，多以《詩經》爲論據，引《詩經》爲例證，作爲其論述孝道的理論依據，因而多次引用了《詩經》中的内容[三]，亦引用了《尚書》之語。茲將《孝經》所引《詩經》《尚書》的内容，以及《楊滿山咏孝經壹拾捌章》相關内容表列於下，借以明是書對經典的改變情況：

《孝經》章目	《孝經》所引《詩經》内容	《楊滿山咏孝經壹拾捌章》相關内容
開宗明義章第一	《大雅》云："無念爾祖，聿修厥德。"（語出《大雅·文王》）	——
天子章第二	《尚書·周書·吕刑》："一人有慶，兆民賴之，其寧惟永。"[四]	天子乃感應，賴及萬方均。（《天子章第二》）
諸侯章第三	《詩》云："戰戰兢兢，如臨深淵，如履薄冰。"（語出《小雅·小旻》）	兢兢扶社稷，如履薄冰銷。（《諸侯章第三》）
卿大夫章第四	《詩》云："夙夜匪懈，以事一人。"（語出《大雅·烝民》）	事君仍匪懈，夙夜在和羹。（《卿大夫章第四》）
士章第五	《詩》云："夙興夜寐，無忝爾所生。"（《小雅·小宛》）	早晨長侍省，夜寐念祇供。（《士人章第五》）

　　[一] 金瀅坤：《儒家經典與中國古代童蒙教育掠影》，收入《中華炎黄文化研究會童蒙文化委員會第五届國際學術研討會論文集》，敦煌，二〇一九年，第一二六頁。

　　[二] （魏）王弼注，（唐）孔穎達疏：《周易正義》卷一《蒙卦》，收入（清）阮元校刻：《十三經注疏》，第二〇頁。

　　[三] 曾小夢：《先秦典籍引〈詩〉研究》，商務印書館，二〇一八年，第二四五頁。

　　[四] 按：《孝經·天子章第二》中有："《甫刑》云：'一人有慶，北民賴之。'"其中"《甫刑》"，即《尚書·周書·吕刑》。

續表

《孝經》章目	《孝經》所引《詩經》内容	《楊滿山咏孝經壹拾捌章》相關内容
三才章第七	《詩》云："赫赫師尹，民具爾瞻。"（語出《小雅·節南山》）	——
孝治章第八	《詩》云："有覺德行，四國順之。"（語出《大雅·抑》）	八方歸順美，萬國盡歡欽。（《孝治章第八》）
聖治章第九	《詩》云："淑人君子，其儀不忒。"（語出《曹風·鳲鳩》）	——
廣至德章第十三	《詩》云："愷悌君子，民之父母。"（語出《大雅·泂酌》）	——
感應章第十六	《詩》云："自西自東，自南自北，無思不服。"（語出《大雅·文王有聲》）	——
事君章第十七	《詩》云："心乎愛矣，遐不謂矣。中心藏之，何日忘之。"（語出《小雅·隰桑》）	報恩何日忘，匡救是尋常。（《事君章第十七》）

　　從其所引内容的情況來看，《孝經》在引文之前加注書明或篇名，如"詩""大雅"，以提示引文出處。《孝經》十八章中，引用《詩經》的章目便有十章，且主要引用了《詩經·大雅》中的内容，足見《孝經》對《詩經》的重視。就其所引的兩部經典而言，《詩經》字難句深，讀之難曉；《尚書》則佶屈聱牙，難以直解。因此，對於初學的兒童而言，理解起來自然存在一定的困難。爲解決《孝經》内容難解與迫切學習掌握《孝經》需求之間的矛盾，《楊滿山咏孝經壹拾捌章》以《孝經》爲歌咏對象，對《孝經》進行改編，隳括了《孝經》一書的内容，將其中的内容與思想融入到《楊滿山咏孝經壹拾捌章》之中，以便幫助兒童更好地學習和掌握《孝經》的内容。

　　其二，繼承了咏經詩的傳統。古代童蒙教育雖以識字爲先，但識字之後，兒童也需要進一步學習各類知識，爲之後的閱讀和寫作教育奠定基礎。而淺近、優美的詩歌，不僅便於兒童讀誦，也易於兒童記憶。因此，蒙書編撰過程中，多會選擇適合兒童閱讀的詩篇，供兒童學習之用。如《初學記》卷二一《經典部》便收録了最早的咏經詩——晋傅咸的《七經詩》〔一〕，分爲《孝經詩》《論語詩》《毛詩詩》《周易詩》《周官詩》《左傳詩》，驟括《孝經》《論語》《毛詩》《周易》《左傳》等經書大義，闡發經書大旨，實開後世咏經詩之先河。《初學記》中所收《孝經詩》云：

> 立身行道，始於事親。上下無怨，不敢惡人。孝無終始，不離其身。三者備矣，以臨其民。
> 以孝事君，不離令命。進思盡忠，不議則爭。匡救其惡，災禍不生。孝悌之至，通於神明〔二〕。

可見唐代之前，便已産生了用詩歌歌咏《孝經》的形式，但是并未對《孝經》一書進行逐章歌咏，而是將《孝經》中與忠孝、行孝的内容進行了概括和歌咏。隨着唐代詩歌的盛行，唐代咏經詩創作也得到了進一步發展，《初學記》同卷亦收唐初的李百藥《禮記詩》、唐太宗《尚書詩》〔三〕。從這些咏經詩被收入童蒙教育用書之中的情況來看，蒙書編撰過程中，將咏經詩收入其中，以輔助教學，是古代童蒙教育之傳統。

《楊滿山咏孝經壹拾捌章》受到了前人咏經詩的啓發，繼承了咏經詩的特點以及用於童蒙教育的傳統，全篇采用的是韵語詩歌的形式，將《孝經》一

〔一〕 按：《春秋左傳正義》卷五二"昭公二十六年"傳文云："咸黜不端。"孔穎達疏曰："傅咸爲《七經詩》，其《傳詩》有此句，王義之寫。"詳見（晋）杜預注，（唐）孔穎達等正義：《春秋左傳正義》卷五二，收入（清）阮元校刻：《十三經註疏》，第二一一四頁。《左傳詩》中有"咸黜不端"之語，《傳詩》則指《左傳詩》，可見晋傅咸的《七經詩》爲一組歌咏七部經書的總題，《初學記》中收六詩。收入（唐）歐陽詢撰：《藝文類聚》卷五五《雜文部一·經典》，中華書局，一九六五年，第九八四～九八五頁。又見（唐）徐堅等著：《初學記》卷二一《經典部》，中華書局，一九六二年，第五〇一頁。（晋）傅咸的《七經詩》的相關研究，詳參張焕玲、趙望秦：《古代咏史集叙録稿》，三秦出版社，二〇一三年，第一七六～一七七頁。

〔二〕 詳參（唐）徐堅等著：《初學記》卷二一《經典部》，第五〇一頁。

〔三〕 （唐）徐堅等著：《初學記》卷二一《經典部》，第五〇一頁。

書的内容表現出來，較之《孝經》原文，詩歌更具有節奏感，且富有韵律，不僅更適合兒童誦讀和記誦，也更加便於兒童理解。

其三，兼具說理性與可讀性。《孝經》中藴含的孝道理念屬於較爲抽象的概念，對於初學階段的兒童而言，理解起來并不容易。因此，《楊滿山咏孝經壹拾捌章》在編撰的過程中，注意將說理性與可讀性的内容相結合。在闡釋有關孝道的理念過程中，將具有故事性的内容融入其中，所選故事多爲孝童孝子孝敬父母的事迹。持平而論，具有故事性的内容，本多爲兒童所喜，因此這種蒙書的編撰方式不僅與兒童的學習興趣相符合，也便於啓發兒童。且其說明的語言通俗易懂，近似口語，使其中藴含的成人說理成分，不會顯得十分濃厚，兒童易於接受，從而達到對兒童進行孝道啓蒙教育的目標與要求。

其四，采用五言詩歌的形式。五言句式是詩歌的主要形式，從句式的字數來看，較之四言詩歌，五言詩歌在一定程度上增加了兒童學習的困難，但五言句式仍具有其獨特的優勢。南朝梁·劉勰《文心雕龍·明詩》中曾言："若夫四言正體，則雅潤爲本；五言流調，則清麗居宗。"[一]南朝梁·鐘嶸《詩品·序》亦指出："夫四言文約意廣，取效《風》《騷》，便可多得，每苦文繁而意少，故世罕習焉。五言居文詞之要，是衆作之有滋味者也，故云會於流俗。豈不以指事造形，窮情寫物，最爲詳切者耶？"[二]強調較之四言句式字少而意繁，五言詩篇由於意藴豐富，且合於世俗，能夠將情感和物象切當詳盡地表達出來，而在文詞之中占據着重要地位。《楊滿山咏孝經壹拾捌章》在編撰過程中，對於五言句式的選擇，使是書在表達上更具質樸、親切、誠摯之感，讓其宣揚的孝道思想更易於被兒童接受。是書采用五言句式，不僅考慮到了五言詩歌的表達特點及使用的廣泛性，也能夠更好地達到對兒童進行孝道教育的目的與要求。從詩歌節奏的角度看，句式較短的詩句，由於句式本身音節較少，與長的詩句相比，誦讀時語氣急促，而上下句之間存在有

〔一〕（南朝·梁）劉勰著，周振甫譯注：《文心雕龍今譯》，中華書局，二〇一三年，第六二頁。

〔二〕（南朝·梁）鐘嶸著，周振甫譯注：《詩品譯注》，中華書局，一九九八年，第一九頁。

較明顯的間歇，使誦讀節奏更加明快、有力〔一〕。《楊滿山咏孝經壹拾捌章》采用五言句式，詩句長短適中，誦讀起來節奏明快，親切易讀，亦便於誦讀和記憶，從而有助於提高兒童在讀誦過程中的興趣，便於兒童瞭解和認識其中蘊含的孝道思想。可見是書作者在蒙書編撰過程中念慮之周，用心之精，思慮之深，亦足見古人對童蒙教育的重視程度。

需要明確的是，前文從寫卷的角度，對於此書性質進行了分析。關於此書的性質，除了將其判定爲童蒙讀物之外，尚有將其歸入文學作品。蓋因其詩歌之形式，但是"天下之至文，未有不出於童心焉者也"〔二〕，其形式或許屬於文學的範疇，然"一切文學達到極致，都是兒童文學"〔三〕，此書編撰采用詩歌的形式，乃是爲了更好地對兒童進行教育。用兒童一樣明亮又敏感的眼光、視角，用兒童一樣簡單而天真的筆墨、語言，纔能更加貼近兒童的心靈，也更容易引起兒童的共鳴，從而達到良好的教育效果。

凡此可以概見是書編撰之特點。就蒙書編纂的内容與特點而言，是書充分考慮到了兒童的身心發展特點和學習規律，也已認識到詩歌在兒童教育中的重要作用，并充分加以利用，以便對兒童進行童蒙教育，尤其在兒童孝道啓蒙教育中，充分考慮了兒童的學習特點和身心發展特征，有助提高童蒙教育的效果，以便達到養正於蒙的目標。可見，古人經過長期的教育經驗積累，已認識到兒童具有生理、心理的獨特性〔四〕，兒童學習漢語亦有獨特的心理機制〔五〕，因此，童蒙教育需要順應兒童的發展和學習規律并加以引導，纔不致使兒童對學習失去興趣，幫助兒童理解書中蘊含的孝道思想和觀念。

〔一〕 詳參蔡良驥：《論詩的體型》，《文藝理論研究》一九九四年第三期，第四五頁。

〔二〕 （明）李贄：《焚書》卷三《童心説》，收入（明）李贄著：《焚書 續焚書》，中華書局，一九七五年，第九九頁。

〔三〕 汪曾祺：《國風文叢總序》，收入汪曾祺：《汪曾祺全集》第六卷《散文卷》，北京師範大學出版社，一九九八年，第二三四頁。

〔四〕 詳參張平仁：《理解：古代童蒙學習的重要方法》，見金瀅坤主編：《童蒙文化研究》第二卷，人民出版社，二〇一七年，第一八六頁。

〔五〕 詳參張平仁：《正確處理兒童國學教育中記誦與理解的關係》，《課程·教材·教法》二〇一七年第三期，第七二頁。

第三節 《楊滿山咏孝經壹拾捌章》與蒙書編撰

《楊滿山咏孝經壹拾捌章》作爲採用詩歌形式,以《孝經》爲中心進行編撰的童蒙讀物,具有其自身的特點,形式與内容均與當時蒙書編撰之間具有一定聯繫,也對後世蒙書編撰産生了一定的影響。兹僅從敦煌蒙書及後世蒙書兩個方面,探討此書與蒙書編撰之間的關係。

一 《楊滿山咏孝經壹拾捌章》與敦煌蒙書編撰

由於《孝經》一書得到了普遍的認同和使用,唐五代出現了不少涉及《孝經》内容的童蒙讀物。就敦煌文獻而言,除《楊滿山咏孝經壹拾捌章》之外,尚有多種將《孝經》進行改編、縮寫、摘録,以詩賦、贊、頌、變文等多種形式,以供童蒙教育之用的蒙書[一],也從側面反映了《孝經》一書在唐五代時期的重要地位,即使是在地處偏遠的敦煌地區,依然風行不替。

通過梳理敦煌文獻,與《楊滿山咏孝經壹拾捌章》相關的文獻可分爲三種,兹分别論述如次:

其一,體例内容相似之文獻。伯三八一六號、斯五七三九號、斯三八二四號背有唐代張嵩撰《御注孝經贊》[二],僅存十四章[三]。考其作者,應

〔一〕 詳參金瀅坤:《唐五代敦煌蒙書編撰與孝道啓蒙教育——以〈孝經〉爲中心》,《首都師範大學學報(社會科學版)》二〇一九年第五期,第一〇頁。

〔二〕 按:伯三八一六號見《法藏》第二八册,第一六四~一六五頁;斯五七三九號見《英藏》第九卷,第一〇八頁;斯三八二四號背見《英藏》第五卷,第一五八~一六〇頁。録文及校記詳參鄭阿財:《敦煌寫卷〈御注孝經贊并進表〉初探》,《敦煌學》一九九二年第一八期,第一〇九~一一二頁;張錫厚主編:《全敦煌詩》第一編《詩歌》卷四四張嵩《御注孝經贊并進表》,第二三〇三~二三二二頁。録文均以伯三八一六號爲甲本,以斯五七三九號爲乙本,斯三八二四號背爲丙本參校。

〔三〕 按:《御注孝經贊》所存包括"開宗明義章第一贊""天子章第二贊""諸侯章第三贊""卿大夫章第四贊""士人章第五贊""庶人章第六贊""三才章第七贊""孝治章第八贊""聖治章第九贊""紀孝行章第十贊""五刑章第十一贊""廣要道章第十二贊""廣至德章第十三贊""廣揚名章第十四贊","廣揚名章第十四贊"僅存"任物則易,知人",寫卷止此,抄録未完。從其所贊爲唐玄宗所注《孝經》,其進表言"謹因御注孝經十八章,每章撰贊一首"之語來看,應有十八章,則《御注孝經贊》後四章内容缺。

爲開元、天寶年間的張嵩[一]，通過分析進表所存"開闢已來，唯太上皇作則垂範，孝德廣矣"之句[二]，又據《新唐書》卷六《肅宗本紀》載："（天寶）十五載（七五六），玄宗避賊，行至馬嵬，父老遮道請留太子討賊，玄宗許之，遣壽王瑁及内侍高力士諭太子，太子乃還……壬戌，裴冕等請皇太子即皇帝位。甲子，即皇帝位於靈武，尊皇帝曰上皇天帝，大赦，改元至德。"[三]可以推知《御注孝經贊》當作於唐肅宗時期[四]，較之《楊滿山咏孝經壹拾捌章》，《御注孝經贊》出現的時間更早。其進表言："臣竊見天下諸郡及都護府，無官學，臣請同州縣例置學，訓導軍將，戰士弟子。"可知張嵩在作此贊時，考慮到了其社會教育的功能，雖然并未明確説明用於童蒙教育，但是從其以全文采用四字一句的形式，内容淺顯易懂，應與《楊滿山咏孝經壹拾捌章》一書一樣，具有幫助初學者學習《孝經》，以便對世人進行孝道啓蒙教育。

《御注孝經贊》與《楊滿山咏孝經壹拾捌章》二者詳加對比，則可發現二者在形式、性質、内容等方面具有相似的特點，以下特將二者部分内容摘録如下，以便對照：

《御注孝經贊》	《楊滿山咏孝經壹拾捌章》
宣父開宗，參也贊美，五孝斯存，四人作軌，我皇聖文，發揮奥旨，比屋可封，溥天孝治。（開宗明義一章第一贊）	欲得成人子，先須讀《孝經》。義章恩最重，莫著髮膚輕。和睦爲宗祖，温柔是弟兄。立身於此道，於後乃揚名。（開宗明義章第一）
廣敬敬親，博愛愛人，惟德屆遠，志誠感神，睿澤存物，王言如綸，兆人恃賴，四海皆臣。（天子章第二贊）	聖主憂黎庶，偏念本二親。一心思愛敬，不許慢於人。百姓蒙恩教，刑于四海賓。天子應乃感，賴及萬方均。（天子章第二）

〔一〕 按：關於《御注孝經贊》作者的考訂，詳參鄭阿財：《敦煌寫卷〈御注孝經贊并進表〉初探》，《敦煌學》一九九二年第一八期，第一〇七～一一五頁。

〔二〕 按：以下《御注孝經贊》中的録文，均抄録自鄭阿財《敦煌寫卷〈御注孝經贊并進表〉初探》，以下所引録文，不再一一標注出處。

〔三〕 《新唐書》卷六《肅宗本紀》，第一五六頁。

〔四〕 詳參鄭阿財：《敦煌寫卷〈御注孝經贊并進表〉初探》，第一一二頁。

續表

《御注孝經贊》	《楊滿山咏孝經壹拾捌章》
上以誡驕，高以誡危，高危不作，富貴不離，取此去彼，知雄守雌，諸侯之孝，鮮不由斯。（諸侯章第三贊）	在上君臣合，諸侯盡不驕。滿而專怕溢，富貴自然超。國泰何忤舜，人安更聖堯。兢兢扶社稷，如履薄冰銷。（諸侯章第三）
言必守法，服無僭上，三德日宣，百祥攸往，斯爲至孝，是謂能養，夙夜在公，以勤所掌。（卿大夫章第四贊）	相國三臺輔，官連九寺卿。大夫依法服，非道不曾行。行滿無人怨，言規有典刑。事君仍匪懈，夙夜在和羹。（卿大夫章第四）
君子之德，可則可效，事其君親，視其容貌，五者備矣，是謂能教，三者不除，猶爲不孝。（紀孝行章第十贊）	父母專承事，方知莫遠遊。安居存致敬，疾病則懷憂。五者須圓備，三牲不要修。若能學董永，萬代是風流。（紀孝行章第十）
墨劓剕宫，五刑之屬，温柔恭謹，百行所勗，腰則無上，數則思孝，小惡不悛，太亂之戮。（五刑章第十一贊）	五刑根原重，三千罪不輕。無親極大亂，非法更加刑。背父輕慈母，憐兒侵弟兄。鄉川存此輩，終是惡人形。（五刑章第十一）

由上列對照的情形，不難看出《楊滿山咏孝經壹拾捌章》與《御注孝經贊》二者之間具有一定的聯繫。二者皆依《孝經》十八章之章目，隸括了《孝經》内容，且以唐玄宗御注之《孝經》作爲編撰的主要依據，均屬於綜合類贊文中孝道贊作品[一]。二者的區別主要在於句式上：《御注孝經贊》爲四言，而《楊滿山咏孝經壹拾捌章》爲五言。與四言的《御注孝經贊》相比，《楊滿山咏孝經壹拾捌章》似乎更易於理解，蓋因采用四言進行編撰，勢必要省略一定的内容，以保證句式整齊，需要在掌握、理解《孝經》的基礎上，纔能更好地認識《御注孝經贊》中的内容，故而對初學者而言，理解起來存在一定的困難。因此，《御注孝經贊》對《楊滿山咏孝經壹拾捌章》編撰的影響，主要表現在采用歌贊的形式，對《孝經》逐章歌咏的形式上。《御注孝經贊》爲《楊滿山咏孝經壹拾捌章》編撰的提供了可參照的範本。《楊滿山咏孝經壹拾捌章》一書并未與《御注孝經贊》一樣采用四言句式，而

〔一〕 詳參汪泛舟：《贊·箴》，收入顏廷亮主編：《敦煌文學》，甘肅人民出版社，一九八九年，第一〇三頁。

采用了五言的形式，則主要考慮到要將其用於童蒙教育的功用，以便初學兒童理解。

其二，體例相似而内容有別。上節論述了《楊滿山咏孝經壹拾捌章》編撰特點，涉及了咏經詩的傳統，可知唐代之前便已産生了咏經詩，《楊滿山咏孝經壹拾捌章》并非獨創，除晋傅咸的《孝經詩》之外，《楊滿山咏孝經壹拾捌章》之前還有《皇帝感·新集孝經十八章》。

通過梳理敦煌文獻，《楊滿山咏孝經壹拾捌章》與《皇帝感·新集孝經十八章》同爲唐代敦煌地區的童蒙讀物[一]。從《皇帝感·新集孝經十八章》的内容來看，唐玄宗親注《孝經》分別爲開元十年（七二二）及天寶二年（七四三），加之其内容涉及了歌咏唐玄宗三注《孝經》之事迹，則《皇帝感·新集孝經十八章》的年代當在天寶二年（七四三）至天寶十年（七五一）之間[二]，在《楊滿山咏孝經壹拾捌章》成書之前。《皇帝感·新集孝經十八章》開篇言：“新歌舊曲遍州鄉，未聞典籍入歌場。新合孝經皇帝感，聊談聖德奉賢良。”[三]“皇帝感”爲唐教坊曲名，見《教坊記》，《全唐詩》中存盧綸《皇帝感辭》二首，爲五言八句[四]，敦煌文獻中，除《新集孝經十八章》之外，尚存《新合千文皇帝感辭》。强調未見有典籍“入歌場”，以强

〔一〕 按：關於《皇帝感·新集孝經十八章（首）》蒙書性質判定，詳參金瀅坤：《唐五代敦煌蒙書編撰與孝道啓蒙教育——以〈孝經〉爲中心》，《首都師範大學學報（社會科學版）》二〇一九年第五期，第一五頁。

〔二〕 按：關於創作下限天寶十年（七五一）的判定，金瀅坤《唐五代敦煌蒙書編撰與孝道啓蒙教育——以〈孝經〉爲中心》一文的脚注指出：“天寶十載，唐和大食發生怛羅斯之戰，唐軍大敗，接着是南詔大亂，盛唐亂象叢生，最終導致了安史之亂，唐朝由盛轉衰，唐玄宗的形象大大損傷，再作以玄宗皇帝感的文章，似乎不合時宜。”詳參金瀅坤：《唐五代敦煌蒙書編撰與孝道啓蒙教育——以〈孝經〉爲中心》，《首都師範大學學報（社會科學版）》二〇一九年第五期，第一六頁。

〔三〕 任半塘編：《敦煌歌辭總編》卷三《雜曲·普通聯章》，上海古籍出版社，一九八七年，第七三四頁。

〔四〕 按：關於“皇帝感”，詳參任二北：《敦煌曲初探》，上海文藝聯合出版社，一九五四年，第二七、一〇二頁；張夢機：《詞律探原》，文史哲出版社，一九八一年，第二三〇～二三一頁。

調其獨創之功。《皇帝感·新集孝經十八章》凡十八首，采用七言四句的
形式，或叶三平韵，或叶二平韵，各首用韵不同，平仄亦不拘〔一〕，歌咏了
唐玄宗注《金剛經》《道德經》《孝經》三經的事迹與偉業，并對《孝經》
的內容進行了歌咏，以凸顯《孝經》的重要性，從而勸誘世人、兒童學習
《孝經》。較之《皇帝感·新集孝經十八章》，《楊滿山詠孝經壹拾捌章》的
編撰，主要受到了《皇帝感·新集孝經十八章》歌咏體例的影響，二者的
內容各有側重，反映出了唐代兒童孝道啓蒙教育的多樣性與靈活性，唐代
蒙書編撰會根據童蒙教育的需要，調整蒙書的內容與體例，以便更好地對
兒童進行教育。

其三，內容相似而形式有異。體例內容相似以及體例相似而內容有別的敦
煌文獻，爲《楊滿山詠孝經壹拾捌章》編撰的形式與內容提供了重要的啓示，
就蒙書編撰而言，其後出現的敦煌蒙書，在編撰的過程中主要繼承了《楊滿山
詠孝經壹拾捌章》中對《孝經》一書的重視，却并未采用詩歌形式進行編撰，
而是通過對《孝經》摘引、改編等形式進行編撰。兹聊舉數例，以見一斑。

《文詞教林》《新集文詞九經抄》等蒙書〔二〕，較爲明顯地反映了蒙書編撰
過程中對《孝經》的引用、改寫、摘録和改編，以訓誡兒童。如《文詞教林》
中的"進思盡忠，退思補過"一句〔三〕，便是對《孝經·事君章第十七》中內
容的直接引用〔四〕。《新集文詞九經抄》中存："言滿天下無口過，行滿天下

〔一〕 詳參張夢機：《詞律探原》，第二三一頁。
〔二〕 按：《敦煌蒙書研究》中通過對比《新集文詞九經抄》與《文詞教林》所引書
目，指出二書之間承襲軌迹明顯，《新集文詞九經抄》疑爲《文詞教林》之後新編的通俗
讀物。據鄭阿財《敦煌寫卷新集文詞九經抄研究》中指出，《新集文詞九經抄》一書大致
成書於唐僖宗中和三年（八八三）。則《新集文詞九經抄》成書於《楊滿山詠孝經壹拾捌
章》之後，而《文詞教林》成書當距《新集文詞九經抄》不遠，應在《楊滿山詠孝經壹
拾捌章》之後。詳參鄭阿財、朱鳳玉：《敦煌蒙書研究》，第三一八~三二○頁；鄭阿財：
《敦煌寫卷新集文詞九經抄研究》，文史哲出版社，一九八九年，第二○四頁。
〔三〕《法藏》第一六册，第二四八頁。
〔四〕 按：《孝經·事君章第十七》云："進思盡忠，退思補過。"詳參（唐）李隆基
注，（宋）邢昺疏：《孝經注疏》卷八《事君章第十七》，第三簡頁。

無怨惡。"〔一〕亦存"敬其父則子悦，敬其兄則弟悦，敬其君則臣悦，敬一人
則千萬人悦"之語〔二〕，是對《孝經》"卿大夫章第四"及"廣要道第十二"
中内容的直接引用〔三〕。除直引之外，《文詞教林》《新集文詞九經抄》中亦
有對《孝經》摘編和改寫的内容〔四〕。較之《楊滿山咏孝經壹拾捌章》，其
後出現的敦煌蒙書，雖然依舊反映出了對《孝經》一書的重視，但是已不
似此書采用詩歌的形式，而是采用改編、摘録和改寫的形式進行編撰。究
其原因，蓋因《文詞教林》《新集文詞九經抄》的編撰重點并不完全在於
《孝經》一書，而在於對兒童進行較爲廣泛的道德教育，因而《文詞教林》
《新集文詞九經抄》中擇取了不同的内容，裒輯九經諸子典籍中的嘉言成
編，故對《孝經》采取的是直引、摘編的方式，而未采用歌咏的形式給世
人灌輸孝道思想。

二 《楊滿山咏孝經壹拾捌章》與後世蒙書編撰

《楊滿山咏孝經壹拾捌章》作爲唐五代的蒙書之一，其編撰特點、體例等
不僅受到敦煌文獻的啓示與影響，也對後世蒙書産生了一定的影響。兹通過
分析後世繼承是書風格的相關蒙書，以探討其對後世蒙書編撰的影響，主要
表現在兩個方面：

一是將詩歌與孝道啓蒙教育相結合。如宋代邵雍所作《孝父母三十二章》
便繼承了《楊滿山咏孝經壹拾捌章》之風格〔五〕，采用詩歌的形式，以便對兒童

〔一〕 按：録文詳參鄭阿財：《敦煌寫卷新集文詞九經抄研究》，第二〇四頁。

〔二〕 按：録文詳參鄭阿財：《敦煌寫卷新集文詞九經抄研究》，第二四一頁。

〔三〕 按：《孝經·卿大夫章第四》云："言滿天下無口過，行滿天下無怨惡。"《孝
經·廣要道第十二》云："敬其父則子悦，敬其兄則弟悦，敬其君則臣悦，敬一人而千萬
人悦。"詳參（唐）李隆基注，（宋）邢昺疏：《孝經注疏》卷六《廣要道第十二》，第三简
頁；《孝經注疏》卷二《卿大夫章第四》，第三简頁。

〔四〕 詳參金瀅坤：《唐五代敦煌蒙書編撰與孝道啓蒙教育——以〈孝經〉爲中心》，
《首都師範大學學報（社會科學版）》二〇一九年第五期，第一一~一二頁。

〔五〕 詳見向燕南、張越編注：《勸孝——仁者的回報俗約——教化的基礎》，中央民
族大學出版社，一九九六年，第三五~四二頁。

進行孝道啓蒙教育。

較之《楊滿山咏孝經壹拾捌章》,《孝父母三十二章》雖然并未以《孝經》一書爲主要歌咏内容,但是却融入了大量與孝道、孝行相關的内容,如《孝父母三十二章》中便有:

父母之恩實大哉,天高地厚總難猜。
我能數盡青絲髮,祇有親恩數不來。
……
親老如何不健餐,多因心血已枯干。
勸君好順爹娘意,天大恩情仔細看。
……
病來湯藥要親煎,盡莫辭勞夜莫眠。
須記兒時有點痛,爹娘日夜意懸懸〔一〕。

可見,《孝父母三十二章》中采用七言四句的形式,將父母對子女無微不至的關懷與愛護表述出來,强調了孝道、孝行的重要性,以及行孝的具體做法。邵雍所作《孝父母三十二章》繼承了《楊滿山咏孝經壹拾捌章》詩歌體的形式,對孝道思想進行宣傳,也便於兒童理解其中藴含的孝道思想,認識到應如何行孝,從而達到對兒童進行孝道啓蒙教育的目標與要求。

南宋學者陳淳的《小學詩禮》〔二〕,從《曲禮》《少儀》《内則》等書中,擇取適宜兒童學習、閲讀的内容,分爲事親、事長、男女、雜儀等四部分,共計四十三則,采用五言四句的詩歌形式,以供兒童時時諷誦,將詩學教育與道德教育結合起來,從而更好地對兒童進行教育。如《事親》中有:

〔一〕 向燕南、張越編注:《勸孝——仁者的回報 俗約——教化的基礎》,第三五、三七頁。
〔二〕 詳見(宋)陳淳:《小學詩禮》,收入(清)陳宏謀輯:《五種遺規》卷上陳北溪《小學詩禮》,綫裝書局,二〇一五年,第一一~一六頁。

凡子事父母，雞鳴咸盥漱。櫛總冠紳履，以適父母所。（其一）

養則至其樂，居則致其敬。昏定而晨省，冬溫而夏清。（其六）

父母或有過，柔聲以諫之。三諫而不聽，則號泣而隨。（其十二）

父在不遠游，所游必有常。出不敢易方，復不敢過時。（其十三）〔一〕

較爲集中地説明了事親的具體事項，將兒童應知當知之事，按照不同的類別進行分類。就其内容而言，《小學詩禮》通過詩歌的形式，對兒童進行的行爲、倫理道德教育，以滿足兒童道德啓蒙教育的需要。

由上可見，《楊滿山咏孝經壹拾捌章》之後，出現了不少用於兒童孝道啓蒙教育的童蒙讀物，繼承并發展了《楊滿山咏孝經壹拾捌章》的風格和體例，但所歌咏的内容并不局限於《孝經》一書，使兒童孝道啓蒙教育類蒙書得到了進一步的發展。就上述蒙書并未專門針對《孝經》一書，作爲其編撰材料來看，原因主要有二：

其一爲《孟子》升格。唐懿宗咸通四年（八六三），皮日休請立《孟子》爲學科，則《孟子》升經的運動，自唐已始，而於宋成。經歷了唐宋間的“孟子升格運動”〔二〕，孟子其人其書的地位得到了提升，《孟子》遂與《論語》并稱，由子部上躋於經部。《孟子》一書的升格，使世人對《孝經》的重視程度不再如前代高。

其二爲宋代科舉制度改革。唐代以來科舉考試兼試《孝經》《論語》的傳統，被《孟子》《論語》取代。宋神宗熙寧四年（一〇七一）變法，對科舉制度進行改革，明經、進士等科“各專治《易》《詩》《書》《周禮》《禮記》一經，兼以《論語》《孟子》”〔三〕。《孝經》的地位被《孟子》代替。受此

〔一〕（宋）陳淳：《小學詩禮》，收入（清）陳宏謀輯：《五種遺規》卷上陳北溪《小學詩禮》，第一一、一二頁。

〔二〕按：關於“孟子升格運動”，詳參周予同：《周予同經學史論著選集》，上海人民出版社，一九八三年，第二八九～二九〇頁。

〔三〕（清）畢沅撰：《續資治通鑑》卷六八“宋神宗熙寧四年二月”條，上海古籍出版社，一九八七年，第三五〇頁。

影響，書法等科，也需要 "兼通《論語》《孟子》義" 〔一〕。宋淳熙間，朱熹以《孟子》《論語》《大學》《中庸》并立，《四書》之名始立〔二〕，宋理宗寶慶三年（一二二七）下詔，將朱熹集注的《四書》正式列爲學校教育教材，使其成爲科舉考試的標準，使程朱理學與科舉、教育結合起來。北宋理學家 "尊孟" 的理念，不僅影響了科舉考試的内容，也影響到兒童經典啓蒙，使《孟子》在童蒙教育中，逐漸取代《孝經》的地位〔三〕。

雖然《孝經》一書的地位有所下降，但是其中蘊含的孝道思想，却并未因《孝經》地位的轉變而改變，孝道教育依然是宋代童蒙教育的重要組成部分，因而出現了多種宣揚孝道的童蒙讀物。

需要説明的是，以往學者認爲童蒙詩歌是宋代以降童蒙讀物的特色，尤以《神童詩》《千家詩》《唐詩三百首》最爲突出〔四〕。但事實上，晚唐五代時期，以詩歌形式編撰的蒙書，便已得到了很大發展〔五〕。由於唐代科舉考試重文，使蒙書在編撰的過程中，不僅注重采用詩歌的形式，也普遍重視音韵、對偶，以便激發、培養兒童對詩歌的興趣。同時，以詩歌形式編寫的蒙書，也融入了對兒童的訓誡内容，促進了《楊滿山咏孝經壹拾捌章》等具有説理、訓誡等性質童蒙讀物的發展。由於此類蒙書所采用的詩歌形式，使其更爲活潑、通俗易懂，易於被兒童理解和接受。

二是將詩歌與孝子孝行故事相結合。如宋代邵雍所作《孝悌歌十章》〔六〕，繼承了《楊滿山咏孝經壹拾捌章》將故事性内容與詩歌形式相結合，對兒童進行孝道啓蒙教育。如《孝悌歌十章》中有：

〔一〕《宋史》卷一五七《選舉志三》，第三六八八頁。

〔二〕 詳參周予同：《周予同經學史論著選集》，第二九〇頁。

〔三〕 詳參徐洪興：《唐宋間的孟子升格運動》，《中國社會科學》一九九三年第五期，第一〇一～一〇六頁。

〔四〕 王炳照：《配圖蒙學十篇序》，見夏初、惠玲校釋：《配圖蒙學十篇》，北京師範大學出版社，一九九三年，第四頁。

〔五〕 詳參金瀅坤：《唐五代科舉的世界》，第一三八頁。

〔六〕 詳見向燕南、張越編注：《勸孝——仁者的回報 俗約——教化的基礎》，中央民族大學出版社，一九九六年，第三五～四二頁。

子孝親兮弟敬哥，休殘骨肉起風波。勤勞恩重須當報，手足情深最要和。
公義同居今古罕，田真共處子孫多。如斯遐邇皆稱美，子孝親兮弟敬哥。
子孝親兮弟敬哥，怡聲下氣要謙和。難兄難弟名偏重，賢子賢孫貴自多。
負米尚能爲薄養，讀書寧不耀高科。仲由陳紀皆如此，子孝親兮弟敬哥。
……

子孝親兮弟敬哥，晨昏定省莫蹉跎。一門孝友真難得，百歲光陰最易過。
和樂且耽宜自爺，彝倫攸叙在謙和。斑衣舞罷塤篪奏，子孝親兮弟敬哥[一]。

依上文所引，《孝悌歌十章》亦采用詩歌的形式，每章爲七言八句的形式，開始與結束均爲"子孝親兮弟敬哥"一句，便於初學者記憶。《孝悌歌十章》雖着重强調了"悌"的内容及具體做法，但其中心亦本於"孝"的思想。邵雍所作《孝悌歌十章》繼承了《楊滿山咏孝經壹拾捌章》詩歌體的形式，對孝道思想進行宣傳，并將田真、仲由、陳紀等人的孝悌故事融入其中，這些具有故事性的内容，更符合兒童的學習興趣，也便於兒童理解和接受，易於達到對兒童進行孝道啓蒙教育的目標與要求。

其後蒙書在編撰過程中，繼承并發展了將世人熟知的孝子孝行故事與詩歌相結合的蒙書編撰方式。元代郭居敬編撰的《新刊全相二十四孝詩選》便是其中顯例[二]，此書在前代二十四位孝子孝行故事的基礎上進行了

〔一〕 向燕南、張越編注：《勸孝——仁者的回報 俗約——教化的基礎》，第三九、四〇頁。
〔二〕 按：本研究使用的是日本龍谷大學圖書館藏《新刊全相二十四孝詩選》，爲室町（一三三六～一五七三）初期寫本，署"延平尤溪郭居敬撰"，采用上圖下文的形式。是書尾題"二十四孝終"後，猶存"伯俞"孝行事迹的詩文，"伯俞"下有小字注云："或本無'黃山谷'，有伯'俞'。"詩曰："嚴母終朝責，輕輕力不加。應心頻泣淚，天命更還賒。"又日本京都大學附屬圖書館藏《二十四孝傳并贊》寫本中亦收録《新刊全相二十四孝詩選》，僅録詩文，而爲未有圖畫。題目下有小字言："東光寺禮松首座以唐印本寫之，古宿取點也。"京都大學附屬圖書館藏本中無"伯俞"事迹之詩文。詳參（元）郭居敬：《新刊全相二十四孝詩選》，日本室町（一三三六～一五七三）初期寫本（藏日本龍谷大學圖書館）。

增删，并根據不同的孝子故事配以圖畫與詩文（見圖一二）。從其配以圖畫的情況看，更加凸顯了其蒙書的性質，能够使書中的故事和詩文内容更加形象，便於兒童識記和理解書中的詩文和故事，也更加符合兒童的學習興趣。

圖一二　日本龍谷大學圖書館藏《新刊全相二十四孝詩選》書影

　　明萬曆間的《新刊二十四孝故事》與《新刊二十四孝詩選》相似，亦采用上圖下文的形式，將詩歌與孝子孝行故事相結合，對孝子孝行事迹進行了介紹（見圖一三）[一]，而更加突出其中對於故事的叙述。

────────

　　〔一〕　按：本研究使用的是英國牛津大學博德利圖書館藏《新鍥重訂補遺音釋大字日記故事大成》卷首的《新刊二十四孝故事》，爲明萬曆間（一五七三～一六二〇）鄭氏聚垣書舍刊本，卷首存《新刊二十四孝故事》一卷，後七卷爲《日記故事》。牛津大學博多利圖書館資訊指出此書爲海内外孤本。詳參未注撰人：《新刊二十四孝故事》，明萬曆間（一五七三～一六二〇）鄭氏聚垣書舍刊本（藏英國牛津大學博德利圖書館）。

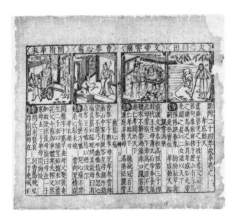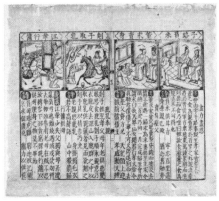

圖一三 英國牛津大學博德利圖書館藏《新刊二十四孝故事》書影

從蒙書編撰的角度看，《新刊二十四孝故事》與《新刊二十四孝詩選》二書，繼承并發展了《楊滿山咏孝經壹拾捌章》中將孝子孝行故事通過詩歌形式表現出來的方式。兹將《楊滿山咏孝經壹拾捌章》與二書中對於孝子孝行歌咏的情況，以表列之，冀便説明：

人物	《楊滿山咏孝經壹拾捌章》	《新刊全相二十四孝詩選》	《新刊二十四孝故事》
王祥	嚴冰泉湧出， 魚躍爲王祥。	繼母人間有， 王祥天下無。 至今河水上， 一片卧冰模。	繼母人間有， 王祥天下無。 至今河水上， 一片卧冰模。 （卧冰求鯉）
董永	賣身學董永， 孝道不如他。	葬父貸方兄， 天姬陌上迎。 織絹償債主， 孝感盡知名。	葬父貸方兄， 天犯陌上迎。 織絹償債主， 孝感動天神。 （賣身葬父）
黄香	禮樂留今古， 寒温世代稀。	冬月温衾煖， 夏天扇枕涼。 兒童知子職， 千古一黄香。	冬月温衾煖， 炎天扇枕涼。 兒童知子職， 千古一黄香。 （扇枕温衾）

　　略觀上表，大體可知《楊滿山咏孝經壹拾捌章》《新刊二十四孝故事》《新刊二十四孝詩選》對於孝子孝行事跡的歌咏情況。《新刊二十四孝故事》《新刊二十四孝詩選》同《楊滿山咏孝經壹拾捌章》的相似之處，在於二書亦集中對孝子孝行故事進行了歌咏。而較之《楊滿山咏孝經壹拾捌章》，二書由於編撰的主要內容是"二十四孝"，與《楊滿山咏孝經壹拾捌章》所咏《孝經》存在較大差異，因而更加詳細地描述了孝子孝行的故事，但它們蘊含的孝道思想和教育功用卻是相同的，均是對兒童進行孝道啓蒙教育所用的蒙書。

　　此外，《新刊二十四孝詩選》與《新刊二十四孝故事》除詩句略有差異外，較之《新刊二十四孝詩選》，《新刊二十四孝故事》又表現出新的特點：其一，將孝子孝行故事提煉爲四字題目，如"孝感動天"（大舜）、"親嘗湯藥"（漢文帝）、"嚙指心痛"（曾參）、"單衣順母"（閔損）等，便於兒童瞭解和掌握故事大意。其二，配圖之上又注明孝子和事迹信息，如"子路負米""郭巨埋兒""壽昌尋母""丁蘭刻木"等，便於而兒童通過圖片和信息加深對人物和故事的記憶。其三，將詩歌部分的內容移至孝子孝行故事叙述之後，以作總結，與其定"故事"的書名相符合。其四，所選孝子事迹及順序有所差異。《新刊二十四孝詩選》中歌咏的人物和順序爲大舜、漢文帝、丁蘭、孟宗、閔損、曾參、王祥、老萊子、姜詩、黃山谷（伯俞）、唐夫人、楊香、董永、黃香、王裒、郭巨、朱壽昌、剡子、蔡順、庾黔婁、吳猛、張孝張禮、田真、陸績。而《新刊二十四孝故事》中則依次爲大舜、漢文帝、曾參、閔損、子路、董永、剡子、江革、陸績、唐夫人、吳猛、郭巨、老萊子、楊香、朱壽昌、王裒、丁蘭、孟宗、姜詩、王祥、庾黔婁、黃香、蔡順、黃山谷。《新刊二十四孝故事》中用子路負米、江革行傭之事，代替了《新刊二十四孝詩選》中的張孝、張禮與田真的故事。不同的編者及編撰目的，對於孝子孝行人物的選擇具有一定的差異，總體而言，所選取的孝子人物具有一定固化趨勢，如大舜、丁蘭、董永、閔損、曾子等是漢魏以來人們所熟知的孝子，也是編撰與孝道孝行相關蒙書的重要人物，因此，即使二書編撰的朝代不同，但在孝子故事的選取上，仍保持了較高的一致性。

　　由此可見，不同的蒙書在編撰的過程中具有其自身的特點，反映了蒙書編撰的多樣性、靈活性、時代性。從童蒙教育的角度看，蒙書編纂的內容與特點較爲集中地反映了童蒙教育的認識與理念，蒙書在編撰過程中一方面積極繼承了長期以來積累的童蒙教育的經驗，并將其應用到蒙書編撰與童蒙教育之中；另一方面又根據童蒙教育的不同需要和目標，對蒙書的内容、體例等進行不斷進行更新和調整，以適應時代變化和歷史發展需要，使蒙書在成編之後得以使用、傳播和流傳。

第四章
《楊滿山咏孝經壹拾捌章》與童蒙教育

　　《楊滿山咏孝經壹拾捌章》作爲蒙書，與童蒙教育具有密切的關係，其教育的功用與目的主要在於兒童的孝道啓蒙教育，但并不限於此。本章主要依據《楊滿山咏孝經壹拾捌章》的寫卷及其内容，從蒙書編撰的角度出發，探討其教育功能與目的及其在孝道啓蒙教育中的重要價值。

第一節　《楊滿山咏孝經壹拾捌章》教育功能與目的

　　從蒙書編撰的角度看，《楊滿山咏孝經壹拾捌章》的教育功能與目的主要表現在以下兩個方面，兹分别論述如次。

一　奠定閱讀與寫作教學基礎

　　"古人教童子，多用韵语，如今《蒙求》《千字文》《太公家教》《三字训》之类，欲其易记也。"[一]童蒙教育及蒙書編撰中，多使用韵語及韵語材料，以便兒童記憶。且句式多采用三言、四言或五言，便於兒童記憶的同時，也便

〔一〕（宋）項安世撰：《項氏家説（附録）》，中華書局，一九八五年，第八三頁。

於兒童誦讀。《楊滿山咏孝經壹拾捌章》亦繼承了蒙書使用韵語的傳統，采用了五言八句的詩歌形式進行編撰，主要考慮到了兒童學習和身心發展特點，使其具有詩歌對偶、韵律和諧的特點，以便兒童學習、記憶所學的内容。是書采用詩歌的形式進行編撰，也在一定程度上反映了其爲讀寫教育服務的特點與目的，讓兒童通過誦讀詩歌，爲之後的閲讀與寫作教學奠定基礎，主要表現在兩個方面：

其一，有助於培養兒童的閲讀興趣。采用詩歌形式的韵語讀物，更具有音韵和諧、語言凝練的特點，兒童朝夕諷誦，對於提高兒童的閲讀、學習興趣，逐步培養其對語言文字的敏感性等方面具有很大的作用。對於初學的兒童而言，"樂嬉遊而憚拘檢"〔一〕，乃其天性使然，因此在對兒童進行教育的過程中，需要順應兒童的發展和學習規律并加以引導，而不致使兒童對學習失去興趣。《楊滿山咏孝經壹拾捌章》爲詩歌形式，較之閲讀階段兒童需要學習與掌握的經典，每句僅有五字，篇幅不長，且富有韵律，更淺顯易懂。將其用於最初的童蒙教育階段，既符合兒童學習漢語的規律，也與漢語、漢字的特點相適應。

由此可見，將韵語材料用於童蒙教育是古人長期教育教學實踐的經驗總結。由於古代童蒙教育主要承擔着識字、熟悉文言、初步閲讀等任務，讓兒童閲讀韵語讀物，不僅可以進一步擴充兒童識字階段的識字量，幫助其學習文言句法，從而更好地達到童蒙教學的目標，也有助於提高兒童閲讀的興趣。

此外，《楊滿山咏孝經壹拾捌章》還將具有故事性的内容融入詩歌之中，使其與兒童的學習興趣相符合，更具可讀性，從而更容易增强兒童的閲讀、學習興趣，也便於在教育過程中啓發兒童。

其二，有助於提高理解與想象能力。兒童初入學時，"語音未朗，未能便讀長句"〔二〕。讓兒童在初學階段，閲讀、學習字數較少且具有韵律的材料，有

〔一〕（明）王守仁：《訓蒙大意示教讀劉伯頌等》，收入（明）王守仁：《王陽明全集》卷二《語録二》，上海古籍出版社，二〇一四年，第九九頁。

〔二〕（清）陸世儀：《論小學》，收入（清）張伯行：《養正類編》，中華書局，一九八五年，第一一頁。

助於培養兒童的語感，提高兒童對語言的敏感性以及對語言的感悟與理解能力。《楊滿山咏孝經壹拾捌章》采用五言的詩歌形式進行編撰，不僅有助對兒童進行詩學啓蒙教育，讓兒童在不斷地誦讀過程中，認識、瞭解詩歌的特點，也對之後的寫作教育也具有一定的幫助。因此，讓兒童誦讀、學習《楊滿山咏孝經壹拾捌章》之類的詩歌，有助於培養兒童的語感，對提高兒童對語言的感悟與理解能力具有一定的作用。兒童还可以在誦讀的過程中，通過目觀其形，耳辨其聲，心解其義，逐漸建立起漢字音、形、義三者之間的聯繫，從而更好地提高兒童對所學内容的理解能力，爲之後閱讀教育階段，深入理解所讀字句打下良好的基礎。

此外，詩歌還具有意蘊豐富的特點，不僅有利於啓發兒童思考，也對提高讀寫教育效果具有很大幫助。雖然兒童在初學階段，并不一定能够將《楊滿山咏孝經壹拾捌章》中的詩句完全理解透徹，但是音韵和諧、語言凝練的詩歌中蘊含着豐富的意蘊，有利於啓發兒童思考，促進其想象力的發展。

概括上述，"兒童記誦，本以諧於唇吻爲宜"〔一〕，兒童誦讀的過程，也蘊含着理解的過程。詩歌類的蒙學教材，采用韵語和對偶的形式，容易誦讀和記憶，符合兒童的心理發展特點，有利於提高學習的效率，同時也是蒙學讀物得以傳播和流傳的一個重要原因。無論是韵語還是對偶的形式，都充分地利用了漢字音、形、義三者相結合的特點，使兒童養成眼觀字句、口誦聲韵、心解義理的習慣，爲之後的閱讀與寫作教育奠定良好的基礎。

二　有助於兒童瞭解法制知識

《楊滿山咏孝經壹拾捌章》的着眼點并不僅僅局限於童蒙教育的單一需求和目標，此書不僅能够爲之後的閱讀及寫作教育奠定一定的基礎，其中涉及法制知識的相關内容，也有助於兒童瞭解與法律相關的知識。而此書中收入

〔一〕　張志公：《傳統語文教育教材論：暨蒙學書目和書影》，中華書局，二〇一三年，第六九頁。

法制的相關内容，亦源於孝道與法律之間的密切聯繫。

（一）蒙書中收入法制内容之传统

中國古代蒙書中收入法制的相關内容，是古代蒙書編撰之傳統，有助幫助兒童學習、了解一定的法制知識與内容，對蒙書編撰産生了較爲深刻影響。

《管子·法禁》言："法制不議，則民不相私。"〔一〕自秦漢以來，法制知識便是人們需要瞭解和掌握的重要内容之一，與人們的社會生活關係較爲緊密，具有知識教育和道德教育的雙重特點。因此，爲了更好地幫助兒童從小學習法制知識，便於對其進行思想道德教育，古人在蒙書的編撰過程中，便將需要兒童掌握、瞭解的法制知識，融入童蒙讀物之中，以便對其進行教育。

制定法律、普及法制知識，以教化百姓，是秦朝社會教育的重要特點之一〔二〕，秦朝"以吏爲師"的普法教育，對這一時期的童蒙教育産生了重要影響。秦丞相李斯編纂的識字蒙書《蒼頡篇》中，便已出現了與法制相關的内容。如阜陽漢簡中所見的《蒼頡篇》中，存有C001"逋逃隱匿"、C003"誅罰貨耐"、C025"歐伐疕痏"、C041"殺捕獄問"等〔三〕。涉及了有關逃亡之罪者、不可告人之罪惡、責罰懲治、毆傷等内容。又《北京大學藏西漢竹書（壹）》中的《蒼頡篇》北蒼簡51存有文句："齮齕痍傷。毆伐疕痏，肤肤瞢盲。執囚束縛，論訊既詳。"〔四〕存有關於受創傷毆傷、拘捕囚禁、審訊囚犯等内容。

由此可見，李斯編撰的蒙書《蒼頡篇》，不僅具有幫助初學兒童識字的作用，也具有幫助兒童瞭解與法制相關内容的功用。嗣後，蒙書在編撰的過程中，繼承并發展了蒙書中涉及法制内容的編排特點，其後出現的《急就篇》

〔一〕 黎翔鳳撰：《管子校注》卷五《法禁》，中華書局，二〇〇四年，第二七三頁。

〔二〕 趙國權主編：《中國教育活動通史》第二卷《秦漢魏晋南北朝》，山東教育出版社，二〇一七年，第四四九～四五〇頁。

〔三〕 文物局古文獻研究室、安徽省阜陽地區博物館阜陽漢簡整理組：《阜陽漢簡〈蒼頡篇〉》，《文物》一九八三年第二期，第二四、二六、二七頁。

〔四〕 張傳官：《據北大漢簡拼綴、編排、釋讀阜陽漢簡〈蒼頡篇〉》，收入李學勤主編：《出土文獻》第八輯，中西書局，二〇一六年，第一八二頁。

《千字文》等蒙書中，均保存了與法制相關的内容〔一〕，繼承了蒙書中收入法制内容的傳統。可見，蒙書包含法制内容具有悠久的傳統。

（二）孝道与法律之間的密切聯繫

《楊滿山咏孝經壹拾捌章》亦繼承了蒙書收入法制内容之傳統，其中《五刑章第十一》存"五刑根原重，三千罪不輕。無親極大亂，非法更加刑。背父輕慈母，憐兒侵弟兄。鄉川存此輩，終是惡人形"之語，以歌咏體的形式，對《孝經·五刑章第十一》"五刑之屬三千，而罪莫大於不孝"的内容，進行了改寫和歌咏〔二〕。對於兒童瞭解與法制相關的内容具有一定的幫助〔三〕。

由此可見，《楊滿山咏孝經壹拾捌章》在編撰過程中，不僅考慮到了對《孝經》及孝道的重視與宣傳，也考慮到了童蒙教育的不同内容，使其具有多種教育功能，以適應童蒙教育的不同需要。也正因爲如此，是書纔得以在當時的敦煌地區得到了一定的認可，得以在敦煌寺學之中，并在較長的一段時間之内，得到了不斷地傳抄和傳播。

需要説明的是，中國古代法律肇端甚早，自皋陶作士，則有五刑，而法

〔一〕 按：《急就篇》卷四中保存并羅列了與法制相關的内容，集中反映了先秦以來的法律思想。如"第二十八章：皋陶造獄法律存，誅罰詐偽劾罪人，廷尉正監承古先，總領煩亂決疑文。變鬥殺傷捕伍鄰，亭長游徼共雜診，盜賊系囚榜笞臀，朋黨謀敗相引牽，欺誣詰狀還反真。"蒙書中收入法制知識之傳統，在周興嗣編撰的《千字文》中也有所體現。如斯五四五四號寫卷中《千字文》存句："誅斬賊盜，捕獲叛亡。"亦涉及了與法制相關的内容。因論述重點不在於此，兹不多贅。詳參（漢）史游撰，（唐）顏師古注，（宋）王應麟音釋：《急就篇》，明崇禎（一六二一～一七二二）毛氏汲古閣刻本（藏哈佛大學圖書館）；（漢）史游撰，（唐）顏師古注，（宋）王應麟補注：《急就篇》，見（宋）王應麟：《玉海》第八三册《急就篇》，清乾隆三年（一七三八）江寧學官尊經閣補刊本（藏日本内閣文庫）；《英藏》第一〇卷，第一〇六頁。

〔二〕 （唐）唐玄宗李隆基注，（宋）邢昺疏：《孝經注疏》卷三《庶人章第六》，第二筒頁。

〔三〕 按：《尚書·吕刑》言："墨罰之屬千，劓罰之屬千，剕罰之屬五百，宮罰之屬三百，大辟之罰，其屬二百,五刑之屬三千。"詳參（漢）孔安國傳，（唐）孔穎達等正義：《尚書正義》卷一九《周書·吕刑》，收入（清）阮元校刻：《十三經注疏》，第二四九頁。

律的制定與孝道傳統之間具有重要的聯繫。就蒙書編撰而言，《楊滿山咏孝經壹拾捌章》中涉及的法制内容，與孝道教育之間亦存在着密切的聯繫，蒙書中收入法制内容，符合自古以來對孝道的重視與推崇。

關於孝道與法律之間的關係，《吕氏春秋》卷一四《孝行覽》指出："《商書》曰：'刑三百，罪莫重於不孝。'"〔一〕强調了不孝之罪的嚴重性。《論語·子路》言："孔子云：'吾黨之直者，异於是，父爲子隱，子爲父隱，直在其中矣。'"〔二〕法律及道德傳統中對於孝的重視，着眼的是較爲長遠的父子、君臣關係，以避免統治隱患的出現，從而需要用孝道或倫理來規範。因此，法律的制定也在一定程度上反映了孝道的内容。

審《唐律疏議》一書，涉及孝道的條文甚多，且注釋詳盡，足見古人對孝道的重視程度。《唐律疏議》卷一《名例》中單獨列有"不孝"的罪名，并將其列爲十惡之一〔三〕，其文如下：

　　七日不孝，謂告言、詛詈祖父母、父母，及祖父母、父母在，别籍、异財若供養有闕；居父母喪，身自嫁娶若作樂、釋服從吉；聞祖父母、父母喪，匿不舉哀；詐稱祖父母、父母死〔四〕。

除上所引之外，更有"惡逆"條，其罪較"不孝"更重〔五〕，是書中涉及孝道的法律條文甚多，主要見於名例、職制、賊盜、鬥訟、詐僞等卷，有絞、斬、流、徒之刑，則可見唐律對不孝者懲處之嚴酷。法律通過嚴厲的懲處，抑制不孝行爲的出現，以維護統治、穩定社會秩序。《唐六典》卷六《尚書刑

　　〔一〕（漢）高誘注：《吕氏春秋》卷一四《孝行覽》，上海古籍出版社，二〇一四年，第二七〇頁。

　　〔二〕楊伯峻譯注：《論語譯注》，中華書局，一九八〇年，第一三九頁。

　　〔三〕吴平、李善强、霍艷榮主編：《孝經文獻集成》第一册，前言第二〇頁。

　　〔四〕（唐）長孫無忌等撰：《唐律疏議》卷一《名例》，中華書局，一九八五年，第二一頁。

　　〔五〕（唐）長孫無忌等撰：《唐律疏議》卷一《名例》，第一七頁。

部》中也指出："乃立十惡，以懲叛逆，禁淫亂，沮不孝，戚不道。"〔一〕對於社會安定具有重要的意義。

因此，蒙書在編撰過程中，亦需要將孝道教育與法制教育相結合，使其不僅能夠對兒童進行法制教育，也能對其孝道教育，讓兒童因畏懼不孝行爲的刑罰，或者有感於父母給予的關愛和愛護，而能遵守"孝"這一衆德之本，人倫之基，以便達到對兒童進行道德教育的目標與要求。

從蒙書編撰的角度看，《楊滿山咏孝經壹拾捌章》涉及的孝道與法制内容，表現出以下兩個特點：一是此書中采用將與法制相關的内容融入孝道内容之中的方法，而非直接説明與法制相關的内容，以着重強調孝道的重要性。二是通過強調"不孝"之罪的嚴重性，讓兒童瞭解"不孝"行爲的罪責之重，使兒童因畏其刑罰，而避免"不孝"行爲的發生，從而更好地對兒童進行道德和法制教育。

第二節 《楊滿山咏孝經壹拾捌章》與孝道啓蒙教育

《易》曰："蒙以養正，聖功也。"〔二〕這就決定了童蒙教育的核心是"養正"教育，而童蒙教育的核心與關鍵是培養兒童良好的品行、格局、習慣、禮儀，幫助兒童掌握正確的學習方法、思維方式、價值觀念等，童蒙教育的效果對兒童的成長與發展至關重要。

因此，童蒙教育不僅承擔着識字、熟悉文言、初步閱讀等任務，道德教育也在童蒙教育中具有十分重要的地位。古人認爲，"古者小學教人，以威儀倫常之則，皆所以養其德性"〔三〕，指出行爲規範、道德倫理等内容，宜於初學便與兒童講明，強調其爲大學之本、人生之要，主張童蒙教育"唯當以孝弟

〔一〕《唐六典》卷六《尚書刑部》，第一八六頁。

〔二〕（魏）王弼注，（唐）孔穎達疏：《周易正義》卷一《蒙卦》，收入（清）阮元校刻：《十三經注疏》，第二〇頁。

〔三〕（清）羅澤南撰：《小學韻語》，見（清）張承燮輯：《小兒書輯》第二册第五輯，清光緒二十七年（一九〇一）膠州聽雨何時軒刻本（藏中國國家圖書館），第一筒頁。

忠信禮義廉恥爲專務"〔一〕。而中國古代的道德、品行教育，莫不以孝道爲本，強調"孝"是倫理道德的基礎、社會秩序的根基，對其重視之勢自古至今未曾改變，蓋本於此。古人認爲"孝"是"百行之本""人倫之本""至德要道"〔二〕，不僅是中國古代道德教育的根本和基礎，也是培養和確立兒童道德品質、價值觀念的根本和基礎〔三〕。因此，古人十分注重兒童的孝道啓蒙教育。

但"蒙而曰養，豈一朝一夕之故哉"〔四〕，較之強調速成的識字教育，道德教育更注重對兒童進行潛移默化地影響。因此，蒙書在編撰過程中多注重其對兒童進行道德教育的功能，強調其對規範兒童行爲，對兒童進行孝道啓蒙教育的作用。

而自秦漢以來，《孝經》便是童蒙教育中的重要內容之一，對兒童的孝道啓蒙教育產生了重要的影響。就《楊滿山咏孝經壹拾捌章》的內容而言，其以《孝經》一書作爲歌咏的主要對象，語言淺顯易懂且具有可讀性，便可知其教育的重要功用在於對兒童進行孝道啓蒙教育，此不可不稍詳其情況，以談此書對於兒童孝道啓蒙教育的作用。

一　便於兒童學習與掌握《孝經》

《漢書·藝文志》言："夫孝，天之經，地之義，民之行也。"〔五〕"孝"自古以來便是中國古代獨特的道德理想，亦是政治理想的重要來源，得到了世人普遍的重視與遵循。古代童蒙教育"以明尊卑之義，正長幼之序，風化之道"〔六〕，重視對兒童道德品質的培養，正與"蒙以養正"的童蒙教育核心相適應。因此，宣揚孝道思想的《孝經》成爲了培養和端正兒童道德與品行的重要材料。

　〔一〕（明）王守仁：《訓蒙大意示教讀劉伯頌等》，收入（明）王守仁：《王陽明全集》卷二《語錄二》，第九九頁。

　〔二〕《舊唐書》卷一五五《薛戎傳附放傳》，第五四七~五四八頁。

　〔三〕詳參金瀅坤：《唐五代敦煌蒙書編撰與孝道啓蒙教育——以〈孝經〉爲中心》，《首都師範大學學報（社會科學版）》二〇一九年第五期，第一頁。

　〔四〕（清）李毓秀撰：《訓蒙文》，清康熙四十一年（一七〇二）刻本，第一筒頁。

　〔五〕《漢書》卷三〇《藝文志》，第一七一九頁。

　〔六〕《登科記考》卷九"天寶七載"條，第三一七頁。

《孝經》作爲以孝道爲論述核心的經典，自秦漢以來，便得到了歷代王朝的重視與推廣，以化民成俗。《隋書·經籍志》中云：

> 夫孝者，天之經，地之義，人之行。自天子達於庶人，雖尊卑有差，及乎行孝，其義一也。先王因之以治國家，化天下，故能不嚴而順，不肅而成。斯實生靈之至德，王者之要道。孔子既叙六經，題目不同，指意差別，恐斯道離散，故作《孝經》，以總會之，明其枝流雖分，本萌於孝者也〔一〕。

可見《孝經》的重要地位，隋唐以降，科舉制度的確立，《九經》成爲科舉考試的内容，兼試《孝經》《論語》。使《孝經》與舉業聯繫起來，進一步强化了《孝經》在古代童蒙教育中的重要地位，極大地促進了兒童學習《孝經》的積極性。

但是就《孝經》本身來看，爲了增强其説服力，多以《詩經》爲論據，引《詩經》爲例證，作爲其論述孝道的理論依據，因而多次引用了《詩經》中的内容，亦引用了《尚書》的内容，而《詩經》《尚書》之類的經典對於初學兒童而言，理解起來存在一定的困難。由此可見，《孝經》一書内容不易初學兒童理解，與學習掌握《孝經》的迫切需求之間存在着矛盾，爲了解決二者之間的矛盾，《楊滿山咏孝經壹拾捌章》采用歌咏的方式，以《孝經》爲歌咏對象，通過對《孝經》的内容進行改編，將其中的内容與思想融入到《楊滿山咏孝經壹拾捌章》之中，以便幫助兒童更好地學習和掌握《孝經》的内容。從蒙書編撰的角度看，《楊滿山咏孝經壹拾捌章》對於兒童學習與掌握《孝經》的功用，主要表現在内容與思想兩個方面，兹分别論述如下：

其一，有助於幫助兒童記憶《孝經》的内容。由於初學兒童在學習《孝經》的過程中存在一定困難，《楊滿山咏孝經壹拾捌章》以《孝經》作爲歌咏的中心，對其進行了逐章歌咏，將《孝經》中表達的内容，通過詩歌的形式

〔一〕《隋書》卷三二《經籍志》，第九三四～九三五頁。

進行改編，以便初學的兒童誦讀和理解。通過對比二書的内容，《楊滿山咏孝經壹拾捌章》對於兒童記憶《孝經》内容的幫助，表現在兩個方面：

一是，章目清晰，層次分明。將二書章目進行對比，可見除第五章章目有異之外，《孝經》中爲"士章第五"，《楊滿山咏孝經壹拾捌章》中爲"士人章第五"，但二者所要表達的内容并未因"士"與"士人"之别而有異，則《楊滿山咏孝經壹拾捌章》中的章目與《孝經》章目一般無二，對於兒童識記《孝經》，掌握其綱目具有重要的意義，也有益於兒童對《孝經》章目的記憶，幫助兒童從整體上把握《孝經》一書的内容。

此外，《楊滿山咏孝經壹拾捌章》在逐章歌咏《孝經》的過程中，亦多次重申各章節題目，如"天子應乃感""諸侯盡不驕""萬物屬三才""高傳行孝治""五刑根原重""要道如何廣""至德先王禮""莫怪揚名廣""情深感應章"，以便兒童記憶。

二是，隱括化用，自然妥帖。爲了幫助兒童更好地理解、掌握《孝經》的内容，《楊滿山咏孝經壹拾捌章》通過對《孝經》進行摘引和改寫，使其能够更好地用於童蒙教育及孝道啓蒙教育。兹就《楊滿山咏孝經壹拾捌章》中隱括化用《孝經》中的内容，以表列之，冀便理解：

《楊滿山咏孝經壹拾捌章》	《孝經》
義章恩最重，莫著髮膚輕。（開宗明義章第一）	身體髮膚受之父母，不敢毁傷，孝之始也。（開宗明義章第一）
立身於此道，於後乃揚名。（開宗明義章第一）	立身行道，揚名於後世，以顯父母，孝之終也。（開宗明義章第一）
一心思愛敬，不許慢於人。百姓蒙恩教，刑于四海賓。天子應乃感，賴及萬方均。（天子章第二）	子曰："愛親者不敢惡於人，敬親者不敢慢於人。"愛敬盡於事親，而德教加於百姓，刑於四海，蓋天子之孝也……《甫刑》云："一人有慶，兆民賴之。"（天子章第二）
在上君臣合，諸侯盡不驕。滿而專怕溢，富貴自然超。（諸侯章第三）	在上不驕，高而不危。制節謹度，滿而不溢。高而不危，所以長守貴也。滿而不溢，所以長守富也。富貴不離其身，然後能保其社稷而和其民人。（諸侯章第三）

續表

《楊滿山咏孝經壹拾捌章》	《孝經》
兢兢扶社稷，如履薄冰銷。 （諸侯章第三）	《詩》云："戰戰兢兢，如臨深淵，如履薄冰。"（諸侯章第三）
大夫依法服，非道不曾行。 行滿無人怨，言規有典刑。 事君仍匪懈，夙夜在和羹。 （卿大夫章第四）	非先王之法不敢服……故非法不言，非道不行。口無擇言，身無擇行，言滿天下無口過，行滿天下無怨惡……《詩》云："夙夜匪懈，以事一人。"（卿大夫章第四）
事父兼之母，資君愛敬同。 （士人章第五）	資於事父以事母而愛同，資於事父以事君而敬同。（士章第五）
若用天之道，何愁地不隨。 謹身風雨順，剋儉感神祇。 分利供甘脆，寒溫又製衣。 孝無終始事，永報衆人知。 （庶人章第六）	用天之道，分地之利。謹身節用以養父母，此庶人之孝也……故自天子至於庶人，孝無終始，而患不及者，未之有也。（庶人章第六）
天經通地義，萬物屬三才。 （三才章第七）	子曰："夫孝天之經也，地之義也，民之行也。"天地之經，而民是則之。（三才章第七）
昔者明王化，無爲海更深。 （孝治章第八）	子曰："昔者明王之以孝治天下也。"（孝治章第八）
聖德高難問，明王以配天。 周公安社稷，孝義乃爲先。 宇宙人爲貴，君親最嚴焉。 （聖治章第九）	曾子曰："敢問聖人之德，無以加於孝乎。"子曰："天地人爲貴。"人之行莫大於孝，孝莫大於嚴父，嚴父莫大於配天，則周公其人也。（聖治章第九）
安居存致敬，疾病則懷憂。 五者須圓備，三牲不要修。 （紀孝行章第十）	子曰："孝子之事親也，居則致其敬，養則致其樂，病則致其憂，喪則致其哀，祭則致其嚴，五者備矣，然後能事親。"（紀孝行章第十）
五刑根原重，三千罪不輕。 無親極大亂，非法更加刑。 （五刑章第十一）	子曰："五刑之屬三千，而罪莫大於不孝。"……非聖人者無法，非孝者無親，此大亂之道也。（五刑章第十一）
子游能易俗，實是好門風。 （廣要道章第十二）	移風易俗，莫善於樂，安上治民，莫善於禮。（廣要道章第十二）

續表

《楊滿山咏孝經壹拾捌章》	《孝經》
至德先王禮，非家日見之。 （廣至德章第十三）	子曰："君子之教以孝也，非家至而日見之也。"（廣至德章第十三）
治理居家長，人而善事官。 行成於此内，方見子孫安。 （廣揚名章第十四）	子曰："君子之事親孝，故忠可移於君。事兄弟悌，故順可移於長。居家理，故治可移於官，是以行成於内，而名立於後世矣。"（廣揚名章第十四）
曾子偏慈愛，論中第一人。 則聞揚名易，恭敬自安親。 （諫諍章第十五）	曾子曰："若夫慈愛恭敬，安親揚名，則聞名矣。"（諫諍章第十五）
義重三荆茂，終於四海光。 鬼神先著矣，生死共稱揚。 （感應章第十六）	宗廟致敬不忘親也，修身慎行恐辱先也，宗廟致敬，鬼神著矣，孝悌之至，通於神明，光於四海，無所不通。（感應章第十六）
進思於上下，竭力奉明王。 將順和爲美，忠心萬物藏。 報恩何日忘，匡救是尋常。 （事君章第十七）	子曰："孝子之事上也，進思盡忠，退思補過，將順其美，匡救其惡。"……《詩》云："心乎愛矣，遐不謂矣，心中藏之，何日忘之。"（事君章第十七）
祭祀安宗廟，春秋痛奈何。 （喪親章第十八）	爲之宗廟，以鬼享之。春秋祭祀，以時思之。（喪親章第十八）

略觀上表可知，《楊滿山咏孝經壹拾捌章》在編撰的過程中，多使用了《孝經》中的字詞，且將《孝經》一書要表達的内容，通過詩歌的形式進行改編和化用，其形式主要有二：

一爲直接采用《孝經》中的字詞進行編撰，如"刑于四海賓""行滿無人怨""孝無終始事""非家日見之""鬼神先著矣""報恩何日忘"等；二爲化用《孝經》内容的含義，如"立身於此道，於後乃揚名""事君仍匪懈，夙夜在和羹""事父兼之母，資君愛敬同""安居存致敬，疾病則懷憂""祭祀安宗廟，春秋痛奈何"等。對《孝經》一書中的内容進行了高度濃縮和概括，并使用通俗的語言進行表達，便於兒童理解和記憶。同時，也反映了唐代蒙書對《孝經》進行改編、摘引、改寫的編撰特點。兒童通過反復誦讀《楊滿山咏孝經壹拾捌章》對於兒童識記《孝經》中的字、詞、句等，獲得對字、詞、句、段的理解，具有重要的意義。

此外，《楊滿山咏孝經壹拾捌章》以詩解經，簡潔地概括了《孝經》一書的内容，而此書以詩歌賦演經意，使其具有語言簡潔的特點，將《孝經》中引用的較爲瑣碎的言論、故事，用詩歌形式進行闡釋，是書采用了較爲簡潔的語言，使此書的内容更加通俗易懂，且叶韵易誦，琅琅上口，從而易於達到良好的教育效果〔一〕。

其二，有助於幫助兒童理解《孝經》的思想。雖然兒童讀誦的過程，蘊含着理解的過程，兒童通過不斷地誦讀，能夠在一定程度上促進兒童的理解，但是"子弟八九歲時，聰明漸開"〔二〕，現代心理學研究也表明，隨着童蒙教育的影響、經驗的增加以及智力的發展，一般而言，兒童七八歲之後間接的、抽象的理解，會逐漸取代直接、形象的理解，并占據主要地位〔三〕，兒童對於相對複雜或抽象内容的理解能力纔逐漸發展起來。對於初學兒童而言，《孝經》中蘊含的孝道思想而仍是較爲抽象的概念，并不易於理解。因此，《楊滿山咏孝經壹拾捌章》在編撰的過程中，將《孝經》中抽象的孝道思想，轉化爲具體化、可操作的行爲，將孝道思想與兒童的生活實際相結合，以促進兒童理解。如《楊滿山咏孝經壹拾捌章》中有：

> 早晨長侍省，夜寐念祗供。（士人章第五）
> 分利供甘脆，寒温又製衣。（庶人章第六）
> 父母專承事，方知莫遠游。安居存致敬，疾病則懷憂。（紀孝行章第十）

〔一〕　按：關於咏經詩的思想内容和特點，詳參張焕玲：《論宋代咏經詩及其繁榮的歷史文化背景》，《青海師範大學學報（哲學社會科學版）》二〇一七年第一期，第一三五頁。

〔二〕　（清）崔學古：《幼訓》，見（清）王晫、（清）張潮編撰：《檀幾叢書：二集》，清康熙間新安張氏霞舉堂刻本（藏中國國家圖書館），第一〇簡頁。

〔三〕　參見朱智賢：《朱智賢全集》第四卷，北京師範大學出版社，二〇〇二年，第三八二頁。

"早晨侍省""寒温製衣""莫遠游""存致敬""疾病懷憂"等，與兒童的生活聯繫較爲緊密，有助於幫助兒童理解《孝經》一書中的孝道思想，以及如何行孝。此書將《孝經》中藴含的孝道思想通過簡潔明瞭的字句表達出來，使全書的内容通俗易懂，并將書中思想、義理，與兒童熟悉的生活相聯繫，讓兒童可以依據自身熟悉的經驗去感悟和領會，以便更好地深化對《孝經》及其孝道思想理解。

值得注意的是，古人認爲學習的過程，不是"徒要識字記故事"的過程〔一〕，不可衹做書本表面功夫，必須要將書中"聖賢言語，體之於身"〔二〕，因此，此書在編撰的過程中，將孝道、孝行的内容與兒童的實際生活相聯繫，不僅有助於兒童理解孝道思想，也有助於兒童將書中所學與實際生活結合起來，從而更好地理解書中藴含的思想與義理。

二　有助於培養兒童的忠孝觀念

唐代將"孝"作爲社會道德教育的根本與基礎，强調一切社會教化均始自"孝"〔三〕。儒家經典中，如《孝經》《論語》等，對"孝"多有闡釋，論述了忠孝、孝悌的關係以及處理父子、兄弟、君臣等各種社會關係的理念和方式。長久以來，儒家思想中的理想世界，是建立在孝道的基礎上的。在儒家觀念中，"孝爲衆行之根本"〔四〕，"孝爲百行之首，人之常德"〔五〕，"孝爲德之本"〔六〕，是儒家道德的基礎與根本。認爲"孝"是倫理道德的基礎，而社會的政治理

〔一〕（清）張履祥：《初學備忘上》，收入（清）曹溶輯：《學海類編》第三册，廣陵書社，二〇〇七年，第一七四六頁。

〔二〕（元）程端禮：《朱子讀書法》，收入（清）陳宏謀輯：《五種遺規》，第二七頁。

〔三〕詳參金瀅坤：《唐代兒童的孝道教育——以〈孝經〉爲中心》，《山西大學學報（哲學社會科學版）》二〇一八年第三期，第八四頁。

〔四〕（漢）鄭玄注，（唐）孔穎達疏：《禮記正義》卷四八《祭義》，收入（清）阮元校刻：《十三經注疏》，第一五九九頁。

〔五〕（唐）李隆基注，（宋）邢昺疏：《孝經注疏》卷三《三才章第七》，第三簡頁。

〔六〕（晋）杜預注，（唐）孔穎達正義：《春秋左傳正義》卷三四，收入（清）阮元校刻：《十三經注疏》，第一九六九頁。

想亦植根於孝道。儒家思想對與孝道的宣揚與崇重，和政治統治之間具有密切聯繫，《論語·爲政》云：

> 或謂孔子曰："子奚不爲政？"子曰："書云：'孝乎惟孝，友於兄弟，施於有政。'是亦爲政，奚其爲爲政？"〔一〕

由此可見，孔子對於爲政的觀點是根植於孝道的，認爲若離開了"孝"，則無以爲政矣。《論語·顏淵》又云：

> 齊景公問政於孔子。孔子對曰："君君，臣臣，父父，子子。"〔二〕

則可見儒家思想中，極力主張以孝治家，進而推廣至以孝治國。《孝經》作爲儒家經典中最核心、最基礎的內容之一，"開宗明義章"便指出："夫孝，始於事親，中於事君，終於立身。"〔三〕"廣揚名章"亦指出："君子之事親孝，故忠可移於君。"〔四〕而"士章"則云："以孝事君則忠。"〔五〕故"以順移忠之道昭矣，立身揚名之義彰矣"〔六〕。

諸如此類，無不顯示出孝道對於政治的重要作用與意義。因此，歷代統治者多對《孝經》推崇備至。唐五代時期的童蒙教育，亦將《孝經》作爲教育過程中最爲主要的經典。在童蒙教育中，《孝經》不僅對兒童的孝道啓蒙教育產生了重要影響，也爲培養兒童的忠孝觀念與品質提供了有益的幫助，有助幫助兒童樹立正確的人生觀、價值觀，引導兒童將對父母之孝，轉化爲事

〔一〕 楊伯峻譯注：《論語譯注》，第二〇~二一頁。
〔二〕 楊伯峻譯注：《論語譯注》，第一二八頁。
〔三〕 （唐）李隆基注，（宋）邢昺疏：《孝經注疏》卷一《開宗明義章第一》，第三簡頁。
〔四〕 （唐）李隆基注，（宋）邢昺疏：《孝經注疏》卷七《廣揚名章第十四》，第二簡頁。
〔五〕 （唐）李隆基注，（宋）邢昺疏：《孝經注疏》卷二《士章第六》，第五簡頁。
〔六〕 （唐）李隆基注，（宋）邢昺疏：《孝經注疏·孝經序》，第一簡頁。

君之忠，從而達到儒家思想中立身揚名的理想。

《楊滿山咏孝經壹拾捌章》中對於忠孝觀念的闡釋，亦本於《孝經》，強調：

> 欲得成人子，先須讀《孝經》……立身於此道，於後乃揚名。（開宗明義章第一）
>
> 事父兼之母，資君愛敬同……竭力於家孝，傾心向國忠。如斯行孝道，實乃好門風。（士人章第五）
>
> 世間何事貴，忠孝是名珍。（諫靜章第十五）
>
> 將順和爲美，忠心萬物藏。（事君章第十六）

由此可見，唐代兒童的孝道啓蒙教育，重視對兒童忠孝觀念的培養及道德的規範，強調將忠孝的觀念與思想，內化於心而外化於行，由對父母盡孝，擴展到事君盡忠，以到達"立身於此道，於後乃揚名"的目標。忠孝觀念自兒童開蒙之時，便與兒童的價值觀、人生理想緊密地聯繫起來，對其成長、發展産生了重要的影響。

需要明確的是，唐代蒙書的編撰，不僅促進了童蒙孝道啓蒙教育的發展，爲思想道德教育提供了豐富的内容和材料，也在一定程度上推動了孝道觀念的傳播。而《楊滿山咏孝經壹拾捌章》僅是唐代兒童孝道啓蒙教育中的重要組成部分之一，并非全部。唐代孝道啓蒙教育以《孝經》爲中心，唐人在長期的教育實踐中，積累了豐富的教育經驗，根據兒童的身心發展及學習特點，編撰了多種蒙書、采用多種形式，以《孝經》爲編撰基礎和來源，爲兒童的孝道啓蒙教育提供了豐富的資源和材料，使唐代兒童孝道啓蒙教育具有了多樣性與靈活性的特點。

唐人依據《孝經》一書的内容與文本，將其中的孝道思想與理念，使用通俗易懂、淺顯平實的語言重新呈現，并加入了具有故事性、實踐性特點的内容，編成了多種蒙書，除《楊滿山咏孝經壹拾捌章》之外，尚有《太公家教》《文詞教林》《新集文詞九經抄》《蒙求》等，采用了改寫、摘引、改編等多種形式，如《文詞教林》與《新集文詞九經抄》中大量直引、摘編了《孝經》中的内容，《太公家教》與《百行章》將着眼點放在了闡發《孝經》的大義上，《蒙求》與《古賢集》則重視對孝道孝行事迹的叙述[一]。以《孝經》爲藍本的各種蒙書，各具特點，内容豐富，形式多樣，均對培養兒童的孝道觀念具有十分重要的作用。這些蒙書與《孝經》相輔相成，共同構成了唐代童蒙教育中較爲完整、系統的孝道教育教材與教育體系，促進了兒童對《孝經》及孝道的理解，培養了兒童的孝道理念。

綜其大要，《楊滿山咏孝經壹拾捌章》的童蒙教育功用，尤以孝道啓蒙教育爲要，但并不止於此。是書對於初學兒童學習、掌握《孝經》一書，培養兒童的忠孝觀念，具有很大的作用。就其編撰特點而言，此書亦有益於爲兒童之後的閱讀與寫作教育奠定基礎，幫助兒童瞭解一定的法制知識。而其以詩解經的形式，反映了這一時期蒙書編撰的新特點，爲童蒙教育，尤其是兒童的孝道啓蒙教育提供了幫助和便利。《楊滿山咏孝經壹拾捌章》的編撰，促進了唐代兒童孝道孝道啓蒙教育的發展，而孝道啓蒙教育的發展，也在促進孝道觀念傳播的同時，極大地推動了這一時期蒙書的編撰，使蒙書編撰出現了新的特點和形式。

〔一〕 詳參金瀅坤：《唐五代敦煌蒙書編撰與孝道啓蒙教育——以〈孝經〉爲中心》，《首都師範大學學報（社會科學版）》二〇一九年第五期，第一一～一一四頁。

結　語

　　《楊滿山咏孝經壹拾捌章》一書早已散佚，亦未見諸於歷代史志，今幸賴敦煌寫本中保存。是書寫卷計存三件，使今人得以在千載之後，尚可一睹楊氏《咏孝經》之原貌，同時也可據此窺見唐五代童蒙教育，尤其是兒童孝道啓蒙教育實况之一斑。

　　上篇依據伯三三八六號+伯三五八二號、伯二六三三號、伯三九一〇號三件寫卷，在前輩學者整理成果的基礎上，重加校箋，校正訛字，復以《孝經》及相關敦煌文獻爲參考，冀便通暢可讀，此爲上篇校箋之作也。

　　下篇乃以上篇爲基礎，首章回顧了《楊滿山咏孝經壹拾捌章》一書的著録與研究情况，前輩學者研究成果爲下篇研究，提供了有益的啓示與良好的保障。其後，各章研究以《楊滿山咏孝經壹拾捌章》一書爲論述中心，考訂其作者與時代，分析其内容與性質，探究其與蒙書編撰以及童蒙教育之間的關係。

　　考其作者，當爲相關寫卷首題之楊滿山。據寫卷題記及碑志資料，其人概生於唐憲中元和十五年（八二〇）至唐文宗大和三年（八二九）之間，主要活動於唐宣宗大中至唐懿宗咸通年間（八四七～八七四）。依其同抄文書及所咏内容，可以推知《楊滿山咏孝經壹拾捌章》的成書時代，大致在唐宣宗大中年間（八四七～八五九），似無可疑。由此書相關寫卷的抄寫時間及範圍，可知其在歸義軍時期的敦煌地區，得到了較爲普遍的認可和使用。

　　若其内容，凡一十八章，可分爲六個部分，與《孝經》一脈相承。就其所咏《孝經》而言，當爲今文本《孝經》，更明確地説，當爲唐玄宗御注之《今文孝經》。考其相關寫卷的同抄文書、學郎雜寫及裝幀形式，均不難窺見其蒙書性質，則是書顯然爲唐五代時期的童蒙讀物。

是書出現之背景，蓋因蒙書編撰以《孝經》爲重，其地位更因統治者備加推崇，而不斷鞏固與强化。更因科舉制度發展，促進了唐五代蒙書編撰的繁榮。如其編撰，特點有四，一曰改編蒙書經典；二曰繼承咏經詩之傳統；三曰兼顧説理性與可讀性；四曰采用五言詩歌形式。此書上承咏經詩之發展，下啓詩歌體道德訓導之蒙書，當爲歌咏《孝經》之典範。

至如其童蒙教育功用，尤以兒童孝道啓蒙教育爲要，以便兒童學習掌握《孝經》一書，有助於培養其忠孝觀念，亦有益於奠定閱讀與寫作教育的基礎及瞭解法制知識，其以詩解經之形式，爲兒童孝道啓蒙教育提供了幫助和便利。

此書探討至此，略述己意如上，莫能深原其本，亦未詳審有當否，祈望博雅有以教之是幸。

參考文獻

傳世文獻

《白虎通德論》,（漢）班固撰,上海古籍出版社,一九九〇年。

《册府元龜》,（宋）王欽若等撰,中華書局,一九六〇年。

《初學記》,（唐）徐堅等著,中華書局,一九六二年。

《爾雅注疏》,（晋）郭璞注,（宋）邢昺疏,上海古籍出版社,一九九〇年。

《焚書　續焚書》,（明）李贄著,中華書局,一九七五年。

《漢書》,（漢）班固撰,中華書局,一九六二年。

《急就篇》,（漢）史游撰,（唐）顏師古注,（宋）王應麟音釋,明崇禎間毛氏汲古閣刻本（藏哈佛大學圖書館）。

《舊唐書》,（後晋）劉昫等撰,中華書局,一九七五年。

《禮記集解》,（清）孫希旦撰,沈嘯寰、王星賢點校,中華書局,一九八九年。

《論衡》,（漢）王充,上海古籍出版社,一九九〇年。

《吕氏春秋》,（漢）高誘注,上海古籍出版社,二〇一四年。

《潛研堂文集》,（清）錢大昕著,商務印書館,一九三五年。

《全唐文》,（清）董誥等編,中華書局,一九八三年。

《詩品譯注》，（南朝・梁）鍾嶸著，周振甫譯注，中華書局，一九九八年。

《十三經注疏》，（清）阮元校刻，中華書局，一九八〇年。

《石臺孝經》，（唐）唐玄宗撰書，李亨篆額，唐天寶四年刻清末拓本（藏哈佛大學圖書館）。

《史記》，（漢）司馬遷撰，中華書局，一九五九年。

《史記索隱》，（唐）司馬貞撰，中華書局，一九九一年。

《史夢蘭集》第四冊《异號類編》，（清）史夢蘭原著，石向騫主編，天津古籍出版社，二〇一五年。

《宋史》，（元）脱脱等撰，中華書局，一九七七年。

《隋書》，（唐）魏徵等撰，中華書局，一九七三年。

《太平御覽》，（宋）李昉等撰，中華書局，一九六〇年。

《檀幾叢書：二集》，（清）王晫、（清）張潮編撰，清康熙間新安張氏霞舉堂刻本（藏中國國家圖書館）。

《唐會要》，（宋）王溥撰，中華書局，一九五五年。

《唐六典》，（唐）李林甫等撰，陳仲夫點校，中華書局，一九九二年。

《唐律疏議》，（唐）長孫無忌等撰，中華書局，一九八五年。

《唐語林》，（宋）王讜著，中華書局，一九五七年。

《王陽明全集》，（明）王守仁，上海古籍出版社，二〇一四年。

《文心雕龍今譯》，（南朝・梁）劉勰著，周振甫譯注，中華書局，二〇一三年。

《文選》，（南朝・梁）蕭統編，（唐）李善注，上海古籍出版社，二〇一一年。

《五種遺規》，（清）陳宏謀輯，綫裝書局，二〇一五年。

《項氏家説》，（宋）項安世撰，中華書局，一九八五年。

《孝經注疏》，（唐）唐玄宗李隆基注，（宋）邢昺疏，元泰定三年刻本（藏中國國家圖書館）。

《小兒書輯》，（清）張承燮輯，清光緒二十七年膠州聽雨何時軒刻本（藏中國國家圖書館）。

《新刊二十四孝故事》，未注撰人，明萬曆間鄭氏聚垣書舍刊本（藏英國牛津大學博德利圖書館）。

《新刊全相二十四孝詩選》，（元）郭居敬，日本室町初期寫本（藏日本龍谷大學圖書館）。

《訓蒙文》，（清）李毓秀撰，清康熙四十一年刻本（藏中國國家圖書館）。

《新唐書》，（宋）歐陽修，（宋）宋祁撰，中華書局，一九七五年。

《續資治通鑒》，（清）畢沅撰，上海古籍出版社，一九八七年。

《學海類編》第三冊，（清）曹溶輯，廣陵書社，二〇〇七年。

《荀子》，（唐）楊倞注，上海古籍出版社，二〇一四年。

《養正類編》，（清）張伯行，中華書局，一九八五年。

《藝文類聚》，（唐）歐陽詢撰，中華書局，一九六五年。

《玉海》第八三冊《急就篇》，（宋）王應麟，清乾隆三年江寧學宮尊經閣補刊本（藏日本內閣文庫）。

《玉泉子　金華子》，（唐）失名等撰，中華書局，一九五八年。

《資治通鑒》，（宋）司馬光編著，中華書局，一九五六年。

出土文獻

黃永武編：《敦煌寶藏》第一二三冊，新文豐出版股份有限公司，一九八五年。

黃永武編：《敦煌寶藏》第一二八冊，新文豐出版股份有限公司，一九八五年。

黃永武編：《敦煌寶藏》，第一三一冊，新文豐出版股份有限公司，一九八六年。

俄羅斯科學院東方研究所聖彼得堡分所、俄羅斯科學出版社東方文學部、上海古籍出版社編：《俄羅斯科學院東方研究所聖彼得堡分所藏敦煌文獻》第七冊，上海古籍出版社，一九九二年。

中國社會科學院歷史研究所、中國敦煌吐魯番學會敦煌古文獻編輯委員會、英國國家圖書館、倫敦大學亞非學院編：《英藏敦煌文獻》第四、八卷，四川人民出版社，一九九二年。

上海古籍出版社、法國國家圖書館編：《法藏敦煌西域文獻》第一六、一七冊，上海古籍出版社，二〇〇一年。

上海古籍出版社、法國國家圖書館編：《法藏敦煌西域文獻》第二〇、二四册，二〇〇二年。

上海古籍出版社、法國國家圖書館編：《法藏敦煌西域文獻》第二八册，二〇〇四年。

上海古籍出版社、法國國家圖書館編：《法藏敦煌西域文獻》第二九册，二〇〇三年。

周紹良、趙超主編：《唐代墓志彙編續集》，上海古籍出版社，二〇〇一年。

周紹良主編：《唐代墓志彙編》，上海古籍出版社，一九九二年。

吳鋼主編：《全唐文補遺・千唐志齋新藏專輯》，三秦出版社，二〇〇六年。

北京大學圖書館金石組，胡海帆、湯燕、陶誠著：《北京大學圖書館藏歷代墓志拓片目録》上册，上海古籍出版社，二〇一三年。

趙文成、趙君平編：《秦晋豫新出墓志搜佚續編》第五册，國家圖書館出版社，二〇一五年。

中文著作

曾小夢：《先秦典籍引〈詩〉研究》，商務印書館，二〇一八年。

柴劍虹：《西域文史論稿》，國文天地雜志社，一九九一年。

陳祚龍：《敦煌學海探珠》上册，台灣商務印書館，一九七九年。

陳祚龍：《敦煌資料考屑》下册，台灣商務印書館，一九七九年。

陳祚龍：《敦煌古抄文獻會最》，新文豐出版公司，一九八二年。

陳祚龍：《敦煌簡策訂存》，台灣商務印書館，一九八三年。

樊錦詩、劉玉權主編：《中國敦煌學百年文庫：考古卷（四）》，甘肅文化出版社，一九九九年。

伏俊璉、徐正英編：《古代文學特色文獻研究》第三輯，上海古籍出版社，一九八二年。

伏俊璉、徐正英編：《古代文學特色文獻研究》第三輯，上海古籍出版社，二〇一八年。

甘肅省社會科學院文學研究室編：《關隴文學論叢》，甘肅人民出版社，一九八二年。

關立勳主編：《中國文化雜説》第六卷《宗教文化卷》，北京燕山出版社，一九九七年。

　　郭在貽：《郭在貽敦煌學論集》，江西人民出版社，一九九三年。

　　杭州大學古籍研究所等編：《敦煌語言文學論文集》，浙江古籍出版社，
一九八八年。

　　郝春文主編：《二〇一三敦煌學國際聯絡委員會通訊》，上海古籍出版社，
二〇一三年。

　　胡平生譯注：《孝經譯注》，中華書局，一九九六年。

　　黃永武編：《敦煌叢刊初集（十五）》，新文豐出版公司，一九八五年。

　　黃征、程惠新：《劫塵遺珠：敦煌遺書》，甘肅教育出版社，一九九九年。

　　季羨林主編：《敦煌學大辭典》，上海古籍出版社，一九九八年。

　　駱明、王淑臣主編：《中華孝文化研究集成》第三册《歷代孝親敬老詔令
律例 先秦至隋唐卷》，光明日報出版社，二〇一三年。

　　姜亮夫、郭在貽編纂：《敦煌吐魯番學研究論文集》，漢語大詞典出版社，
一九九〇年。

　　姜亮夫著，沈善洪、胡廷武主編：《姜亮夫全集》第一一册《莫高窟年
表》，雲南人民出版社，二〇〇二年。

　　金瀅坤：《唐五代科舉的世界》，復旦大學出版社，二〇一四年。

　　金瀅坤主編：《童蒙文化研究》第二卷，人民出版社，二〇一七年。

　　金瀅坤主編：《童蒙文化研究》第四卷，人民出版社，二〇一九年。

　　雷僑雲：《敦煌兒童文學》，學生書局，一九八五年。

　　黎翔鳳撰：《管子校注》，中華書局，二〇〇四年。

　　李金田、戴恩來主編：《敦煌文化與中醫學》，中國中醫藥出版社，二〇一七年。

　　李學勤主編：《出土文獻》第八輯，中西書局，二〇一六年。

　　李正宇：《敦煌史地新論》，新文豐出版股份有限公司，一九九六年。

　　李致忠：《昌平集》，上海古籍出版社，二〇一二年。

　　梁海燕：《唐代俗體詩研究》，中國社會科學出版社，二〇一五年。

　　林聰明：《敦煌文書學》，新文豐出版公司，一九九一年。

　　林家平、寧強、羅華慶：《中國敦煌學史》，北京語言文學院出版社，
一九九二年。

劉長文編：《劉銘恕考古文集》，河南人民出版社，二〇一三年。

劉進寶：《敦煌學論述》，洪葉文化事業公司，一九九五年。

劉進寶：《敦煌文書與唐史研究》，新文豐出版公司，二〇〇〇年。

劉進寶：《敦煌文書與中古社會經濟》，浙江大學出版社，二〇一六年。

羅國威箋證：《敦煌本〈文選注〉箋證》，巴蜀書社，二〇〇〇年。

潘重規：《敦煌詞話》，石門圖書公司，一九八一年。

潘重規編著：《敦煌變文集新書》，中國文學大學中文研究所，一九八四年。

任半塘編著：《敦煌歌辭總編》，上海古籍出版社，一九八七年。

任半塘、王昆吾編著：《隋唐五代燕樂雜言歌辭集·正編》，巴蜀書社，一九九〇年。

任二北：《敦煌曲初探》，上海文藝聯合出版社，一九五四年。

榮新江主編：《唐研究（第二卷）》，北京大學出版社，一九九六年。

沙知錄校：《敦煌契約文書輯校》，江蘇古籍出版社，一九九八年。

商務印書館編：《敦煌契約文書輯校》，江蘇古籍出版社，一九九八年。

司義祖整理：《宋大詔令集》，中華書局，一九六二年。

蘇瑩輝：《敦煌論集》，學生書局，一九六九年。

蘇瑩輝：《敦煌學概要》，台北編譯館中華叢書編審委員會，一九八一年。

蘇瑩輝：《敦煌論集續編》，學生書局，一九八三年。

唐耕耦、陸宏基編：《敦煌社會經濟文獻真迹釋録（第二輯）》，全國圖書館文獻縮微複製中心，一九九〇年。

汪曾祺：《汪曾祺全集》第六卷《散文卷》，北京師範大學出版社，一九九八年。

王永興編著：《隋唐五代經濟史料彙編校注（第一編）》下冊，中華書局，一九八七年。

王重民：《敦煌古籍叙録》，中華書局，一九七九年。

王重民原編，黃永武新編：《敦煌古籍叙録新編》第一五冊，新文豐出版公司，一九八六年。

吳庚舜、董乃斌主編：《唐代文學史》下冊，人民文學出版社，一九九五年。

夏初、惠玲校釋：《配圖蒙學十篇》，北京師範大學出版社，一九九三年。

向燕南、張越編注：《勸孝——仁者的回報　俗約——教化的基礎》，中央民族大學出版社，一九九六年。

項楚：《敦煌變文選注》，巴蜀書社，一九九〇年。

項楚：《敦煌詩歌導論》，新文豐出版公司，一九九三年。

項楚、張涌泉主編：《中國敦煌學百年文庫：語言文字卷（一）》，甘肅文化出版社，一九九九年。

項楚、鄭阿財主編：《新世紀敦煌學論集》，巴蜀書社，二〇〇三年。

徐俊纂輯：《敦煌詩集殘卷輯考》，中華書局，二〇〇〇年。

徐曉峰：《唐代科舉與應試詩研究》，北京大學出版社，二〇一五年。

顏廷亮主編：《敦煌文學》，甘肅人民出版社，一九八九年。

顏廷亮主編：《敦煌文學概論》，甘肅人民出版社，一九九三年。

楊伯峻譯注：《論語譯注》，中華書局，一九八〇年。

楊曾文、杜斗城主編：《中國敦煌學百年文庫·宗教卷（一）》，甘肅文化出版社，一九九九年。

楊家駱編：《敦煌變文》，世界書局，一九八〇年。

張傳璽主編：《中國歷代契約會編考釋》上冊，北京大學出版社，一九九五年。

張鴻勳選注：《敦煌講唱文學作品選注》，甘肅人民出版社，一九八七年。

張鴻勳：《敦煌話本詞文俗賦導論》，新文豐出版公司，一九九三年。

張煥玲、趙望秦：《古代咏史集叙録稿》，三秦出版社，二〇一三年。

張夢機：《詞律探原》，文史哲出版社，一九八一年。

張錫厚：《敦煌文學》，上海古籍出版社，一九八〇年。

張錫厚輯：《王梵志詩研究彙録》，上海古籍出版社，一九九〇年。

張錫厚：《敦煌本唐集研究》，新文豐出版公司，一九九五年。

張錫厚録校：《敦煌賦彙》，新文豐出版公司，一九九六年。

張錫厚主編：《全敦煌詩》，作家出版社，二〇〇六年。

張涌泉：《敦煌俗字研究導輪》，新文豐出版公司，一九九六年。

張涌泉：《敦煌寫本文獻學》，甘肅教育出版社，二〇一一年。

張志公：《傳統語文教育教材論：暨蒙學書目和書影》，中華書局，二〇一三年。

趙國權主編：《中國教育活動通史》第二卷《秦漢魏晉南北朝》，山東教育出版社，二〇一七年。

鄭阿財、朱鳳玉：《敦煌蒙書研究》，甘肅教育出版社，二〇〇二年。

鄭阿財：《敦煌孝道文學研究》，石門圖書公司，一九八二年。

鄭阿財：《敦煌寫卷新集文詞九經抄研究》，文史哲出版社，一九八九年。

鄭阿財：《敦煌文獻與文學》，新文豐出版公司，一九九三年。

鄭阿財、朱鳳玉：《開蒙養正：敦煌的學校教育》，甘肅教育出版社，二〇〇七年。

鄭振鐸：《中國俗文學史》，上海書店，一九八四年。

中國唐代學會編：《唐代研究論集（第二、四輯）》，新文豐出版公司，一九九二年。

周紹良、白化文編：《敦煌變文論文錄》，上海古籍出版社，一九八二年。

周紹良：《敦煌文學芻議及其它》，新文豐出版公司，一九九二年。

周予同：《周予同經學史論著選集》，上海人民出版社，一九八三年。

周予同：《中國經學史論著選編》，復旦大學出版社，二〇一五年。

朱智賢：《朱智賢全集》第四卷，北京師範大學出版社，二〇〇二年。

［俄］Л.И.丘古耶夫斯基（Л.И.Чугуевский）著，王克孝譯：《敦煌漢文文書》，上海古籍出版社，二〇〇〇年。

［美］梅維恒（Victor H. Mair）著，楊繼東、陳引馳譯：《唐代變文：佛教對中國白話小說及戲曲產生的貢獻之研究》上冊，中國佛教文化出版公司，一九九九年。

［日］池田温等著，饒宗頤主編：《敦煌文藪》下冊，新文豐出版公司，一九九九年。

［日］高田時雄著，鍾翀等譯：《敦煌‧民族‧語言》，中華書局，二〇〇五年。

外文著作

［日］池田温編：《中國古代寫本識語集錄》，（日本）東京：東京大學東洋文化研究所，一九九〇年。

［日］池田温編：《講座敦煌五‧敦煌漢文文獻》，（日本）東京：東大出

版社，一九九二年。

［日］東野治之：《遺唐使と正倉院》，（日本）東京：岩波書店，一九九二年。

［日］金岡照光編：《敦煌出土文學文獻分類目録附解説：スタイン本·ペリオ本》，（日本）東京：東洋文庫，一九七一年。

［日］金岡照光：《敦煌の文學》，（日本）東京：大蔵出版株式會社，一九七一年。

［日］金岡照光編：《講座敦煌九·敦煌の文學文獻》，（日本）東京：東大出版社，一九九二年。

［日］金岡照光：《敦煌文獻と中國文學》，（日本）東京：五曜書房，二〇〇〇年。

［日］篠原壽雄、［日］田中良昭編集：《講座敦煌八·敦煌仏典と禅》，（日本）東京：東大出版社，一九八〇年。

中文論文

蔡良驥：《論詩的體型》，《文藝理論研究》一九九四年第三期。

陳國燦：《敦煌所出諸借契年代考》，《敦煌學輯刊》一九八四年第一期。

高明士：《唐代敦煌的教育》，《漢學研究（敦煌學國際研討會論文專號）》一九八六年第四卷第二期。

郝春文：《唐後期五代宋初中印文化對敦煌寺院的影響》，收入項楚、鄭阿財主編：《新世紀敦煌學論集》，巴蜀書社，二〇〇三年。

簡濤：《敦煌本〈燕子賦〉考論》，《敦煌研究》一九八六年第三期。

江波：《唐代墓志撰書人及相關文化問題研究》，吉林大學博士學位論文，二〇一〇年。

金瀅坤：《儒家經典與中國古代童蒙教育掠影》，收入《中華炎黃文化研究會童蒙文化委員會第五屆國際學術研討會論文集》，二〇一九年。

金瀅坤：《唐代兒童的孝道教育——以〈孝經〉爲中心》，《山西大學學報（哲學社會科學版）》二〇一八年第三期。

金瀅坤：《唐五代敦煌蒙書編撰與孝道啓蒙教育——以〈孝經〉爲中心》，

《首都師範大學學報（社會科學版）》二〇一九年第五期。

李明偉：《〈捉季布傳文〉藝術簡論》，《敦煌學輯刊》一九八五年第一期。

李文潔：《敦煌寫本〈晏子賦〉的同卷書寫情況》，《文獻》二〇〇六年第一期。

李曉明：《敦煌歌辭孝道觀析論》，《社會科學戰綫》二〇一〇第一一期。

李正宇：《敦煌地區古代祠廟寺觀簡志》，《敦煌學輯刊》一九八八年第一、二期。

李正宇：《敦煌學郎題記輯注》，《敦煌學輯刊》一九八七年第一期。

李正宇：《唐宋時代的敦煌學校》，《敦煌研究》一九八六年第一期。

劉進寶：《P.3236號〈壬申年官布籍〉時代考》，《西北師大學報（社會科學版）》一九九六年第三期。

馬繼興：《當前世界各地收藏的中國出土卷子本古醫藥文獻備考》，收入季羨林、饒宗頤、周一良主編：《敦煌吐魯番研究》第六卷，北京大學出版社，二〇〇二年。

邱燮友：《唐代敦煌曲的時代使命》，《漢學研究（敦煌學國際研討會論文專號）》一九八六年第四卷第二期。

饒宗頤：《孝順觀念與敦煌佛曲》，收入香港新亞研究所敦煌學會編輯：《敦煌學》第一輯，香港新亞研究所敦煌學會，一九七四年。

榮新江：《〈唐刺史考〉補遺》，《文獻》一九九〇年第二期。

蘇瑩輝：《〈敦煌曲〉評介》，《中國文化研究所學報》一九七四年第一期。

王重民：《敦煌本〈捉季布傳文〉》，《國立北平圖書館館刊》一九三六年第一〇卷第一號。

文物局古文獻研究室、安徽省阜陽地區博物館阜陽漢簡整理組：《阜陽漢簡〈蒼頡篇〉》，《文物》一九八三年第二期。

項楚：《王梵志詩中的他人作品》，收入季羨林、饒宗頤、周一良主編：《敦煌吐魯番研究》第一卷，北京大學出版社，一九九六年。

肖游：《〈秦晋豫新出墓志搜佚續編〉晚唐墓志整理及詞語專題研究》，西南大學碩士學位論文，二〇一八年。

　　徐俊：《敦煌寫本唐人詩歌存佚互見綜考》，收入季羨林、饒宗頤、周一良主編：《敦煌吐魯番研究》第一卷，北京大學出版社，一九九六年。

　　徐俊：《敦煌學郎詩作者問題考略》，《文獻》一九九四年第二期。

　　顏廷亮：《關於〈晏子賦〉寫本的抄寫年代問題》，《敦煌研究》一九九七年第二期。

　　楊秀清：《淺淡唐、宋時期敦煌地區的學生生活——以學郎詩和學郎題記爲中心》，《敦煌研究》一九九九年第四期。

　　張鴻勳：《敦煌唱本〈百鳥名〉的文化意蘊及其流變影響》，《敦煌研究》一九九二年第一期。

　　張煥玲：《論宋代咏經詩及其繁榮的歷史文化背景》，《青海師範大學學報（哲學社會科學版）》二〇一七年第一期。

　　張金泉：《唐民間詩韵：論變文詩韵》，收入敦煌文物研究所編：《一九八三年全國敦煌學術討論會文集：文史·遺書編》下册，甘肅人民出版社，一九八七年。

　　張平仁：《正確處理兒童國學教育中記誦與理解的關係》，《課程·教材·教法》二〇一七年第三期。

　　張錫厚：《敦煌本〈咏孝經十八章〉補校》，《敦煌研究》二〇〇五年第二期。

　　張錫厚：《敦煌賦校注（書評）》，收入季羨林、饒宗頤、周一良主編：《敦煌吐魯番研究》第一卷，北京大學出版社，一九九六年。

　　張錫厚：《敦煌詩歌考論》，《敦煌學輯刊》一九八九年第二期。

　　張涌泉：《〈補全唐詩〉兩種補校》，《敦煌學輯刊》一九九一年第二期。

　　趙楠：《論〈咏孝經十八章〉》，《西南民族大學學報（人文社科版）》二〇〇四年第五期。

　　鄭阿財：《從敦煌文獻看唐代的三教合一》，收入中國唐代學會編輯委員會編：《第二屆國際唐代學術會議論文集》，文津出版社，一九九三年。

　　鄭阿財：《敦煌蒙書論析》，收入漢學研究中心編：《第二屆敦煌學國際研討會論文集》，漢學研究中心，一九九一年。

鄭阿財：《敦煌寫卷〈御注孝經贊并進表〉初探》，《敦煌學》一九九二年第一八期。

外文論文

〔日〕高田時雄：《五姓を説く敦煌資料》，收入《國立民族學博物館研究報告別册》（一四號），（日本）吹田：國産民族學博物館，一九九一年。

後　記

　　寒暑遞遷，四時更替。數載潛心，所成書稿，今將付梓，內心惴然。爰陳數語，略敘緣起，以紀其概。

　　《楊滿山咏孝經壹拾捌章》與《文場秀句》《李嶠雜咏注》三部蒙書，是我隨導師金瀅坤老師做博士學位論文時，着手研究的敦煌文獻。此卷書稿，雖非最先付梓，却係三稿首竣之作。在梳理相關資料的過程中，發現有此蒙書作者撰寫的墓志銘，并撰成《〈楊滿山咏孝經壹拾捌章〉作者及年代考訂》一文，爲此卷下編研究篇之始，亦爲此卷研究的動力與信心來源。

　　此卷上編校釋篇録文整理之時，適逢本叢書體例修訂與完善之際，金老師對此卷之叙録、題解與校釋內容進行了反復修改與細緻確認，所用文獻亦嚴格擇選。至於下編研究篇，金老師亦給予悉心指導，并重點把握了研究方嚮與內容。

　　書稿初成之時，碩士業師張平仁先生認真審校全稿，感謝張老師一直以來的關懷與幫助。未料畢業多年，還要勞煩業師，余既感且愧，不盡言表，幸願寄以至誠之感、至心之敬。

　　余生性不敏，乏爲學之資，蒙二位業師不棄，得此厚愛，每念及此，甚愧於懷。唯銘記於心，勉力嚮學，以不負二位業師之望。

　　撰述之途，猶應感謝王三慶、鄭阿財、楊寶玉、劉全波四位老師之恩，在我撰寫、修訂書稿時，匡我之不逮，示吾以通途。復謝鄭阿財、朱鳳玉二位老師之助益與包容，教誨我“不要太拘束，會更好發展”。及至獲博士研究生録取通知書時，王三慶老師復勉勵我"可要不忘初衷，好好寫論文"。在未來工作與研究中，余必當勤勉治學，精研覃思，嚴謹爲文，以期不負諸位師長殷切期望。

猶記李哲昊伴吾前行，解吾煩憂；同門友吳元元、常蕙心師姐、任占鵬師兄、卜樂凡師弟、王珣師妹的幫助與鼓勵。關懷之情，眷顧之誼，感荷於心，願摯友同門幸福悠長，安樂康寧。

吾素知吾之學識既淺且薄，是書所論，雖已盡心竭力，然校釋之疏漏，引録之未及，考論之不當者，不知凡幾，懇請宏雅方家不吝賜教，惠予指正，曷胜感幸。書稿甫成，得多方襄助，付梓之際，草此短篇，謹爲後記。

高静雅

乙巳元宵　於家中